集采背景下医药全渠道营销新视野

易楚斌　孟庆亮　李本航　著

天津出版传媒集团
天津科学技术出版社

图书在版编目（CIP）数据

集采背景下医药全渠道营销新视野 / 易楚斌，孟庆亮，李本航著. -- 天津：天津科学技术出版社，2024.5
ISBN 978-7-5742-2081-2

Ⅰ. ①集… Ⅱ. ①易… ②孟… ③李… Ⅲ. ①药品－市场营销学 Ⅳ. ①F724.73

中国国家版本馆CIP数据核字(2024)第090494号

集采背景下医药全渠道营销新视野
JICAI BEIJING XIA YIYAO QUAN QUDAO YINGXIAO XIN SHIYE

责任编辑：田　原
责任印制：兰　毅

出　　版：天津出版传媒集团
　　　　　天津科学技术出版社
地　　址：天津市西康路35号
邮　　编：300051
电　　话：（022）23332377
网　　址：www.tjkjcbs.com.cn
发　　行：新华书店经销
印　　刷：河北万卷印刷有限公司

开本 710×1000　1/16　印张 19　字数 280 000
2024年5月第1版第1次印刷
定价：98.00元

前言

本书采用板块结构，共分为九个板块，每个板块一个主题，每个主题由若干篇文章组成。第一板块国家集采，是本书的重点，也是开篇，阐述了国家集采的起源和发展，对化药的9次集采、中成药的2次集采、耗材的3次集采都做了述评，并把每次集采的品种记录下来，这样既可以了解每次集采的特点，也可以将品种目录作为资料收集。第二板块药品招标，药品招标影响了医药行业近20年，从1998年《中华人民共和国招标投标法》颁布，药品招标如影随形，影响深远。这个板块既是对招标近20年的回顾，也是告别。第三板块药品价格，这是一个不得不说的问题，说营销必说价格，营销的4个“P”，价格位列第二，可见价格的重要性。尽管药品的价格大多数时候都是由国家控制，但企业的定价也很重要。一个好的产品因为价格不好，最后销售很差，没有给企业带来效益，实在是一种悲哀。第四板块营销战略，虽然文章不多，但其战略意义却十分重大。这几篇文章旨在启迪企业家重视企业的营销战略。第五板块营销模式，是笔者多年研究的心得，是企业营销非常重要的内容，这些文章大部分被中国医药报、医药经济报转载过，说明得到了专家和读者的认可。第六板块医院营销，医院营销是医药营销的重点，行业称之为第一终端，共有9篇文章，都结合当前形势，很有针对性。由于医院营销的著作较多，本书不再赘述。第七板块药店营销，这一部分内容由中国营销专家孟庆亮先生所写，大部分文章都是新作，没有发表过，属原创作品，对读者来说会受益匪浅。第八板块乡镇卫生院和私人诊所营销，这一部分内容由资深营销人、原贵州三力制药学术总监李本航先生所写，本航先生一直从事该方面营销工作，感悟颇多。第九板块互联网营销，又称第四终端，如今医药互联网营销风生水起，突飞猛进，必须高度重视。

由于是国家集采，涉及的品种水分全部挤干，第一终端面临很大的压力。工业企业必须有全渠道的视野，适合做第二终端的品种就做第二终端，适合做第三终端的品种就做第三终端，适合做第四终端的品种就做第四终端。总而言之，不管采用什么渠道，只要产品能卖就行。

本书既可以供工业企业的各级管理者学习，也可以供医药代表、医药代理商学习。

目　录

国家集采

药品集中带量采购的源起和发展

易楚斌

带量采购是指在药品集中采购过程中开展招投标或谈判议价时，明确采购数量，让企业针对具体的药品数量报价。

一、药品集中带量采购的源起

药品集中带量采购起源于上海。早在 2015 年，上海市就开始了集中带量招标的探索。当时拿出了 3 个品种进行试点。这 3 个品种分别是阿莫西林口服常释剂型、头孢呋辛酯口服常释剂型、依那普利口服常释剂型。经过招标报价，瑞阳制药股份有限公司的阿莫西林（0.25 g*24）以 1.89 元中标，广州白云山天心制药股份有限公司的头孢呋辛酯（0.25 g*12）以 7.18 元中标，石药集团欧意药业有限公司的依那普利（5 mg*16）以 2.5 元中标。并且选出了候补企业，阿莫西林为华北制药股份有限公司，头孢呋辛酯为石药集团欧意药业有限公司，依那普利为常州制药厂有限公司。由于首次进行这种形式的采购，效果不太理想。厂家价格下来了，但销量没有得到保证。医院医生不愿意开，因为有其他品种可以替换。为了保证销量，上海市卫健委和医保局把任务下达到各个医院，并且找医生约谈。

2015 年 12 月 31 日，上海又进行了第二批集中带量招标采购试点，选择了地红霉素、伐昔洛韦、茴拉西坦、尼美舒利、阿魏酸哌嗪、赖诺普利 6 个产品的口服常释剂型，并且约定了销售数量。表 1 是招标品种和数量。

表 1　招标品种及数量

药品通用名	规格	约定采购数量
地红霉素口服常释剂型	125 mg*24 片 / 粒	350 万片 / 粒
	250 mg*24 片 / 粒	80 万片 / 粒
伐昔洛韦口服常释剂型	300 mg*24 片 / 粒	130 万片 / 粒
	150 mg*24 片 / 粒	120 万片 / 粒
茴拉西坦口服常释剂型	100 mg*12 片 / 粒	1 650 万片 / 粒
	200 mg*12 片 / 粒	110 万片 / 粒
尼美舒利口服常释剂型	50 mg*10 片 / 粒	50 万片 / 粒
	100 mg*10 片 / 粒	550 万片 / 粒
阿魏酸哌嗪口服常释剂型	100 mg*20 片 / 粒	510 万片 / 粒
	50 mg*20 片 / 粒	1 800 万片 / 粒
赖诺普利口服常释剂型	10 mg*12 片 / 粒	270 万片 / 粒
	20 mg*12 片 / 粒	55 万片 / 粒

资料来源：上海阳光医药采购网。

在上海市医药集中招标采购事务管理所公布的集中带量招标采购文件中，将全市划分为 A 和 B 片区。A 片区为黄浦区、静安区（含原闸北区）、虹口区、杨浦区、普陀区、嘉定区、宝山区、崇明区，B 片区为徐汇区、长宁区、闵行区、奉贤区、松江区、青浦区、金山区、浦东新区。A、B 片区的集中带量招标采购数量见表 2。

表 2　带量采购药品 A、B 片区采购量

单位：万片 / 粒

药品名称	规格	A 区带量采购标的量	B 区带量采购标的量	全市带量采购标的量
地红霉素口服常释剂型	125 mg	120	230	350
	250 mg	40	40	80

续 表

药品名称	规格	A区带量采购标的量	B区带量采购标的量	全市带量采购标的量
伐昔洛韦口服常释剂型	150 mg	50	70	120
	300 mg	80	50	130
茴拉西坦口服常释剂型	100 mg	850	800	1 650
	200 mg	80	30	110
尼美舒利口服常释剂型	50 mg	20	30	50
	100 mg	250	300	550
阿魏酸哌嗪口服常释剂型	50 mg	1 000	800	1 800
	100 mg	270	240	510
赖诺普利口服常释剂型	10 mg	130	140	270
	20 mg	15	40	55

资料来源：上海市医药集中招标采购事务管理所招标文件。

文件还规定了投标资格、采购周期、采购范围等，这一批6个药品于2016年1月21日开标。但由于各种因素，该批中标结果迟迟没有公布。

二、药品集中带量采购的发展

2017年10月，党的十九大召开，中共中央决定成立副部级国家医疗保障局，整合人社部、卫计委的部分职能。国家医疗保障局的职能如下：

（1）拟订医疗保险、生育保险、医疗救助等医疗保障制度的法律法规草案、政策、规划和标准，制定部门规章并组织实施。

（2）组织制定并实施医疗保障基金监督管理办法，建立健全医疗保障基金安全防控机制，推进医疗保障基金支付方式改革。

（3）组织制定保障筹资和待遇政策，完善动态调整和区域调剂平衡机制，统筹城乡医疗保障待遇标准，建立健全与筹资水平相适应的待遇调整机制。组织拟订并实施长期护理保险制度改革方案。

（4）组织制定城乡统一的药品、医用耗材、医疗服务项目、医疗服务设施等医保目录和支付标准，建立动态调整机制，制定医保目录准入谈判规则并组织实施。

（5）组织制定药品、医用耗材价格和医疗服务项目医疗服务设施收费等政策，建立医保支付医药服务价格合理确定和动态调整机制，推动建立市场主导的社会医药服务价格形成机制，建立价格信息监测和信息发布制度。

（6）制定药品、医用耗材的招标采购政策并监督实施，指导药品、医用耗材招标采购平台建设。

…………

国家医疗保障局成立后，把原来归属于卫健委的药品、耗材招标采购职能划归于医疗保障局。医疗保障局着手进行招标采购改革。经过广泛调研，医疗保障局认为上海的带量采购是个民生工程，决定成立国家药品集中带量采购联合办公室，办公室设在上海市医疗保障局；决定先在北京、上海、天津、重庆 4 个直辖市和沈阳、大连、厦门、广州、深圳、成都、西安 7 个副省级城市进行试点，俗称“4+7”。

2018 年 11 月 15 日，发布《4+7 城市药品集中采购文件》，文件公布了参与此次带量采购的 31 个品种，最后成功的有 25 个品种，6 个品种流标。文件共有采购品种及数量、申报资格、约定采购量及采购执行说明、采购周期、采购文件获取方式、申报材料递交时间和地点、申报信息公开时间和地点、议价谈判确认时间和地点、咨询联系方式、其他等 10 个方面，这份文件与上海市第二批集中带量采购文件基本一致。

同年 12 月 6 日下午两点，上海市长宁区天山路 1800 号 6 号楼二楼会议室，厂家的谈判代表济济一堂，庄严而神圣。同年 12 月 7 日，“4+7”城市药品集中采购拟中选结果公示，12 月 17 日，正式结果公布，这一结果标志着国家医疗保障局药品招标揭开了新的一页。

三、“4+7”城市药品集中采购中选品种

以下是“4+7”城市药品集中采购中选品种（表 3）。

表3 “4+7”城市药品集中采购中选品种

序号	药品通用名	剂型	规格	计价单位	生产企业	中选价格（元）
1	阿托伐他汀钙片	片剂	20 mg*7 片	盒	北京嘉林药业股份有限公司	6.60
2	瑞舒伐他汀钙片	片剂	10 mg*28 片	盒	浙江京新药业股份有限公司	21.80
3	硫酸氢氯吡格雷片	片剂	75 mg*7 片	盒	深圳信立泰药业股份有限公司	22.26
4	厄贝沙坦片	片剂	75 mg*7 片 / 板 *4 板	盒	浙江华海药业股份有限公司	5.66
5	苯磺酸氨氯地平片	片剂	5 mg*28 片	盒	浙江京新药业股份有限公司	4.16
6	恩替卡韦分散片	片剂	0.5 mg*14 片 / 板 *2 板	盒	正大天晴药业集团股份有限公司	17.36
7	草酸艾司西酞普兰片	片剂	10 mg*7 片	盒	四川科伦药业股份有限公司	30.94
8	盐酸帕罗西汀片	片剂	20 mg*10 片 / 板 *2 板	盒	浙江华海药业股份有限公司	33.40
9	奥氮平片	片剂	10 mg*7 片	盒	江苏豪森药业集团有限公司	67.51
10	头孢呋辛酯片	片剂	0.25 g*6 片 / 板 *2 板	盒	成都倍特药业有限公司	6.16
11	利培酮片	片剂	1 mg*10 片 / 板 *6 板	盒	浙江华海药业股份有限公司	10.02
12	吉非替尼片	片剂	250 mg*10 片	盒	AstraZenecaAB（Kagamiishi Plant，Nipro Pharma Corporation）（阿斯利康制药有限公司分包装）	547.00

续 表

序号	药品通用名	剂型	规格	计价单位	生产企业	中选价格（元）
13	福辛普利钠片	片剂	10 mg*14 片	盒	中美上海施贵宝制药有限公司	11.80
14	厄贝沙坦氢氯噻嗪片	片剂	（150 mg/12.5 mg）*7 片 / 板 *2 板	盒	浙江华海药业股份有限公司	15.26
15	赖诺普利片	片剂	10 mg*28 片	盒	浙江华海药业股份有限公司	6.45
16	富马酸替诺福韦二吡呋酯片	片剂	300 mg*10 片 / 板 *3 板	盒	成都倍特药业有限公司	17.72
17	氯沙坦钾片	片剂	50 mg*7 片 / 板 *2 板	盒	浙江华海药业股份有限公司	14.70
18	马来酸依那普利片	片剂	10 mg*16 片	盒	扬子江药业集团江苏制药股份有限公司	8.93
19	左乙拉西坦片	片剂	250 mg*30 片	盒	浙江京新药业股份有限公司	72.00
20	甲磺酸伊马替尼片	片剂	100 mg*12 片 / 板 *1 板 / 袋 *5 袋	盒	江苏豪森药业集团有限公司	623.82
21	孟鲁司特钠片	片剂	10 mg*5 片	盒	上海安必生制药技术有限公司（杭州民生滨江制药有限公司受委托生产）	19.38
22	蒙脱石散	散剂	3 g*15 袋	盒	海南先声药业有限公司	10.20
23	注射用培美曲塞二钠	注射剂	100 mg/ 支	盒	四川汇宇制药有限公司	810.00
	注射用培美曲塞二钠	注射剂	500 mg/ 支	盒	四川汇宇制药有限公司	2776.97
24	氟比洛芬酯注射液	注射剂	5 mL:50 mg*5 支	盒	北京泰德制药股份有限公司	109.75

续 表

序号	药品通用名	剂型	规格	计价单位	生产企业	中选价格（元）
25	盐酸右美托咪定注射液	注射剂	2 mL:0.2 mg*4 支	盒	扬子江药业集团有限公司	532.00

资料来源：上海阳光医药采购网。

四、联盟采购

为了推动“4+7”城市药品集中采购和使用，2019 年 1 月 17 日，国务院办公厅印发《国家组织药品集中采购和使用试点方案》，要求试点城市全力做好试点工作，确保试点成功。

“4+7”城市药品集中采购和使用的 25 个药品的价格与全国其他地区价格相差太大，为了解决这一问题，国务院要求将试点区域扩大到全国，成立采购联盟。同年 9 月 30 日，国家医疗保障局等九部门发布《关于国家组织药品集中采购和使用试点扩大区域范围的实施意见》（简称《意见》）（医保发〔2019〕56 号）。《意见》指出，推进国家组织药品集中采购和使用试点是深化医药卫生体制改革的重要举措，试点启动以来，取得了积极进展和成效。为贯彻落实党中央、国务院决策部署，决定扩大试点区域范围，组成全国采购联盟，委托联合采购办公室开展具体采购工作，由上海市医药集中招标采购事务管理所承担联合采购办公室日常工作并负责具体实施。同年 9 月 24 日，国家组织药品集中采购和使用试点扩围产生拟中选结果，9 月 30 日，正式公布联盟地区药品集中采购中选结果。由此“4+7”城市药品集中采购试点正式扩展到全国。

开天辟地　史无前例
——第二批全国药品集中采购综述

易楚斌

由于有了“4+7”城市药品集中采购的试点和联盟地区药品集中采购的扩围，国家医疗保障局决定扩大品种范围。2019 年 12 月 29 日，国家组织药品集中采购和使用联合采购办公室发布《全国药品集中采购文件》的公告。2020 年 1 月 16 日，国家医疗保障局等部门发布《关于开展第二批国家组织药品集中采购和使用工作的通知》（简称《通知》）（医保发〔2020〕2 号），正式宣布第二批集采开始。《通知》精神如下：

一、组成联盟，汇总集中采购和使用药品需求

第二批国家组织药品集中采购和使用工作不再选取部分地区开展试点，由全国各省份和新疆生产建设兵团组成采购联盟，联盟地区所有公立医疗机构和军队医疗机构全部参加，医保定点社会办医疗机构、医保定点零售药店可自愿参加。参加联盟采购的医疗机构和医保定点零售药店按要求准确报送相关药品近两年采购量等信息，由省级医保部门汇总形成本省份采购需求。联合采购办公室根据中选企业的数量按总需求的 50% ～ 80% 确定约定采购量，实施带量采购。联盟集中采购产生结果后，即在全国范围同步实施。

二、明确集中采购和使用药品品种范围

国家组织集中采购和使用药品品种从通过质量和疗效一致性评价（含按化学药品新注册分类批准上市）的仿制药对应的通用名药品中遴选产生。扩大国家组织集中采购和使用药品品种范围，重点选择竞争较为充分的品

种。考虑药品临床疗效、不良反应、批次稳定性等因素，具体遴选指标由联合采购办公室负责拟定。

三、完善集中采购规则

探索完善以市场为主导的药价形成机制，采用竞价采购模式，保持适当的竞争性。为确保中选药品质量安全和供应稳定，允许多家中选，原则上申报企业数量较多时，中选企业数量可相对较多。在确保集中采购后群众负担降低的前提下，允许同一药品不同中选企业的价格存在差异。

四、坚持国家组织、联盟采购、平台操作的工作机制

国家统一组织，各省份和新疆生产建设兵团组成采购联盟，委托联合采购办公室作为集中采购平台负责组织实施。联合采购办公室根据国家组织药品集中采购和使用试点工作小组办公室确定的基本要求制定具体采购规则，代表联盟地区开展集中采购操作，组织并督促执行集中采购结果。由上海市医药集中招标采购事务管理所承担联合采购办公室日常工作并负责具体实施。

五、坚持带量采购的政策措施

坚持国家组织药品集中采购和使用试点和试点扩大区域范围的政策要求和保障措施，确保中选药品质量、供应、采购使用和及时回款。强化对中选药品质量的监督检查。加强对医疗机构落实中选药品使用情况的指导和监督，监测预警药品短缺信息。

2020 年 1 月 17 日，第二批国家组织药品集中采购开标，晚间正式公布拟中选结果。本次集采的 33 个品种中 32 个采购成功，共有 100 个产品中选。122 家企业参与，产生拟中选企业 77 家，拟中选价格平均降幅 53%。从这次开标，人们可以看出这次集采的一些特点。

特点一：竞争充分品种出现“白菜”价。解热镇痛药对乙酰氨基酚，中选价为 0.03 ～ 0.07 元 / 片，成都通德药业每片 0.0345 元中标，创该品种之最。除此之外，甲硝唑片，远大医药的中标价为 0.05 元 / 片，四川科伦药业的中标价为 0.087 元 / 片，满足国家“复活低价”的愿望。

特点二：外企放下身段。招标 20 年，外企的价格一直坚挺，降不下来。这次集采，阿卡波糖的原研药企拜耳报出 0.1807 元 / 片的全球最低价，比最高有效申报价低了近 80%，国内药企福元和华东落选。这一方面说明了拜耳想继续占有市场的决心，另一方面也说明了“量价挂钩，招采合一”政策的合理性。以前招标只降价，不与量挂钩，药企对降价没有积极性，“降价死”成为一种招标现象。

特点三：吃透规则，活用规则。集采文件明确了此次报价的新规则，入围企业价格符合以下条件之一的，获得拟中选资格：①“单位可比价”≤同品种最低“单位可比价”的 1.8 倍；②“单位申报价”降幅≥ 50.00%；③“单位可比价”≤ 0.1000 元。拜耳的阿卡波糖、莫西沙星两个产品销售额几十亿，其充分利用 1.8 倍的“阻杀价”原则把福元和华东成功淘汰。在盐酸左西替利嗪片这一品种上，湖南九典也使用了相同的策略。可见，企业吃透规则是非常重要的。

以下是第二批全国药品集中采购目录（表 4）。

表 4　第二批全国药品集中采购目录

序号	通用名	剂型	单位	规格包装
1	醋酸阿比特龙片	片剂	盒	0.25 g*120 片 / 盒，口服固体药用高密度聚乙烯瓶包装
2	阿德福韦酯片	片剂	瓶	10 mg*30 片 / 瓶，口服固体药用高密度聚乙烯瓶包装
3	阿卡波糖胶囊	胶囊剂	盒	50 mg*15 粒 / 板 *2 板 / 盒，药用铝箔 / 聚氯乙烯固体药用硬片包装
4	阿莫西林胶囊	胶囊剂	盒	0.25 g*24 粒 / 盒，铝塑泡罩包装
5	阿莫西林胶囊	胶囊剂	盒	0.25 g*36 粒 / 盒，铝塑泡罩包装
6	阿奇霉素片	片剂	盒	0.25 g*6 片 / 板 *1 板 / 盒，聚氯乙烯固体药用硬片与药用铝箔泡罩包装
7	安立生坦片	片剂	盒	5 mg*10 片 / 盒，铝塑泡罩包装
8	安立生坦片	片剂	盒	5 mg*30 片 / 盒，铝塑泡罩包装

续　表

序号	通用名	剂型	单位	规格包装
9	奥美沙坦酯片	片剂	盒	20 mg*28 片 / 盒，聚酰胺 / 铝 / 聚氯乙烯冷冲压成型固体药用复合硬片和药用铝箔
10	富马酸比索洛尔片	片剂	盒	2.5 mg*18 片 / 盒，聚三氟氯乙烯 / 聚氯乙烯固体药用复合硬片、药品包装用铝箔和聚酯 / 铝 / 聚乙烯药品包装用复合膜、袋
11	富马酸比索洛尔片	片剂	盒	5 mg*18 片 / 盒，聚三氟氯乙烯 / 聚氯乙烯固体药用复合硬片、药品包装用铝箔和聚酯 / 铝 / 聚乙烯药品包装用复合膜、袋
12	对乙酰氨基酚片	片剂	盒	0.5 g*12 片 / 盒，铝塑包装
13	盐酸多奈哌齐片	薄膜衣片	盒	5 mg×7 片 / 盒，玻璃纸 / 铝 / 聚乙烯药用复合膜包装
14	盐酸多奈哌齐片	薄膜衣片	盒	5 mg×7 片 ×2 板 / 盒，玻璃纸 / 铝 / 聚乙烯药用复合膜包装
15	氟康唑胶囊	胶囊剂	盒	50 mg*6 粒 / 盒，铝塑泡罩包装（PTP-PVC/PVDC）
16	福多司坦片	片剂	盒	0.2 g*12 片 / 盒，聚氯乙烯固体药用硬片 / 药品包装用铝箔，聚酯 / 铝 / 聚乙烯药品包装用复合膜、袋
17	福多司坦片	片剂	盒	0.2 g*9 片 / 板 *2 板 / 袋 *1 袋 / 盒，聚氯乙烯固体药用硬片 / 药品包装用铝箔，聚酯 / 铝 / 聚乙烯药品包装用复合膜、袋
18	福多司坦片	片剂	盒	0.2 g*12 片 / 板 *2 板 / 盒，聚氯乙烯固体药用硬片 / 药品包装用铝箔，聚酯 / 铝 / 聚乙烯药品包装用复合膜、袋
19	福多司坦片	片剂	盒	0.2 g*12 片 / 板 *3 板 / 袋 *1 袋 / 盒，聚氯乙烯固体药用硬片 / 药品包装用铝箔，聚酯 / 铝 / 聚乙烯药品包装用复合膜、袋
20	格列美脲片	片剂	盒	2 mg*90 片 / 盒，铝塑泡罩包装
21	甲硝唑片	片剂	瓶	0.2 g*100 片 / 瓶，口服固体药用高密度聚乙烯瓶包装
22	聚乙二醇 4000 散	散剂	包	10 g*30 袋 / 包，聚酯 / 铝 / 聚乙烯药品包装用复合膜包装
23	坎地沙坦酯片	片剂	盒	8 mg*14 片 / 盒，铝塑泡罩包装

续 表

序号	通用名	剂型	单位	规格包装
24	坎地沙坦酯片	片剂	盒	8 mg*28 片 / 盒，铝塑泡罩包装
25	盐酸克林霉素胶囊	胶囊剂	盒	0.15 g*12 粒 / 盒，铝塑泡罩包装（聚氯乙烯固体药用硬片 / 药品包装用铝箔）
26	铝碳酸镁咀嚼片	咀嚼片	盒	0.5 g*12 片 / 板 *4 板 / 盒，药用铝塑包装
27	美洛昔康片	片剂	盒	7.5 mg × 7 片 / 盒，铝塑包装
28	盐酸莫西沙星片	片剂	盒	0.4 g*3 片 / 盒，PVC/PVDC 铝塑包装
29	盐酸莫西沙星片	片剂	盒	0.4 g*6 片 / 盒，PVC/PVDC 铝塑包装
30	盐酸曲美他嗪缓释片	片剂	盒	35 mg*10 片 / 板 *3 板 / 袋 *1 袋 / 盒，聚氯乙烯固体药用硬片和药用铝箔密封包装，外包中封袋
31	琥珀酸索利那新片	片剂	盒	5 mg*10 片 / 板 ×1 板 / 盒，聚氯乙烯固体药用硬片 / 药用铝箔
32	琥珀酸索利那新片	片剂	盒	5 mg*10 片 / 板 ×2 板 / 盒，聚氯乙烯固体药用硬片 / 药用铝箔
33	他达拉非片	片剂	盒	20 mg*5 片 / 盒，铝塑包装
34	他达拉非片	片剂	盒	20 mg*7 片 *2 板 / 盒，铝塑包装
35	盐酸特拉唑嗪片	片剂	盒	2 mg*14 片 / 盒，铝塑包装
36	替吉奥胶囊	胶囊剂	盒	20 mg*12 粒 / 板 *1 板 / 袋 *1 袋 / 盒，聚氯乙烯固体药用硬片和药用铝箔密封包装，外包铝箔袋
37	替吉奥胶囊	胶囊剂	盒	20 mg*14 粒 / 板 *3 板 / 袋 *1 袋 / 盒，聚氯乙烯固体药用硬片和药用铝箔密封包装，外包铝箔袋
38	替吉奥胶囊	胶囊剂	盒	25 mg*12 粒 / 板 *1 板 / 袋 *1 袋 / 盒，聚氯乙烯固体药用硬片和药用铝箔密封包装，外包铝箔袋
39	替吉奥胶囊	胶囊剂	盒	25 mg*14 粒 / 板 *2 板 / 袋 *1 袋 / 盒，聚氯乙烯固体药用硬片和药用铝箔密封包装，外包铝箔袋
40	头孢氨苄胶囊	胶囊剂	盒	0.25 g*12 粒 / 板 *5 板 / 盒，聚氯乙烯 / 聚偏二氯乙烯固体药用复合硬片、药用铝箔
41	头孢拉定胶囊	胶囊剂	瓶	0.25 g*60 粒 / 瓶，口服固体药用高密度聚乙烯瓶包装

续 表

序号	通用名	剂型	单位	规格包装
42	辛伐他汀片	薄膜衣片	盒	20 mg×60 片 / 盒，铝塑泡罩包装
43	辛伐他汀片	薄膜衣片	盒	40 mg×30 片 / 盒，铝塑泡罩包装
44	异烟肼片	片剂	盒	0.1 g*100 片 / 盒，口服固体药用高密度聚乙烯瓶包装
45	异烟肼片	片剂	盒	0.3 g*50 片 / 盒，口服固体药用高密度聚乙烯瓶包装
46	吲达帕胺片	片剂	盒	2.5 mg*10 片 *3 板 / 盒，铝塑包装
47	吲达帕胺片	片剂	盒	2.5 mg*12 片 *4 板 / 盒，铝塑包装
48	吲达帕胺片	片剂	盒	2.5 mg*30 片 *2 板 / 盒，铝塑包装
49	注射用紫杉醇（白蛋白结合型）	冻干粉针剂	盒	100 mg/ 瓶 / 盒，中硼硅玻璃管制注射剂瓶包装
50	盐酸左西替利嗪片	片剂	盒	5 mg*12 片 / 板 *2 板 / 盒，聚氯乙烯固体药用硬片、药用铝箔

资料来源：上海阳光医药采购网。

品种多　降幅大　外企“跑”
——第三批全国药品集中采购综述

易楚斌

2020 年 7 月 21 日，上海阳光医药采购网公布了《关于开展部分药品相关基础信息采集工作的通知》，就阿莫西林颗粒等 86 个产品进行信息采集。2020 年 7 月 29 日，国家组织药品集中采购和使用联合采购办公室发布了《全国药品集中采购文件（GY-YD2020-1）》（国联采字〔2020〕1 号），标志着第三批全国药品带量采购正式开启。2020 年 8 月 20 日正式开标，当天公布拟中选厂家和品种。2020 年 8 月 24 日，正式公布中选结果，55 个品种中选。

这次带量采购与前 2 次相比，有以下几个特点：

第一，品种数量比第一、二次要多。信息采集了 86 个品种，最终列入第三批目录的有 56 个品种。2020 年 8 月 20 日在上海开标，拟中选品种 56 个，8 月 24 日正式公布中选结果，55 个品种中选。其与第一、二批之和基本相当（两批之和为 57 个品种）。

第二，参与竞标的企业多。本次采购共有 194 家企业参加，产生拟中选企业 125 家，拟中选产品 191 个。

第三，竞争激烈。55 个通用名品种对比最高有效申报价，平均降价幅度超 70%，最高降幅达 98.72%，齐鲁制药、石药集团均拿下 8 个品种中选资格，扬子江药业集团、上药集团、中国生物制药均拿下 7 个品种，是此次集采的大赢家。

第四，外资“大撤退”。在本次集采中外资仅有辉瑞、优时比、卫材中标，中标数 3 家。其余如安斯泰来的头孢地尼胶囊，拜耳的盐酸环丙沙星片，百时美施贵宝的阿哌沙班片、卡托普利片，勃林格殷格翰的盐酸氨溴索片，礼来的头孢克洛胶囊，诺华的维格列汀片，默沙东的孟鲁司特钠颗粒等品种退出了竞标。相比于第一批“4+7”扩围外资中选品种 7 个，第二批集采外资中选品种 5 个，此轮虽集采品种数量更多，但外资中选数量相对较低。

第五，微调最多可中选企业。第二批国家集采，最多可中选企业为 6 家，此次调整为 8 家。这为厂家数量多的品种增加了中选企业的数量。如盐酸二甲双胍缓释片 0.5 g、盐酸二甲双胍片 0.25 g 和 0.5 g 都是 8 家企业中标，卡托普利片也是 8 家企业中标。

以下是第三批全国药品集中采购目录（表 5）。

表 5　第三批全国药品集中采购目录

序号	通用名	剂型	规格包装
1	阿莫西林颗粒	颗粒剂	0.125 g*24 袋 / 盒，镀铝复合膜包装
2	阿那曲唑片	薄膜衣片	1 mg*14 片 / 板 *2 板 / 盒，铝塑包装

续 表

序号	通用名	剂型	规格包装
3	阿哌沙班片	薄膜衣片	2.5 mg*28 片 / 盒，铝塑包装
4	奥氮平口崩片	薄膜衣片	5 mg*28 片 / 盒，软双铝包装
5	奥美拉唑肠溶胶囊	肠溶胶囊	20 mg*14 粒 / 瓶 / 盒，口服固体药用高密度聚乙烯瓶包装（带干燥剂）
6	奥美拉唑肠溶胶囊	肠溶胶囊	20 mg*28 粒 / 瓶 / 盒，口服固体药用高密度聚乙烯瓶包装（带干燥剂）
7	布洛芬缓释胶囊	缓释胶囊	0.3 g*12 粒 / 板 *2 板 / 盒，聚氯乙烯固体药用硬片和药用铝箔
8	布洛芬颗粒	颗粒剂	0.2 g*12 包 / 盒，药用复合膜包装（PET/AL/PE）
9	地氯雷他定片	片剂	5 mg*24 片 / 盒，双铝包装
10	多潘立酮片	片剂	10 mg*30 片 / 盒，药用 PVC 硬片 / 药品包装用 PTP 铝箔
11	非布司他片	薄膜衣片	40 mg*10 片 / 板 *1 板 / 盒，铝塑泡罩包装
12	非那雄胺片	薄膜衣片	1 mg*7 片 / 板 *12 板 / 盒，聚氯乙烯固体药用硬片、药用铝箔
13	非那雄胺片	片剂	5 mg*10 片 / 板 *2 板 / 盒，聚酰胺 / 铝 / 聚氯乙烯冷冲压成型固体药用复合硬片及药用铝箔
14	非那雄胺片	片剂	5 mg*10 片 / 板 *3 板 / 盒，聚酰胺 / 铝 / 聚氯乙烯冷冲压成型固体药用复合硬片及药用铝箔
15	富马酸喹硫平片	薄膜衣片	25 mg*14 片 *2 板 / 盒，聚氯乙烯固体药用硬片（PVC）/ 药品包装用铝箔
16	富马酸喹硫平片	薄膜衣片	0.1 g*10 片 / 板 *2 板 / 盒，铝塑包装
17	富马酸喹硫平片	薄膜衣片	0.1 g*10 片 *4 板 / 盒，铝塑包装
18	富马酸喹硫平片	薄膜衣片	0.2 g*10 片 / 板 *2 板 / 盒，铝塑包装
19	富马酸喹硫平片	片剂	0.2 g*10 片 / 板 *4 板 / 盒，铝塑包装
20	枸橼酸托法替布片	片剂	5 mg*20 片 / 瓶，塑料瓶包装
21	枸橼酸托法替布片	片剂	5 mg*28 片 / 瓶，塑料瓶包装

续 表

序号	通用名	剂型	规格包装
22	枸橼酸西地那非片	片剂	100 mg*3 片 / 板 *1 板 / 小盒，铝塑包装
23	枸橼酸西地那非片	片剂	25 mg*6 片 / 板 *2 板 / 小盒，铝塑包装
24	枸橼酸西地那非片	片剂	50 mg*7 片 / 板 *1 板 / 小盒，铝塑包装
25	琥珀酸普芦卡必利片	薄膜衣片	1 mg*6 片 / 板 *4 板 / 盒，双铝包装
26	琥珀酸普芦卡必利片	薄膜衣片	2 mg*6 片 / 板 *4 板 / 盒，双铝包装
27	甲钴胺片	片剂	0.5 mg*10 片 / 板 *10 板 / 盒，铝塑包装
28	甲钴胺片	片剂	0.5 mg*10 片 / 板 *2 板 / 盒，铝塑包装
29	卡培他滨片	薄膜衣片	0.15 g*12 片 / 板 *1 板 / 盒，采用聚氯乙烯 / 聚偏二氯乙烯固体药用复合硬片及药用铝箔密封包装
30	卡培他滨片	薄膜衣片	0.5 g*10 片 / 板 *1 板 / 盒，采用聚氯乙烯 / 聚偏二氯乙烯固体药用复合硬片及药用铝箔密封包装
31	卡培他滨片	薄膜衣片	0.5 g*12 片 / 板 *1 板 / 盒，采用聚氯乙烯 / 聚偏二氯乙烯固体药用复合硬片及药用铝箔密封包装
32	卡托普利片	片剂	25 mg*20 片 / 板 *5 板 / 盒，采用聚氯乙烯 / 聚偏二氯乙烯固体药用复合硬片、药用铝箔密封包装
33	克拉霉素片	片剂	250 mg*8 片 / 盒，铝塑泡罩包装（聚氯乙烯 / 聚偏二氯乙烯固体药用复合硬片和药品包装用铝箔）
34	来曲唑片	片剂	2.5 mg*10 片 / 板 *3 板 / 盒，铝塑包装
35	利奈唑胺片	薄膜衣片	600 mg*10 片 / 盒，水泡眼包装
36	氯氮平片	片剂	25 mg*100 片 / 瓶 / 盒，塑料瓶包装
37	孟鲁司特钠咀嚼片	咀嚼片	4 mg*5 片 / 盒，双铝包装
38	孟鲁司特钠咀嚼片	咀嚼片	5 mg*5 片 / 盒，双铝包装
39	孟鲁司特钠颗粒	颗粒剂	0.5 g:4 mg*10 袋 / 盒，铝塑复合袋包装
40	匹伐他汀钙片	薄膜衣片	2 mg*7 片 / 板 *1 板 / 盒，铝塑包装
41	氢溴酸西酞普兰片	薄膜衣片	20 mg*8 片 / 板 *2 板 / 盒，铝塑泡罩包装
42	塞来昔布胶囊	硬胶囊	0.2 g*10 粒 / 板 *2 板 / 盒，药用铝箔 / 聚氯乙烯固体药用硬片泡罩包装

续 表

序号	通用名	剂型	规格包装
43	碳酸氢钠片	片剂	0.5 g*100 片 / 瓶，白色药用塑料瓶包装
44	替格瑞洛片	片剂	90 mg*14 片 / 板 *1 板 / 盒，PVC/PVDC 泡罩包装
45	头孢地尼分散片	分散片	100 mg*6 片 / 板 *2 板 / 盒，聚酰胺 / 铝 / 聚氯乙烯冷冲压成型固体药用复合硬片与药品包装用铝箔泡罩包装
46	头孢地尼分散片	分散片	100 mg*6 片 / 板 *1 板 / 盒，聚酰胺 / 铝 / 聚氯乙烯冷冲压成型固体药用复合硬片与药品包装用铝箔泡罩包装
47	头孢克洛胶囊	硬胶囊	0.25 g*10 粒 / 板 *1 板 / 盒，聚氯乙烯 / 聚偏二氯乙烯固体药用复合硬片与药用铝箔泡罩包装
48	头孢克洛胶囊	硬胶囊	0.25 g*10 粒 / 板 *2 板 / 盒，聚氯乙烯 / 聚偏二氯乙烯固体药用复合硬片与药用铝箔泡罩包装
49	维格列汀片	片剂	50 mg*14 片 / 盒，双铝包装
50	维生素 B6 片	片剂	10 mg*100 片 / 盒，口服固体药用高密度聚乙烯瓶包装
51	缬沙坦胶囊	硬胶囊	80 mg*12 粒 / 板 / 盒，聚氯乙烯 / 聚乙烯 / 聚偏二氯乙烯固体药用复合硬片、药用铝箔
52	缬沙坦胶囊	硬胶囊	80 mg*12 粒 / 板 *2 板 / 盒，聚氯乙烯 / 聚乙烯 / 聚偏二氯乙烯固体药用复合硬片、药用铝箔
53	盐酸氨基葡萄糖胶囊	硬胶囊	0.75 g*30 粒 / 瓶，高密度聚乙烯瓶包装
54	盐酸氨基葡萄糖胶囊	硬胶囊	0.75 g*60 粒 / 瓶，高密度聚乙烯瓶包装
55	盐酸氨溴索胶囊	硬胶囊	30 mg*10 粒 / 板 *3 板 / 盒，聚氯乙烯固体药用硬片和药用铝箔
56	盐酸达泊西汀片	片剂	30 mg*2 片 / 板 *1 板 / 盒，铝塑包装
57	盐酸二甲双胍缓释片	缓释片	0.5 g*10 片 / 板 *1 板 / 盒，铝塑泡罩包装
58	盐酸二甲双胍缓释片	缓释片	0.5 g*10 片 / 板 *3 板 / 盒，铝塑泡罩包装
59	盐酸二甲双胍片	片剂	0.25 g*100 片 / 瓶，塑料瓶包装
60	盐酸氟西汀胶囊	硬胶囊	20 mg*7 粒 / 板 *4 板 / 盒，铝塑包装

续 表

序号	通用名	剂型	规格包装
61	盐酸环丙沙星片	薄膜衣片	0.25 g*6 片 / 板 *2 板 / 盒，铝塑包装
62	盐酸美金刚片	片剂	10 mg*14 片 / 板 *2 板 / 盒，铝塑包装
63	盐酸莫西沙星氯化钠注射液	注射剂	250 mL: 盐酸莫西沙星（按 $C_{21}H_{24}FN_3O_4$ 计）0.4 g 与氯化钠 2.0 g，中硼硅玻璃输液瓶，注射液用卤化丁基橡胶塞（溴化），输液瓶用铝塑组合盖。每瓶 250 mL，每盒 1 瓶
64	盐酸曲美他嗪片	片剂	20 mg*30 片 / 板 *1 板 / 盒，铝塑包装，外套复合膜袋
65	盐酸曲美他嗪片	片剂	20 mg*30 片 / 板 *2 板 / 盒，铝塑包装，外套复合膜袋
66	盐酸舍曲林片	片剂	50 mg*28 片 / 盒，双铝包装
67	盐酸坦索罗辛缓释胶囊	缓释胶囊	0.2 mg*10 粒 / 板 *2 板 / 袋 / 盒，聚氯乙烯 / 聚偏二氯乙烯固体药用复合硬片和药用铝箔，外套聚酯 / 铝 / 聚乙烯药用
68	盐酸西替利嗪片	薄膜衣片	10 mg*10 片 / 板 *2 板 / 盒，聚氯乙烯固体药用硬片 / 药品包装用铝箔
69	盐酸乙胺丁醇片	薄膜衣片	0.25 g*100 片 / 盒，口服固体药用高密度聚乙烯瓶包装
70	依托考昔片	片剂	120 mg*5 片 / 板 *1 板 / 袋 *1 袋 / 盒，铝塑枕式包装，内加固体药用纸袋装硅胶干燥剂
71	依托考昔片	片剂	30 mg*5 片 / 板 *1 板 / 袋 *1 袋 / 盒，铝塑枕式包装，内加固体药用纸袋装硅胶干燥剂
72	依托考昔片	片剂	60 mg*5 片 / 板 *1 板 / 袋 *1 袋 / 盒，铝塑枕式包装，内加固体药用纸袋装硅胶干燥剂
73	依托考昔片	片剂	90 mg*5 片 / 板 *1 板 / 袋 *1 袋 / 盒，铝塑枕式包装，内加固体药用纸袋装硅胶干燥剂
74	右佐匹克隆片	薄膜衣片	3 mg*7 片 / 盒，聚氯乙烯固体药用硬片，药品包装用铝箔
75	注射用阿扎胞苷	冻干粉针	100 mg*1 瓶 / 盒，中硼硅玻璃模制注射剂瓶包装

续 表

序号	通用名	剂型	规格包装
76	左氧氟沙星滴眼液	滴眼液	5 mL:24.4 mg*1 支 / 盒，低密度聚乙烯药用滴眼剂瓶包装
77	左乙拉西坦口服溶液	口服溶液	10%（150 mL:15 g）*150 mL/ 瓶，口服液体药用聚酯瓶（茶色）包装，1 瓶 / 盒（附 5 mL 口服取药器）
78	左乙拉西坦注射用浓溶液	注射液	5 mL:500 mg*10 瓶 / 盒，玻璃瓶包装

资料来源：上海阳光医药采购网。

头部企业多　降价幅度大
——第四批全国药品集中采购综述

易楚斌

2020 年 12 月 25 日，上海阳光医药采购网发布了《关于开展第四批国家组织药品集中采购相关药品信息收集工作的通知》，共有 90 个品规参与信息收集。2021 年 1 月 15 日，国家组织药品集中采购和使用联合采购办公室发布了《全国药品集中采购文件（GY-YD2021-1）》（国联采字〔2021〕1 号），标志着第四批国家带量集采正式开启。2021 年 2 月 3 日开标并于当日公示拟中选结果，2 月 8 日正式公布第四批全国药品集中采购中选结果。

此次集采共涉及 45 种药品，80 个品规，涉及高血压、糖尿病、消化道疾病、精神类疾病、恶性肿瘤等多种治疗领域。此次集采中有 8 个注射剂品种，3 个滴眼剂品种，其余为口服制剂。米内网数据显示，45 个通用名药品在 2019 年中国公立医疗机构终端合计销售额 550 亿元，涉及最高采购规模超过 250 亿元，有 9 大品种采购额均超 10 亿元（表 6）。

表6　销售超10亿元品种

通用名药品	2019年中国公立医疗机构终端		集采规格	过评企业数
	销售额（亿元）	原研厂家及市场份额		
氨溴索注射剂	59.81	勃林格殷格翰 23.74%	1 mL:7.5 mg 2 mL:15 mg 4 mL:30 mg	12
丙泊酚中/长链脂肪乳注射剂	19.49	费森尤斯卡比 61.92%	20 mL:0.2 g	3
多索茶碱注射剂	31.53	ABC Farmaceutici 5.06%	10 mL:0.1 g 20 mL:0.2 g	5
帕瑞昔布注射剂	19.94	辉瑞 60.59%	20 mg 40 mg	12
泮托拉唑注射剂	66.69	武田 11.69%	40 mg	4
硼替佐米注射剂	14.42	西安杨森 63.75%	1 mg 3.5 mg	4

一、头部企业中选产品较多

根据第四批国采中选结果，齐鲁制药最终中选的品种有6个，分别为注射用帕瑞昔布钠、注射用硼替佐米、盐酸普拉克索片、普瑞巴林胶囊、盐酸特比萘芬片、注射用比伐芦定。扬子江药业也中选了6个，分别是丙泊酚中/长链脂肪乳注射液、多索茶碱注射液、氯雷他定片、注射用帕瑞昔布钠、注射用泮托拉唑钠、玻璃酸钠滴眼液。此外，科伦药业、东阳光控股子公司均有4个产品中标。在所有中选产品中，上市公司、外资企业、百强企业等公司的产品占62%。

二、降价幅度大

本次集采平均降价52%，最高降幅达96%。多数药品开出的最高有效申报价创新低，甚至有不少在1元以下的申报价，如糖尿病药物瑞格列奈0.5 mg规格的0.5057元，布洛芬常释剂型0.1 g规格的更是低到0.2元，这两个品种降价幅度均超过了96.72%。在竞争比较大的氨溴索注射剂这个品种，云南龙海以每支0.23元中标，该价格成为该品种最低价。

另外，与第三批集采相比，此次集采将最多可中选企业增加到10家，更加有利于厂家较多、竞争充分的品种。

此次集采有多家跨国药企参与。勃林格殷格翰和诺华均有5个品种中标，辉瑞、阿斯利康、拜耳、第一三共、杨森等企业均有产品中选。

以下是第四批全国药品集中采购目录（表7）。

表7　第四批全国药品集中采购目录

序号	品种名	药品通用名	剂型
1	埃索美拉唑（艾司奥美拉唑）口服常释剂型	艾司奥美拉唑镁肠溶胶囊	胶囊剂
2	氨磺必利口服常释剂型	氨磺必利片	片剂
3	氨溴索注射剂	盐酸氨溴索注射液	注射剂
4	奥洛他定滴眼剂	盐酸奥洛他定滴眼液	眼用制剂
5	吡嗪酰胺口服常释剂型	吡嗪酰胺片	片剂
6	丙泊酚中 / 长链脂肪乳注射剂	丙泊酚中 / 长链脂肪乳注射液	注射剂
7	布洛芬口服常释剂型	布洛芬片	片剂
8	布洛芬注射液	布洛芬注射液	注射剂
9	度洛西汀口服常释剂型	盐酸度洛西汀肠溶胶囊	胶囊剂
10	多索茶碱注射剂	多索茶碱注射液	注射剂
11	恩格列净口服常释剂型	恩格列净片	片剂
12	恩曲他滨替诺福韦口服常释剂型	恩曲他滨替诺福韦片	片剂
13	格列齐特缓释控释剂型	格列齐特缓释片	片剂
14	加巴喷丁口服常释剂型	加巴喷丁胶囊	胶囊剂
15	卡格列净口服常释剂型	卡格列净片	片剂
16	喹硫平缓释控释剂型	富马酸喹硫平缓释片	片剂
17	洛索洛芬口服常释剂型	洛索洛芬钠片	片剂

续 表

序号	品种名	药品通用名	剂型
18	氯雷他定口服常释剂型	氯雷他定片	片剂
19	莫沙必利口服常释剂型	枸橼酸莫沙必利片	片剂
20	那格列奈口服常释剂型	那格列奈片	片剂
21	帕瑞昔布注射剂	注射用帕瑞昔布钠	注射剂
22	泮托拉唑口服常释剂型	泮托拉唑钠肠溶片	片剂
23	泮托拉唑注射剂	注射用泮托拉唑钠	注射剂
24	培哚普利口服常释剂型	培哚普利叔丁胺片	片剂
25	硼替佐米注射剂	注射用硼替佐米	注射剂
26	普拉克索缓释控释剂型	盐酸普拉克索缓释片	片剂
27	普拉克索口服常释剂型	盐酸普拉克索片	片剂
28	普瑞巴林口服常释剂型	普瑞巴林胶囊	胶囊剂
29	羟苯磺酸口服常释剂型	羟苯磺酸钙胶囊	胶囊剂
30	瑞格列奈口服常释剂型	瑞格列奈片	片剂
31	索拉非尼口服常释剂型	甲苯磺酸索拉非尼片	片剂
32	替格瑞洛口服常释剂型	替格瑞洛片	片剂
33	替米沙坦口服常释剂型	替米沙坦片	片剂
34	替莫唑胺口服常释剂型	替莫唑胺胶囊	胶囊剂
35	吸入用硫酸沙丁胺醇溶液	吸入用硫酸沙丁胺醇溶液	吸入剂
36	缬沙坦氨氯地平Ⅰ口服常释剂型	缬沙坦氨氯地平片（Ⅰ）	片剂
37	缬沙坦氢氯噻嗪口服常释剂型	缬沙坦氢氯噻嗪片	片剂
38	伏立康唑口服常释剂型	伏立康唑片	片剂
39	诺氟沙星口服常释剂型	诺氟沙星片	片剂
40	特比萘芬口服常释剂型	盐酸特比萘芬片	片剂
41	头孢丙烯口服常释剂型	头孢丙烯分散片	片剂
42	左氧氟沙星口服常释剂型	左氧氟沙星片	片剂

续 表

序号	品种名	药品通用名	剂型
43	玻璃酸钠滴眼剂（0.1%）	玻璃酸钠滴眼液	滴眼剂
44	玻璃酸钠滴眼剂（0.3%）	玻璃酸钠滴眼液	滴眼剂
45	注射用比伐芦定	注射用比伐芦定	注射剂

资料来源：上海阳光医药采购网。

针剂占比过半　强化供应保障
——第五批全国药品集中采购综述

易楚斌

2021 年 5 月 8 日，《关于开展第五批国家组织药品集中采购相关药品信息收集工作的通知》发布，要求就 62 个品种、202 个品规上报有关信息。这预示着第五批国家集采马上来临。2021 年 6 月 2 日，国家组织药品联合采购办公室发布《全国药品集中采购文件（GY-YD2021-2）》（国联采字〔2021〕2 号），正式公布采购品种目录，各地区首年约定采购量及各采购品种首年约定采购量。2021 年 6 月 23 日，第五批国家组织药品集中带量采购在上海开标，中选企业 148 家，中选产品 251 个，中选药品平均降价 56%，成为前五批集采中平均降幅最大的一批。2021 年 6 月 28 日，发布《关于公布全国药品集中采购中选结果的通知》，标志着第五批全国药品集采尘埃落定。

第五批国家药品带量采购较前四批具有明显的特点。

第一，更加重视产品的供应保障，进一步明确了企业在供应方面的主体责任，引入了备选企业的条款。在“其他申报要求”里明确规定：申报企业须确保在采购周期内满足供应地区中选药品的采购需求，包括约定采购量以及超过约定采购量的部分；申报企业供应品种清单应包含采购品种目录内本企业生产的所有符合申报品种资格的规格。

第二，将企业遵守医药价格和招采信用评价制度情况纳入考核。对履约情况记录比较好、供应保障比较稳定的企业给予一定倾斜。

第三，品种最多，采购金额最大。这次集采共有61个品种，创下历次集采品种数量新高，涉及金额550亿元。本次集采中既有高血压、糖尿病、冠心病、消化道系统疾病等常见病、慢性病用药，也有肺癌、胰腺癌等重大疾病用药，患者的获得感明显增强。

第四，注射剂成为本次集采的主力剂型。本次集采中选了31个注射剂品种，占到中选品种的一半多，而金额占到了70%。以往四批集采注射剂品种不仅比这一批少，而且注射剂价格降幅要高于这次集采的平均降幅，这标志着国家集采向药价虚高的核心地带迈出了重要一步。

第五，外资企业参与度高，涉及的51个原研药产品全部参与申报，报价有效率达77%。中选品种数也是历次集采中最高的，10个外资企业的11个产品中选，说明外资企业对这项改革的拥护和支持。

以下是第五批全国药品集中采购目录（表8）。

表8　第五批全国药品集中采购目录

序号	药品通用名	剂型	规格包装
1	ω-3鱼油中/长链脂肪乳注射液	注射液	100 mL*1瓶，含有丁基橡胶塞的Ⅱ型玻璃瓶包装
2	ω-3鱼油中/长链脂肪乳注射液	注射液	250 mL*1瓶，含有丁基橡胶塞的Ⅱ型玻璃瓶包装
3	阿法骨化醇软胶囊	软胶囊	0.25 μg*30粒/盒，胶囊包装于泡状条板，泡状条板由铝/PVC小泡及聚胺/铝覆盖材料制成
4	阿立哌唑片	片剂	5 mg*14片/板*2板/盒，双铝包装
5	阿昔洛韦片	片剂	0.2 g*12片/板*2板/盒，铝塑包装
6	▲注射用艾司奥美拉唑钠	冻干粉针	40 mg*10瓶/盒，中硼硅玻璃管制注射剂瓶、注射用冷冻干燥无菌粉末用覆聚四氟乙烯/乙烯共聚物膜氯化丁基橡胶塞、硬纸盒包装

续 表

序号	药品通用名	剂型	规格包装
7	盐酸奥洛他定片	片剂	2.5 mg*12 片 / 板 *2 板 / 盒，药品包装用铝箔，聚氯乙烯固体药用硬片
8	盐酸奥洛他定片	片剂	5 mg*12 片 / 板 *2 板 / 盒，药品包装用铝箔，聚氯乙烯固体药用硬片
9	注射用奥沙利铂	冻干粉针	50 mg*1 瓶 / 盒，玻璃瓶，氯丁基橡胶盖
10	盐酸贝那普利片	片剂	10 mg*14 片 / 板 *2 板 / 盒，药用铝箔和聚氯乙烯 / 聚乙烯 / 聚偏二氯乙烯固体药用复合硬片包装
11	苯磺贝他斯汀片	片剂	10 mg*14 片 / 板 / 盒，铝塑泡罩（药用铝箔和聚氯乙烯固体药用硬片），外加聚酯 / 铝 / 聚乙烯药用复合膜、袋包装
12	苯磺顺阿曲库铵注射液	注射液	5 mL:10 mg(按 $C_{53}H_{72}N_2O_{12}$ 计)*10 瓶 / 盒，中硼硅玻璃管制注射剂瓶，注射液用溴化丁基橡胶塞和抗生素瓶用铝塑组合盖
13	比卡鲁胺片	片剂	50 mg*14 片 / 板 *2 板 / 盒，铝塑泡罩包装
14	达比加群酯胶囊	胶囊剂	150 mg*10 粒 / 板 *3 板 / 盒，双铝泡罩包装
15	达比加群酯胶囊	胶囊剂	110 mg*10 粒 / 板 *3 板 / 盒，双铝泡罩包装
16	▲单硝酸异山梨酯缓释胶囊	缓释胶囊	40 mg*10 粒 / 板 *3 板 / 盒，铝塑包装
17	▲单硝酸异山梨酯缓释胶囊	缓释胶囊	50 mg*10 粒 / 板 *3 板 / 盒，铝塑包装
18	注射用地西他滨	冻干粉针	10 mg*1 瓶 / 盒，中硼硅玻璃管制注射剂瓶，注射用冷冻干燥用溴化丁基橡胶塞
19	注射用地西他滨	冻干粉针	25 mg*1 瓶 / 盒，中硼硅玻璃管制注射剂瓶，注射用冷冻干燥用溴化丁基橡胶塞
20	注射用地西他滨	冻干粉针	50 mg*1 瓶 / 盒，中硼硅玻璃管制注射剂瓶，注射用冷冻干燥用溴化丁基橡胶塞
21	▲碘海醇注射液	注射液	300 mgI/mL*100 mL*10 瓶 / 盒，玻璃瓶 / 聚丙烯瓶
22	▲碘海醇注射液	注射液	300 mgI/mL*50 mL*10 瓶 / 盒，玻璃瓶 / 聚丙烯瓶

续 表

序号	药品通用名	剂型	规格包装
23	▲碘海醇注射液	注射液	300 mgI/mL*75 mL*10 瓶 / 盒，玻璃瓶 / 聚丙烯瓶
24	▲碘海醇注射液	注射液	按碘（I）计 100 mL:35 g*30 瓶 / 盒，中硼硅玻璃输液瓶装 + 注射液用卤化丁基橡胶塞（氯化）+ 输液瓶用铝塑组合盖
25	▲碘克沙醇注射液	注射液	100 mL:32 g（I）/ 瓶 *1 瓶 / 盒，输液瓶装
26	▲碘克沙醇注射液	注射液	50 mL:16 g（I）/ 瓶 *1 瓶 / 盒，输液瓶装
27	度他雄胺软胶囊	软胶囊	0.5 mg*10 粒 / 盒，PVC/PVDC 铝塑泡罩包装
28	多西他赛注射液	注射液	1 mL:20 mg/ 支 *1 支 / 盒，西林瓶包装（中硼硅玻璃管制注射剂瓶、注射液用覆聚四氟乙烯 / 六氟丙烯的共聚物膜氯化丁基橡胶塞）
29	多西他赛注射液	注射液	4 mL:80 mg/ 支 *1 支 / 盒，西林瓶包装（中硼硅玻璃管制注射剂瓶、注射液用覆聚四氟乙烯 / 六氟丙烯的共聚物膜氯化丁基橡胶塞）
30	盐酸法舒地尔注射液	注射液	2 mL:30 mg*6 支 / 盒，中硼硅玻璃安瓿（棕色）包装
31	吸入用复方异丙托溴铵溶液	吸入用溶液剂	2.5 mL: 含异丙托溴铵 0.5 mg 和沙丁胺醇 2.5 mg，2.5 mL/ 支 *10 支 / 袋 *1 袋 / 盒，内包装为吸入溶液用低密度聚乙烯瓶，外包装为铝箔袋
32	格列吡嗪控释片	控释片	5 mg*7 片 / 板 *4 板 / 盒，聚酰胺 / 铝 / 聚氯乙烯冷冲压成型固体药用复合硬片和药用铝箔
33	格列吡嗪片	片剂	5 mg*50 片 / 瓶 / 盒，口服固体药用高密度聚乙烯瓶包装
34	格隆溴铵注射液	注射液	1 mL:0.2 mg*5 支 / 盒，中硼硅玻璃安瓿包装

续 表

序号	药品通用名	剂型	规格包装
35	注射用更昔洛韦	冻干粉针	0.25 g/ 瓶 *10 瓶 / 盒，中硼硅玻璃管制注射剂瓶、注射用冷冻干燥无菌粉末用覆聚四氟乙烯 / 乙烯共聚物膜氯化丁基橡胶塞和抗生素瓶用铝塑组合盖
36	注射用更昔洛韦	冻干粉针	0.5 g/ 瓶 *10 瓶 / 盒，中硼硅玻璃管制注射剂瓶、注射用冷冻干燥无菌粉末用覆聚四氟乙烯 / 乙烯共聚物膜氯化丁基橡胶塞和抗生素瓶用铝塑组合盖
37	枸橼酸氢钾钠颗粒	颗粒剂	97.1 g/100 g*1 瓶 / 盒，聚丙烯瓶包装，附试纸及量匙
38	注射用盐酸吉西他滨	冻干粉针	0.2 g*1 瓶 / 盒，玻璃管制注射剂瓶装
39	注射用盐酸吉西他滨	冻干粉针	1.0 g*1 瓶 / 盒，玻璃管制注射剂瓶装
40	注射用兰索拉唑	冻干粉针	30 mg/ 瓶 *10 瓶 / 盒，中硼硅玻璃管制注射剂瓶 + 冷冻干燥注射用局部覆聚四氟乙烯膜卤化丁基橡胶塞（溴化）+ 抗生素瓶用铝塑组合盖
41	盐酸乐卡地平片	片剂	10 mg*7 片 *2 板 / 盒，不透明 PVC/ 铝箔
42	利伐沙班片	片剂	10 mg*30 片 / 盒，铝塑包装
43	利伐沙班片	片剂	15 mg*28 片 / 盒，铝塑包装
44	利伐沙班片	片剂	20 mg*14 片 / 板 *2 板 / 盒，铝塑泡罩包装
45	硫辛酸注射液	注射液	12 mL:300 mg/ 支 *5 支 / 盒，中硼硅玻璃安瓿包装
46	盐酸罗哌卡因注射液	注射液	10 mL:100 mg/ 支 *5 支 / 盒，中硼硅玻璃安瓿包装
47	氯化钾缓释片	缓释片	0.5 g*12 片 / 板 *4 板 / 盒，聚氯乙烯固体药用硬片和药用铝箔包装
48	酒石酸美托洛尔片	片剂	25 mg*10 片 / 板 *3 板 / 盒，铝塑泡罩包装
49	米格列醇片	片剂	50 mg*10 片 / 板 *3 板 / 盒，药用 PVC 硬片 / 药品包装用 PTP 铝箔

续 表

序号	药品通用名	剂型	规格包装
50	米索前列醇片	片剂	0.2 mg*3 片 / 板 *1 板 / 盒，复合膜包装
51	米索前列醇片	片剂	0.2 mg*3 片 / 板 *10 板 / 盒，铝塑复合易撕膜包装
52	盐酸帕洛诺司琼注射液	注射液	5 mL:0.25 mg(以 $C_{19}H_{24}N_2O$ 计)*5 支 / 盒，中硼硅玻璃瓶包装
53	沙格列汀片	片剂	5 mg*7 片 / 板 *1 板 / 盒，药用铝箔和聚酰胺 / 铝 / 聚氯乙烯冷冲压成型固体药用复合硬片包装
54	盐酸文拉法辛缓释胶囊	缓释胶囊	150 mg*7 粒 / 板 *1 板 / 盒，铝塑包装
55	盐酸文拉法辛缓释胶囊	缓释胶囊	75 mg*7 粒 / 板 *1 板 / 盒，铝塑包装
56	盐酸西那卡塞片	片剂	25 mg*10 片 / 盒，铝塑包装
57	注射用胸腺法新	冻干粉针	1.6 mg/ 瓶，中硼硅玻璃管制注射剂瓶和注射用冷冻干燥无菌粉末用氯化丁基橡胶塞，2 瓶 / 盒
58	盐酸异丙嗪片	片剂	12.5 mg*100 片 / 瓶，口服固体药用高密度聚乙烯瓶包装
59	盐酸异丙嗪片	片剂	25 mg*100 片 / 瓶，口服固体药用高密度聚乙烯瓶包装
60	吸入用异丙托溴铵溶液	吸入用溶液剂	2 mL:0.5 mg*8 支 / 盒，内包装为低密度聚乙烯药用吸入溶液瓶，次级包装为聚酯 / 铝 / 聚乙烯药用复合袋
61	▲脂肪乳氨基酸（17）葡萄糖（11%）注射液	注射液	1 440 mL/ 袋 *4 袋 / 箱，三腔输液袋(Biofine 三腔袋）
62	▲脂肪乳氨基酸（17）葡萄糖（11%）注射液	注射液	1 920 mL/ 袋 *4 袋 / 箱，三腔输液袋(Biofine 三腔袋）
63	▲脂肪乳氨基酸（17）葡萄糖（11%）注射液	注射液	900 mL/ 袋 *4 袋 / 箱，三腔输液袋（Biofine 三腔袋）
64	▲中 / 长链脂肪乳注射液（C8–24Ve）	注射液	大豆 10 g 和中链甘油三酯 10 g，100 mL*40 瓶 / 箱，玻璃瓶包装

续 表

序号	药品通用名	剂型	规格包装
65	▲中/长链脂肪乳注射液（C8–24Ve）	注射液	250 mL: 大豆油 25 g 与中链甘油三酸酯 25 g*20 瓶/箱，玻璃瓶包装
66	注射用盐酸苯达莫司汀	冻干粉针	100 mg(以 $C_{16}H_{21}Cl_2N_3O_2$ 计)/瓶*1 瓶/盒，棕色Ⅰ型玻璃瓶，溴化丁基冻干用胶塞和铝制密封盖
67	紫杉醇注射液	注射液	16.7 mL:100 mg/支*1 支/盒，中硼硅玻璃管制注射剂瓶、注射液用覆聚乙烯–四氟乙烯膜溴化丁基橡胶塞和抗生素瓶用铝塑组合盖包装
68	紫杉醇注射液	注射液	5 mL:30 mg/支*1 支/盒，中硼硅玻璃管制注射剂瓶、注射液用覆聚乙烯–四氟乙烯膜溴化丁基橡胶塞和抗生素瓶用铝塑组合盖包装
69	注射用阿奇霉素	冻干粉针	0.5 g/瓶*10 瓶/盒，中硼硅玻璃管制注射剂瓶、冷冻干燥注射用无菌粉末用溴化丁基橡胶塞包装
70	吸入用布地奈德混悬液	混悬液	2 mL:1 mg*5 支/袋*6 袋/盒，雾化吸入液体用低密度聚乙烯安瓿包装
71	氟康唑氯化钠注射液	注射液	100 mL: 氟康唑 0.2 g 与氯化钠 0.9 g/袋，直立式聚丙烯输液袋装
72	利奈唑胺葡萄糖注射液	注射液	100 mL: 利奈唑胺 200 mg 与葡萄糖 4.57 g*100 mL/袋*30 袋/箱，五层共挤输液袋
73	利奈唑胺葡萄糖注射液	注射液	300 mL: 利奈唑胺 600 mg 与葡萄糖 13.7 g*300 mL/袋*20 袋/箱，五层共挤输液袋
74	盐酸莫西沙星滴眼液	滴眼剂	0.5%（3 mL:15 mg，按 $C_{21}H_{24}FN_3O_4$ 计）；3 mL/支*1 支/盒，低密度聚乙烯药用滴眼剂瓶
75	替硝唑片	片剂	0.5 g*10 片/板*2 板/盒，聚氯乙烯/聚偏二氯乙烯固体药用复合硬片/药用铝箔

续 表

序号	药品通用名	剂型	规格包装
76	注射用头孢呋辛钠	普通粉针	0.75 g/ 支 *10 支 / 盒，中硼硅玻璃管制注射剂瓶、注射用无菌粉末用卤化丁基橡胶塞（氯化）
77	注射用头孢呋辛钠	普通粉针	1.5 g/ 支 *10 支 / 盒，中硼硅玻璃管制注射剂瓶、注射用无菌粉末用卤化丁基橡胶塞（氯化）
78	注射用头孢曲松钠	溶媒结晶	0.5 g（按 $C_{18}H_{18}N_8O_7S_3$ 计）/ 瓶 *10 瓶 / 盒，中性硼硅玻璃管制注射剂瓶、注射用无菌粉末用覆聚四氟乙烯 / 六氟丙烯的共聚物膜氯化丁基橡胶塞和抗生素瓶用铝塑组合盖包装
79	注射用头孢曲松钠	溶媒结晶	1.0 g（按 $C_{18}H_{18}N_8O_7S_3$ 计）/ 瓶 *10 瓶 / 盒，中性硼硅玻璃管制注射剂瓶、注射用无菌粉末用覆聚四氟乙烯 / 六氟丙烯的共聚物膜氯化丁基橡胶塞和抗生素瓶用铝塑组合盖包装
80	注射用头孢曲松钠	溶媒结晶	2.0 g（按 $C_{18}H_{18}N_8O_7S_3$ 计）/ 瓶 *10 瓶 / 盒，中性硼硅玻璃管制注射剂瓶、注射用无菌粉末用覆聚四氟乙烯 / 六氟丙烯的共聚物膜氯化丁基橡胶塞和抗生素瓶用铝塑组合盖包装
81	注射用头孢他啶	溶媒结晶	0.5 g*10 瓶 / 盒，中硼硅玻璃管制注射剂瓶、注射用无菌粉末用卤化丁基橡胶塞
82	注射用头孢他啶	溶媒结晶	1.0 g*10 瓶 / 盒，中硼硅玻璃管制注射剂瓶、注射用无菌粉末用卤化丁基橡胶塞
83	注射用头孢他啶	溶媒结晶	2.0 g*10 瓶 / 盒，中硼硅玻璃管制注射剂瓶、注射用无菌粉末用卤化丁基橡胶塞
84	注射用头孢唑林钠	普通粉针	1.0 g*10 瓶 / 盒，钠钙玻璃模制注射剂瓶、注射用无菌粉末用覆聚酯膜溴化丁基橡胶塞和抗生素瓶用铝塑组合盖包装

续 表

序号	药品通用名	剂型	规格包装
85	左氧氟沙星氯化钠注射液	注射液	100 mL: 左氧氟沙星（按 $C_{18}H_{20}FN_3O_4$ 计）0.5 g 与氯化钠 0.9 g/ 袋 *1 袋 / 盒；直立式聚丙烯输液袋
86	左氧氟沙星氯化钠注射液	注射液	50 mL: 左氧氟沙星（按 $C_{18}H_{20}FN_3O_4$ 计）0.25 g 与氯化钠 0.45 g/ 袋 *1 袋 / 盒，直立式聚丙烯输液袋

资料来源：上海阳光医药采购网。

进口替代加速　竞争相对温和
——第六批全国药品集中采购综述

易楚斌

2021 年 9 月 10 日，《关于第六批国家组织药品集中采购（胰岛素专项）相关企业及产品清单的公示》发布，标志着第六批国家带量采购进入实施阶段。2021 年 11 月 5 日，国家组织药品联合采购办公室发布《全国药品集中采购文件（胰岛素专项）（GY-YD2021-3）》（国联采字〔2021〕3 号）的公告。公告称，为贯彻党中央、国务院决策部署，按照《中共中央 国务院关于深化医疗保障制度改革的意见》和《国务院办公厅关于推动药品集中带量采购工作常态化制度化开展的意见》（国办发〔2021〕2 号）精神，全面实行药品集中带量采购，进一步减轻群众用药负担，现开展第六批国家组织药品集中带量采购（胰岛素专项）工作。

2021 年 11 月 26 日，以胰岛素为采购对象的第六批国家组织药品集中采购在上海开标，并产生拟中选结果。本次集采涵盖临床常用的二代和三代胰岛素共 16 个通用名品种，拟中选产品平均降价 48%，相比于前五批国家组织药品集中带量采购，这次的降价幅度相对较低。

国家医疗保障局在前期药品、耗材集采探索的成功经验基础上，针对胰岛素特点优化了采购规则：一是充分尊重临床选择，保持临床用药稳定性，减少替代风险；二是相同治疗目的和临床作用机制的不同通用名胰岛素合并竞争，兼顾了临床使用需求和竞争的充分性；三是高度重视中选产品供应，针对胰岛素生产和使用特点，通过产能摸底调查、预留足够生产准备时间等方式，多措并举保障供应。

在本次集采中，全国医疗机构首年采购需求量约 2.1 亿支，按集采前价格计算，涉及金额约 170 亿元，集采后预计每年可节约费用 90 亿元。从企业来看，诺和诺德、礼来、赛诺菲三大跨国药企总报量占比 60% 以上，中选产品中 C 类较多。国内企业 A、B 类产品占比较高，通过持续增量或有望就降低跨国药企在这一市场的占有率，实现国内市场的进口替代加速。

本次集采具有以下几个特点：一是国内药企成最大赢家。通化东宝占据二代胰岛素最大份额，需求量共计 2 139 万支，占二代总体需求量的 34.78%；甘李药业占据三代胰岛素最大份额，需求量共计 1 160 万支，占三代总体需求量的 9.39%。二是国内药企成集采主力。除东阳光单个中选产品甘精胰岛素注射液以 78.18 元价格拟选为 C 类，其他中选均为 A、B 组。A 组不仅可以获得 100% 的基础采购量，还可以获得同类 C 组 30% 的调出量的一部分。由此可见，国内药企的胰岛素市场份额得以提升。三是国产胰岛素降幅明显。根据中标结果，餐时人胰岛素最低中标价为 22.32 元 / 支，降幅为 55%，中选企业为亿帆生物；基础人胰岛素最低中标价为 22.32 元 / 支，降幅为 55%，中选企业为亿帆生物；预混人胰岛素最低中标价为 17.89 元 / 支，降幅为 64%，中选企业为甘李药业。三代胰岛素中，餐时胰岛素类似物最低中标价为 19.98 元 / 支，降幅为 72%，中选企业为甘李药业；基础胰岛素类似物最低中标价为 48.71 元 / 支，降幅为 63%，中选企业为甘李药业；预混胰岛素类似物最低中标价为 18.89 元 / 支，降幅高达 74%，中选企业为礼来制药。

从采购规则来看，第六批国采（胰岛素专项）分为餐时人胰岛素、基础人胰岛素等 6 个采购组，11 个报价单元，最多中选企业数为 7 家，增加“1.3 倍可以中选”和“在最高限价基础上降价 40% 即可中标”的规则。

总体来看，第六批集采淘汰率不高，企业竞争相对温和。

本次胰岛素专项采购是国家组织药品集采首次拓展到生物领域，是集采改革进程中一个重要的里程碑，不仅促使胰岛素价格回归合理水平、惠及更多患者，对于完善集采制度、实现改革目标也具有重要意义。

中选结果于 2021 年 11 月 30 日正式公布，共有 11 家内外资企业中标。

以下是第六批全国药品集中采购（胰岛素专项）药品填报范围（表 9）。

表 9　第六批全国药品集中采购（胰岛素专项）药品填报范围

采购组序号	采购组名称	药品名称	规格
1	餐时人胰岛素	人胰岛素注射液	3 mL:300 单位（笔芯）
			3 mL:300 单位（预填充）
			10 mL:400 单位
2	基础人胰岛素	精蛋白人胰岛素注射液	3 mL:300 单位（笔芯）
			3 mL:300 单位（预填充）
			3 mL:300 单位（特充）
			10 mL:400 单位
3	预混人胰岛素	精蛋白人胰岛素混合注射液（30R）	3 mL:300 单位（笔芯）
			3 mL:300 单位（预填充）
			3 mL:300 单位（特充）
			10 mL:400 单位
		精蛋白重组人胰岛素混合注射液（30/70）	3 mL:300 单位（笔芯）
		精蛋白人胰岛素混合注射液（40R）	3 mL:300 单位（笔芯）
		精蛋白人胰岛素混合注射液（50R）	3 mL:300 单位（笔芯）

续 表

采购组序号	采购组名称	药品名称	规格
4	餐时胰岛素类似物	谷赖胰岛素注射液	3 mL:300 单位（笔芯）
			3 mL:300 单位（预填充）
		赖脯胰岛素注射液	3 mL:300 单位（笔芯）
			3 mL:300 单位（预填充）
		门冬胰岛素注射液	3 mL:300 单位（笔芯）
			3 mL:300 单位（预填充）
			3 mL:300 单位（特充）
5	基础胰岛素类似物	德谷胰岛素注射液	3 mL:300 单位（笔芯）
			3 mL:300 单位（畅充）
		地特胰岛素注射液	3 mL:300 单位（笔芯）
			3 mL:300 单位（特充）
		甘精胰岛素注射液	3 mL:300 单位（笔芯）
			3 mL:300 单位（预填充）
			1.5 mL:450 单位（预填充）
6	预混胰岛素类似物	精蛋白锌重组赖脯胰岛素混合注射液（25R）	3 mL:300 单位（笔芯）
			3 mL:300 单位（预填充）
		精蛋白锌重组赖脯胰岛素混合注射液（50R）	3 mL:300 单位（笔芯）
			3 mL:300 单位（预填充）
		门冬胰岛素 30 注射液	3 mL:300 单位（笔芯）
			3 mL:300 单位（预填充）
			3 mL:300 单位（特充）
		门冬胰岛素 50 注射液	3 mL:300 单位（笔芯）
			3 mL:300 单位（特充）

资料来源：上海阳光医药采购网。

平均降幅最小　参与企业最多
——第七批全国药品集中采购综述

易楚斌

2022年6月20日，国家组织药品联合采购办公室发布《全国药品集中采购文件（GY-YD2022-1）》（国联采字〔2022〕1号）的公告，公布采购品种目录，61个品种进入第七批集采。2022年7月12日，第七批集采在南京紫金山庄揭幕，当日公示了拟中选结果。2022年7月18日，上海阳光医药采购网公布了第七批全国药品集中采购的正式中选结果。

一、参与企业及品种规格数量最多

根据公布的数据，第七批集采共有295家企业的488个产品参与投标，217家企业的327个产品获得拟中选资格。其中，6家国际药企的6个产品中选，211家国内药企的321个产品中选，投标企业中选比例达73%，平均每个药品品种有5.4家企业中选。齐鲁制药、科伦药业、扬子江药业等企业成为“中标大户”。齐鲁制药16个产品中选，科伦药业13个产品中选，扬子江药业11个产品中选。

二、涉及品类与治疗类别最多

这次参与集采的61种药品，涉及31个治疗类别，包括高血压、糖尿病、抗感染、消化道疾病等常见病、慢性病用药，以及肺癌、肝癌、肾癌、肠癌等重大疾病用药。这是历次集采中，涉及品类与治疗类别最多的一次。本次集采大品种很多，市场规模超过10亿元的大品种约有18个，包括奥美拉唑、美罗培南、替加环素、硝苯地平、奥曲肽、伊立替康、美托洛尔、帕洛诺司琼、唑来磷酸、吗替麦考酚酯等。

三、平均降幅最小

这次中选药品平均降幅为 48%，与前六批集采相比，降幅最小。以下是前 7 次集采采购数量及降幅对比（表 10）。

表 10　前 7 次集采采购数量及降幅对比

集采批次	开标时间	采购品种数（个）	平均降价幅度
“4+7”试点	2018 年 12 月 17 日	25	52%
试点扩围	2019 年 9 月 30 日		59%
第二批	2020 年 1 月 17 日	32	53%
第三批	2020 年 8 月 20 日	55	53%
第四批	2021 年 2 月 8 日	45	52%
第五批	2021 年 6 月 23 日	61	56%
第六批（胰岛素专项）	2021 年 11 月 26 日	16	48%
第七批	2022 年 7 月 12 日	60	48%

四、部分品种“内卷”严重

奥美拉唑注射剂是这次集采中竞争最为激烈的品种，共有 28 家企业参与竞标。科伦药业、华北制药、人福药业等 10 家企业中标，价格均在 1 元上下，最低价仅 0.694 元，参考限价最高降幅达 95%。肝癌一线靶向药仑伐替尼共有 7 家企业中标，每粒从平均 108 元下降到 18 元，先声药业更是报出了 3.2 元 / 粒的最低价，与 108 元的最高有效申报价相比，降幅高达 97%，创下了本次集采的降价幅度之最。奥司他韦 75 mg*30 粒规格，广东东阳光报出了最低价格 29.97 元 / 盒，平均每粒单价仅 0.999 元，降幅高达 92%。

以下是第七批全国药品集中采购药品填写范围（表 11）。

表 11　第七批全国药品集中采购药品填报范围

品规编号	品种名称	规格
1	阿法替尼口服常释剂型	20 mg
2	阿法替尼口服常释剂型	30 mg
3	阿法替尼口服常释剂型	40 mg
4	阿法替尼口服常释剂型	50 mg
5	阿立哌唑口腔崩解片	5 mg
6	阿立哌唑口腔崩解片	10 mg
7	阿立哌唑口腔崩解片	15 mg
8	昂丹司琼注射剂	1 mL:2 mg
9	昂丹司琼注射剂	2 mL:4 mg
10	昂丹司琼注射剂	4 mg
11	昂丹司琼注射剂	4 mL:8 mg
12	昂丹司琼注射剂	8 mg
13	昂丹司琼注射剂	50 mL: 昂丹司琼 8 mg 与氯化钠 0.45 g
14	昂丹司琼注射剂	100 mL: 昂丹司琼 8 mg 与氯化钠 0.9 g
15	奥美拉唑注射剂	20 mg
16	奥美拉唑注射剂	40 mg
17	奥美拉唑注射剂	60 mg
18	奥曲肽注射剂	1 mL:0.05 mg
19	奥曲肽注射剂	1 mL:0.1 mg
20	奥曲肽注射剂	0.1 mg
21	奥曲肽注射剂	1 mL:0.15 mg
22	奥曲肽注射剂	1 mL:0.2 mg
23	奥曲肽注射剂	1 mL:0.3 mg
24	奥曲肽注射剂	0.3 mg

续 表

品规编号	品种名称	规格
25	奥司他韦口服常释剂型	30 mg
26	奥司他韦口服常释剂型	45 mg
27	奥司他韦口服常释剂型	75 mg
28	奥硝唑口服常释剂型	0.1 g
29	奥硝唑口服常释剂型	0.125 g
30	奥硝唑口服常释剂型	0.25 g
31	奥硝唑口服常释剂型	0.5 g
32	吡格列酮口服常释剂型	15 mg
33	吡格列酮口服常释剂型	30 mg
34	丙酚替诺福韦口服常释剂型	25 mg
35	醋酸钙口服常释剂型	0.667 g
36	单硝酸异山梨酯口服常释剂型	10 mg
37	单硝酸异山梨酯口服常释剂型	20 mg
38	碘帕醇注射剂	30 mL:11.1 g（I）
39	碘帕醇注射剂	50 mL:18.5 g（I）
40	碘帕醇注射剂	100 mL:37 g（I）
41	碘帕醇注射剂	200 mL:74 g（I）
42	厄洛替尼口服常释剂型	25 mg
43	厄洛替尼口服常释剂型	100 mg
44	厄洛替尼口服常释剂型	150 mg
45	二甲双胍维格列汀口服常释剂型	盐酸二甲双胍 850 mg 和维格列汀 50 mg
46	氟桂利嗪口服常释剂型	5 mg
47	氟桂利嗪口服常释剂型	10 mg
48	氟哌噻吨美利曲辛口服常释剂型	氟哌噻吨 0.5 mg 和美利曲辛 10 mg

续 表

品规编号	品种名称	规格
49	复方磺胺甲恶唑口服常释剂型	磺胺甲恶唑 0.4 g，甲氧苄啶 80 mg
50	磺达肝癸钠注射剂	0.5 mL:2.5 mg
51	甲磺酸仑伐替尼胶囊	4 mg
52	甲磺酸仑伐替尼胶囊	10 mg
53	甲泼尼龙口服常释剂型	4 mg
54	甲泼尼龙口服常释剂型	16 mg
55	甲泼尼龙注射剂	20 mg
56	甲泼尼龙注射剂	40 mg
57	甲泼尼龙注射剂	125 mg
58	甲泼尼龙注射剂	250 mg
59	甲泼尼龙注射剂	500 mg
60	甲泼尼龙注射剂	1 g
61	甲泼尼龙注射剂	2 g
62	咖啡因注射剂	1 mL:20 mg
63	咖啡因注射剂	3 mL:60 mg
64	克林霉素磷酸酯注射剂	1 mL:0.15 g
65	克林霉素磷酸酯注射剂	2 mL:0.15 g
66	克林霉素磷酸酯注射剂	0.15 g
67	克林霉素磷酸酯注射剂	0.25 g
68	克林霉素磷酸酯注射剂	2 mL:0.3 g
69	克林霉素磷酸酯注射剂	0.3 g
70	克林霉素磷酸酯注射剂	0.4 g
71	克林霉素磷酸酯注射剂	3 mL:0.45 g
72	克林霉素磷酸酯注射剂	0.45 g

续 表

品规编号	品种名称	规格
73	克林霉素磷酸酯注射剂	0.5 g
74	克林霉素磷酸酯注射剂	4 mL:0.6 g
75	克林霉素磷酸酯注射剂	5 mL:0.6 g
76	克林霉素磷酸酯注射剂	0.6 g
77	克林霉素磷酸酯注射剂	0.75 g
78	克林霉素磷酸酯注射剂	5 mL:0.9 g
79	克林霉素磷酸酯注射剂	6 mL:0.9 g
80	克林霉素磷酸酯注射剂	10 mL:0.9 g
81	克林霉素磷酸酯注射剂	0.9 g
82	克林霉素磷酸酯注射剂	100 mL:0.9 g
83	克林霉素磷酸酯注射剂	1.2 g
84	拉考沙胺口服常释剂型	50 mg
85	拉考沙胺口服常释剂型	100 mg
86	拉考沙胺口服常释剂型	150 mg
87	拉考沙胺口服常释剂型	200 mg
88	来氟米特口服常释剂型	5 mg
89	来氟米特口服常释剂型	10 mg
90	来氟米特口服常释剂型	20 mg
91	利多卡因注射剂	2 mL:4 mg
92	利多卡因注射剂	2 mL:0.02 g
93	利多卡因注射剂	2 mL:0.04 g
94	利多卡因注射剂	5 mL:0.01 g
95	利多卡因注射剂	5 mL:0.05 g
96	利多卡因注射剂	5 mL:86.5 mg

续 表

品规编号	品种名称	规格
97	利多卡因注射剂	5 mL:0.1 g
98	利多卡因注射剂	10 mL:0.2 g
99	利多卡因注射剂	20 mL:0.4 g
100	罗红霉素口服常释剂型	50 mg
101	罗红霉素口服常释剂型	75 mg
102	罗红霉素口服常释剂型	150 mg
103	罗红霉素口服常释剂型	300 mg
104	罗库溴铵注射剂	2.5 mL:25 mg
105	罗库溴铵注射剂	5 mL:50 mg
106	罗库溴铵注射剂	10 mL:100 mg
107	吗替麦考酚酯口服常释剂型	0.25 g
108	吗替麦考酚酯口服常释剂型	0.5 g
109	美罗培南注射剂	0.25 g
110	美罗培南注射剂	0.5 g
111	美罗培南注射剂	1 g
112	美托洛尔缓释剂型	23.75 mg
113	美托洛尔缓释剂型	25 mg
114	美托洛尔缓释剂型	47.5 mg
115	美托洛尔缓释剂型	50 mg
116	美托洛尔缓释剂型	95 mg
117	美托洛尔缓释剂型	100 mg
118	美托洛尔缓释剂型	190 mg
119	米卡芬净注射剂	50 mg
120	米卡芬净注射剂	100 mg

续 表

品规编号	品种名称	规格
121	米力农注射剂	5 mL:5 mg
122	米力农注射剂	5 mg
123	米力农注射剂	10 mL:10 mg
124	米力农注射剂	20 mL:20 mg
125	米力农注射剂	50 mL:50 mg
126	米力农注射剂	100 mL:20 mg
127	米力农注射剂	100 mL: 米力农 20 mg 与无水葡萄糖 4.94 g
128	帕立骨化醇注射剂	1 mL:2 μg
129	帕立骨化醇注射剂	1 mL:5 μg
130	帕立骨化醇注射剂	2 mL:10 μg
131	帕洛诺司琼注射剂	1.5 mL:0.075 mg
132	普萘洛尔口服常释剂型	10 mg
133	舒尼替尼口服常释剂型	12.5 mg
134	舒尼替尼口服常释剂型	25 mg
135	舒尼替尼口服常释剂型	37.5 mg
136	舒尼替尼口服常释剂型	50 mg
137	特布他林吸入剂	1 mL:2.5 mg
138	特布他林吸入剂	2 mL:5 mg
139	替加环素注射剂	50 mg
140	替罗非班注射剂型	5 mg
141	替罗非班注射剂型	50 mL:12.5 mg
142	替罗非班注射剂型	12.5 mg
143	替罗非班注射剂型	100 mL: 盐酸替罗非班 5 mg 与氯化钠 0.9 g
144	替罗非班注射剂型	250 mL: 盐酸替罗非班 12.5 mg 与氯化钠 2.25 g

续 表

品规编号	品种名称	规格
145	头孢吡肟注射剂型	0.5 g
146	头孢吡肟注射剂型	1 g
147	头孢吡肟注射剂型	2 g
148	头孢吡肟注射剂型	粉体室:盐酸头孢吡肟(按 $C_{19}H_{24}N_6O_5S_2$ 计)1.0 g;液体室:氯化钠注射液 100 mL:0.9 g
149	头孢吡肟注射剂型	粉体室:盐酸头孢吡肟(按 $C_{19}H_{24}N_6O_5S_2$ 计)2.0 g;液体室:氯化钠注射液 100 mL:0.9 g
150	头孢克洛口服液体剂	0.125 g
151	头孢克洛口服液体剂	0.25 g
152	头孢克洛口服液体剂	1.5 g
153	头孢克肟颗粒剂	50 mg
154	头孢克肟颗粒剂	100 mg
155	头孢克肟颗粒剂	125 mg
156	头孢克肟口服常释剂型	50 mg
157	头孢克肟口服常释剂型	100 mg
158	头孢克肟口服常释剂型	200 mg
159	头孢美唑注射剂型	0.25 g
160	头孢美唑注射剂型	0.5 g
161	头孢美唑注射剂型	1 g
162	头孢美唑注射剂型	2 g
163	头孢美唑注射剂型	粉体室：按头孢美唑（$C_{15}H_{17}N_7O_5S_3$）计 1.0 g；液体室：氯化钠注射液 100 mL：0.9 g
164	头孢米诺注射剂	0.25 g
165	头孢米诺注射剂	0.5 g
166	头孢米诺注射剂	1 g

续 表

品规编号	品种名称	规格
167	头孢米诺注射剂	1.5 g
168	头孢米诺注射剂	2 g
169	硝苯地平缓释剂型	10 mg
170	硝苯地平缓释剂型	20 mg
171	硝苯地平控释剂型	30 mg
172	硝苯地平控释剂型	60 mg
173	溴己新注射剂	2 mL:4 mg
174	溴己新注射剂	4 mg
175	溴己新注射剂	100 mL: 盐酸溴己新 4 mg 与葡萄糖 5 g
176	盐酸鲁拉西酮片	20 mg
177	盐酸鲁拉西酮片	40 mg
178	盐酸鲁拉西酮片	80 mg
179	盐酸美金刚缓释胶囊	7 mg
180	盐酸美金刚缓释胶囊	14 mg
181	盐酸美金刚缓释胶囊	21 mg
182	盐酸美金刚缓释胶囊	28 mg
183	伊班膦酸注射剂	1 mL:1 mg
184	伊班膦酸注射剂	2 mL:2 mg
185	伊班膦酸注射剂	3 mL:3 mg
186	伊班膦酸注射剂	4 mL:4 mg
187	伊班膦酸注射剂	6 mL:6 mg
188	伊立替康注射剂	2 mL:40 mg
189	伊立替康注射剂	40 mg
190	伊立替康注射剂	5 mL:100 mg

续 表

品规编号	品种名称	规格
191	伊立替康注射剂	100 mg
192	伊立替康注射剂	15 mL:300 mg
193	依巴斯汀口服常释剂型	10 mg
194	依达拉奉注射剂型	5 mL:10 mg
195	依达拉奉注射剂型	10 mL:15 mg
196	依达拉奉注射剂型	20 mL:30 mg
197	依达拉奉注射剂型	30 mg
198	依达拉奉注射剂型	100 mL:30 mg
199	依达拉奉注射剂型	100 mL: 依达拉奉 30 mg 与氯化钠 855 mg
200	依替巴肽注射剂	5 mL:10 mg
201	依替巴肽注射剂	10 mL:20 mg
202	依折麦布口服常释剂型	10 mg
203	注射用替莫唑胺	0.1 g
204	唑来膦酸注射剂	1 mL:1 mg
205	唑来膦酸注射剂	5 mL:4 mg
206	唑来膦酸注射剂	4 mg
207	唑来膦酸注射剂	100 mL:4 mg
208	唑来膦酸注射剂	100 mL:5 mg

资料来源：上海阳光医药采购网。

规则不断完善　漏洞逐渐堵塞
——第八批全国药品集中采购综述

易楚斌

2023 年 4 月 11 日，国家组织药品联合采购办公室发布《关于公布全国药品集中采购中选结果的通知》，第八批国采正式中选结果出炉。

第八批国采共有 39 种药品采购成功，中选药品的平均降价达到 56%。按约定采购量测算，预计每年可节省 167 亿元。

第八批国采共有 251 家企业的 366 个产品参与投标，174 家企业的 252 个产品获得拟中选资格，投标企业中选比例约 70%，平均每个品种有 6.5 家企业中选。

一、规则不断完善

同第七批集采规则相比，这次集采有了一些修订。一是差比价关系有了调整。第七批集采规则规定：同品种中，若大容量注射液或即配型粉液双室袋制剂与小容量注射剂同组竞争，大容量注射液与小容量注射剂的差额以 4.5 元计，即配型粉液双室袋制剂与小容量注射剂的差额以 15 元计。在第八批集采规则中，将 4.5 元调整为 3 元，15 元调整为 10 元。这样显得更为合理。同时，就特殊包装的价差作了明确的规定，同规格预灌封包装与安瓿瓶（西林瓶）包装的差额以 2.5 元计，同规格带安全装置预灌封包装与安瓿瓶（西林瓶）包装的差额以 3 元计。二是集采药物的入选标准由此前的“1+3”（1 家原研药 +3 家仿制药）提高为“1+4”，由此，涉及的品种从第七批的 61 个减少至 40 个。从国家层面来讲，是为了让竞争更加充分的品种进入集采。三是协议周期改变，此次国采规定各品种各地采购周期自中选结果执行之日起至 2025 年 12 月 31 日，采购周期内采购协议每年一签。以前是这样规定的：全国实际中选企业数为 1 家或 2 家的，采购周期原则上为 1 年；全国实际中选企业数为 3 家的，采购周期原则上为 2 年；全国实际中选企业为 4 家及以上的，采购周期原则上为 3 年。从第八批起，协议周期统一调整为 2 年，并且一年一签。

二、漏洞逐渐堵塞

第八批国采有两个亮点。第一，进一步明确了挂网规定，堵塞了价格“漏洞”。对中选企业在“非主非备”省份的挂网价，以及第二备选挂网价进行了限价——不高于其中选价格的 1.5 倍或同品种最高中选价挂网供应。这一条堵塞了价格方面的漏洞。比方说，某中选品种每片 1.2 元价格中选，但“非主非备”省份仍按原来的价格进行销售，每片价格是中选价格的五倍多。这种情况在前面七批集采中比较普遍。第二，增加了第二备供企业。对于新纳入国采的两个肝素品种，以及氨甲环酸注射剂、丙戊酸钠注射剂、呋塞米注射剂，采取了除“主供 + 备供”外，再增加第二备供企业的方式。第二备供企业须不同于本省的中选企业和备供企业。这实际上是为了防止断供现象发生。这样确保了集采的药品协议量能够按时保量供应。

以下是第八批全国药品集中采购药品填报范围（表 12）。

表 12　第八批全国药品集中采购药品填报范围

品规编号	品种名称	规格
1	阿加曲班注射剂	2 mL:10 mg
2	阿加曲班注射剂	20 mL:10 mg
3	阿托西班注射剂	0.9 mL:6.75 mg
4	阿托西班注射剂	5 mL:37.5 mg
5	氨甲环酸注射剂	2 mL:0.1 g
6	氨甲环酸注射剂	2 mL:0.2 g
7	氨甲环酸注射剂	2.5 mL:0.25 g
8	氨甲环酸注射剂	5 mL:0.25 g

续 表

品规编号	品种名称	规格
9	氨甲环酸注射剂	5 mL:0.5 g
10	氨甲环酸注射剂	10 mL:1 g
11	氨甲环酸注射剂	0.25 g
12	氨甲环酸注射剂	0.4 g
13	氨甲环酸注射剂	0.5 g
14	氨甲环酸注射剂	1.0 g
15	氨甲环酸注射剂	100 mL: 氨甲环酸 0.5 g 与氯化钠 0.84 g
16	氨甲环酸注射剂	100 mL: 氨甲环酸 0.5 g 与氯化钠 0.85 g
17	氨甲环酸注射剂	100 mL: 氨甲环酸 1.0 g 与氯化钠 0.68 g
18	氨甲环酸注射剂	100 mL: 氨甲环酸 1.0 g 与氯化钠 0.7 g
19	氨氯地平阿托伐他汀口服常释剂型	5 mg/10 mg（以氨氯地平 / 阿托伐他汀计）
20	氨氯地平阿托伐他汀口服常释剂型	10 mg/10 mg（以氨氯地平 / 阿托伐他汀计）
21	氨氯地平阿托伐他汀口服常释剂型	5 mg/20 mg（以氨氯地平 / 阿托伐他汀计）
22	氨氯地平阿托伐他汀口服常释剂型	5 mg/40 mg（以氨氯地平 / 阿托伐他汀计）
23	丙氨酰谷氨酰胺注射剂	100 mL:20 g
24	丙氨酰谷氨酰胺注射剂	50 mL:10 g
25	丙氨酰谷氨酰胺注射剂	10 g
26	丙氨酰谷氨酰胺注射剂	20 g
27	丙戊酸钠注射剂	3 mL:0.3 g
28	丙戊酸钠注射剂	4 mL:0.4 g
29	丙戊酸钠注射剂	5 mL:0.5 g
30	丙戊酸钠注射剂	10 mL:1 g
31	丙戊酸钠注射剂	0.4 g
32	非洛地平缓释控释剂型	2.5 mg

续 表

品规编号	品种名称	规格
33	非洛地平缓释控释剂型	5 mg
34	非洛地平缓释控释剂型	10 mg
35	呋塞米注射剂	2 mL:20 mg
36	呋塞米注射剂	20 mg
37	呋塞米注射剂	40 mg
38	骨化三醇口服常释剂型	0.25 μg
39	骨化三醇口服常释剂型	0.5 μg
40	甲钴胺注射剂	1 mL:0.5 mg
41	甲钴胺注射剂	0.5 mg
42	氯沙坦氢氯噻嗪口服常释剂型	氯沙坦钾 50 mg 和氢氯噻嗪 12.5 mg
43	氯沙坦氢氯噻嗪口服常释剂型	氯沙坦钾 100 mg 和氢氯噻嗪 12.5 mg
44	氯沙坦氢氯噻嗪口服常释剂型	氯沙坦钾 100 mg 和氢氯噻嗪 25 mg
45	米氮平口服常释剂型	15 mg
46	米氮平口服常释剂型	30 mg
47	那屈肝素（那曲肝素）注射剂	0.3 mL:3075AXaIU
48	那屈肝素（那曲肝素）注射剂	0.4 mL:4100AXaIU
49	那屈肝素（那曲肝素）注射剂	0.6 mL:6150AXaIU
50	那屈肝素（那曲肝素）注射剂	3075AXaIU
51	那屈肝素（那曲肝素）注射剂	4100AXaIU
52	那屈肝素（那曲肝素）注射剂	6150AXaIU
53	依诺肝素注射剂	0.2 mL:2000AXaIU
54	依诺肝素注射剂	0.4 mL:4000AXaIU
55	依诺肝素注射剂	0.6 mL:6000AXaIU
56	依诺肝素注射剂	0.8 mL:8000AXaIU

续 表

品规编号	品种名称	规格
57	依诺肝素注射剂	1.0 mL:10000AXaIU
58	依诺肝素注射剂	4000AXaIU
59	依诺肝素注射剂	40 mg:4000AXaIU
60	依诺肝素注射剂	100 mg:10000AXaIU
61	氢溴酸伏硫西汀片	5 mg
62	氢溴酸伏硫西汀片	10 mg
63	氢溴酸伏硫西汀片	20 mg
64	生长抑素注射剂	0.25 mg
65	生长抑素注射剂	0.75 mg
66	生长抑素注射剂	2 mg
67	生长抑素注射剂	3 mg
68	酮咯酸氨丁三醇注射剂	1 mL:15 mg
69	酮咯酸氨丁三醇注射剂	1 mL:30 mg
70	酮咯酸氨丁三醇注射剂	2 mL:60 mg
71	托拉塞米注射剂	2 mL:10 mg
72	托拉塞米注射剂	2 mL:20 mg
73	托拉塞米注射剂	4 mL:20 mg
74	托拉塞米注射剂	10 mg
75	托拉塞米注射剂	20 mg
76	熊去氧胆酸口服常释剂型	0.25 g
77	熊去氧胆酸口服常释剂型	0.05 g
78	熊去氧胆酸口服常释剂型	0.1 g
79	盐酸奥普力农注射液	5 mL:5 mg

续 表

品规编号	品种名称	规格
80	左氨氯地平（左旋氨氯地平）口服常释剂型	2.5 mg
81	左氨氯地平（左旋氨氯地平）口服常释剂型	5 mg
82	左布比卡因注射剂	5 mL:37.5 mg
83	左布比卡因注射剂	10 mL:50 mg
84	左布比卡因注射剂	10 mL:75 mg
85	左卡尼汀注射剂	1 g
86	左卡尼汀注射剂	0.5 g
87	左卡尼汀注射剂	5 mL:1 g
88	左卡尼汀注射剂	5 mL:2 g
89	左炔诺孕酮片	0.75 mg
90	左炔诺孕酮片	1.5 mg
91	阿莫西林克拉维酸口服常释剂型	0.187 5 g（2 ∶ 1）
92	阿莫西林克拉维酸口服常释剂型	0.375 g（2 ∶ 1）
93	阿莫西林克拉维酸口服常释剂型	0.156 25 g（4 ∶ 1）
94	阿莫西林克拉维酸口服常释剂型	0.312 5 g（4 ∶ 1）
95	阿莫西林克拉维酸口服常释剂型	0.375 g（4 ∶ 1）
96	阿莫西林克拉维酸口服常释剂型	0.625 g（4 ∶ 1）
97	阿莫西林克拉维酸口服常释剂型	0.228 5 g（7 ∶ 1）
98	阿莫西林克拉维酸口服常释剂型	0.457 g（7 ∶ 1）
99	阿莫西林克拉维酸口服常释剂型	0.5 g（7 ∶ 1）
100	阿莫西林克拉维酸口服常释剂型	1 g（7 ∶ 1）
101	阿莫西林克拉维酸注射剂	0.3 g（5 ∶ 1）
102	阿莫西林克拉维酸注射剂	0.6 g（5 ∶ 1）

续 表

品规编号	品种名称	规格
103	阿莫西林克拉维酸注射剂	1.2 g（5 ∶ 1）
104	氨曲南注射剂	0.5 g
105	氨曲南注射剂	1 g
106	氨曲南注射剂	2 g
107	奥硝唑注射剂	3 mL:0.5 g
108	奥硝唑注射剂	5 mL:0.5 g
109	奥硝唑注射剂	6 mL:1 g
110	奥硝唑注射剂	0.25 g
111	奥硝唑注射剂	100 mL: 奥硝唑 0.25 g 与氯化钠 0.86 g
112	奥硝唑注射剂	100 mL: 奥硝唑 0.25 g 与氯化钠 0.9 g
113	奥硝唑注射剂	100 mL: 奥硝唑 0.25 g 与氯化钠 0.825 g
114	奥硝唑注射剂	100 mL: 奥硝唑 0.5 g 与氯化钠 0.83 g
115	奥硝唑注射剂	100 mL: 奥硝唑 0.5 g 与氯化钠 0.9 g
116	奥硝唑注射剂	100 mL: 奥硝唑 0.5 g 与氯化钠 0.825 g
117	奥硝唑注射剂	250 mL: 奥硝唑 0.5 g 与氯化钠 2.25 g
118	奥硝唑注射剂	100 mL: 奥硝唑 0.5 g 与葡萄糖 5.0 g
119	比阿培南注射剂	0.3 g
120	达托霉素注射剂	0.35 g
121	达托霉素注射剂	0.5 g
122	伏立康唑注射剂	0.1 g
123	伏立康唑注射剂	0.05 g
124	伏立康唑注射剂	0.2 g
125	复方磺胺甲噁唑口服常释剂型	磺胺甲噁唑 400 mg，甲氧苄啶 80 mg
126	甲硝唑氯化钠注射剂	100 mL: 甲硝唑 0.5 g 与氯化钠 0.8 g

续 表

品规编号	品种名称	规格
127	甲硝唑氯化钠注射剂	250 mL: 甲硝唑 1.25 g 与氯化钠 2.0 g
128	甲硝唑氯化钠注射剂	25 mg
129	甲硝唑氯化钠注射剂	50 mg
130	甲硝唑氯化钠注射剂	0.1 g
131	甲硝唑氯化钠注射剂	10 mL:50 mg
132	甲硝唑氯化钠注射剂	20 mL:0.1 g
133	甲硝唑氯化钠注射剂	100 mL: 甲硝唑 0.5 g 与氯化钠 0.85 g
134	甲硝唑氯化钠注射剂	100 mL: 甲硝唑 0.5 g 与氯化钠 0.9 g
135	甲硝唑氯化钠注射剂	250 mL: 甲硝唑 0.5 g 与氯化钠 2.15 g
136	甲硝唑氯化钠注射剂	250 mL: 甲硝唑 0.5 g 与氯化钠 2.25 g
137	甲硝唑氯化钠注射剂	100 mL: 甲硝唑 0.2 g 与葡萄糖 5 g
138	甲硝唑氯化钠注射剂	250 mL: 甲硝唑 0.5 g 与葡萄糖 12.5 g
139	利福平口服常释剂型	0.15 g
140	利福平口服常释剂型	0.225 g
141	利福平口服常释剂型	0.3 g
142	磷酸奥司他韦干混悬剂	0.36 g
143	磷酸奥司他韦干混悬剂	12.5 mL:75 mg（分散后 60 mL:360 mg）
144	哌拉西林他唑巴坦注射剂	0.562 5 g（哌拉西林 0.5 g 与他唑巴坦 0.062 5 g）
145	哌拉西林他唑巴坦注射剂	0.625 g（哌拉西林 0.5 g 与他唑巴坦 0.125 g）
146	哌拉西林他唑巴坦注射剂	1.25 g（哌拉西林 1.0 g 与他唑巴坦 0.25 g）
147	哌拉西林他唑巴坦注射剂	2.5 g（哌拉西林 2.0 g 与他唑巴坦 0.5 g）
148	哌拉西林他唑巴坦注射剂	1.125 g（哌拉西林 1.0 g 与他唑巴坦 0.125 g）
149	哌拉西林他唑巴坦注射剂	2.25 g（哌拉西林 2.0 g 与他唑巴坦 0.25 g）
150	哌拉西林他唑巴坦注射剂	3.375 g（哌拉西林 3.0 g 与他唑巴坦 0.375 g）

续 表

品规编号	品种名称	规格
151	哌拉西林他唑巴坦注射剂	4.5 g（哌拉西林 4.0 g 与他唑巴坦 0.5 g）
152	头孢地尼颗粒	50 mg
153	头孢哌酮舒巴坦注射剂	0.5 g（1 ∶ 1）
154	头孢哌酮舒巴坦注射剂	0.75 g（1 ∶ 1）
155	头孢哌酮舒巴坦注射剂	1 g（1 ∶ 1）
156	头孢哌酮舒巴坦注射剂	1.5 g（1 ∶ 1）
157	头孢哌酮舒巴坦注射剂	2 g（1 ∶ 1）
158	头孢哌酮舒巴坦注射剂	3 g（1 ∶ 1）
159	头孢哌酮舒巴坦注射剂	4 g（1 ∶ 1）
160	头孢哌酮舒巴坦注射剂	0.75 g（2 ∶ 1）
161	头孢哌酮舒巴坦注射剂	1.5 g（2 ∶ 1）
162	头孢哌酮舒巴坦注射剂	2.25 g（2 ∶ 1）
163	头孢哌酮舒巴坦注射剂	3 g（2 ∶ 1）
164	头孢噻肟注射剂	0.25 g
165	头孢噻肟注射剂	0.5 g
166	头孢噻肟注射剂	0.75 g
167	头孢噻肟注射剂	1 g
168	头孢噻肟注射剂	1.5 g
169	头孢噻肟注射剂	2 g
170	头孢噻肟注射剂	2.5 g
171	头孢噻肟注射剂	3 g
172	头孢噻肟注射剂	4 g
173	头孢西丁注射剂	0.5 g
174	头孢西丁注射剂	1 g

续 表

品规编号	品种名称	规格
175	头孢西丁注射剂	2 g
176	头孢西丁注射剂	3 g
177	注射用头孢地嗪钠	0.25 g
178	注射用头孢地嗪钠	0.5 g
179	注射用头孢地嗪钠	1 g
180	注射用头孢地嗪钠	1.5 g
181	注射用头孢地嗪钠	2 g

资料来源：上海阳光医药采购网。

采购覆盖面进一步扩大　集采规则进一步完善
——第九批全国药品集中采购综述

易楚斌

2023 年 11 月 6 日，第九批国家组织药品集中带量采购拟中选结果在上海揭晓：41 种药品采购成功，拟中选药品平均降价 58%；262 家企业的 382 个产品参与投标，205 家企业的 266 个产品获得拟中选资格，投标企业拟中选比例约 78%。这次集采有以下几个特点：

一、采购覆盖面进一步扩大

第九批国家药品集采共有 266 个产品中选，投标产品拟中选比例约 69.6%，采购覆盖面进一步扩大。本次集采涵盖感染、肿瘤、心脑血管疾病、胃肠道疾病、精神疾病等常见病、慢性病用药，以及急抢救药、短缺药等重点药品，群众受益面进一步拓宽，预计每年节约药费支出 182 亿元。

此次集采品种目录中，包含了用于治疗糖尿病的伏格列波糖、治疗胃肠道疾病的雷贝拉唑、降压药乌拉地尔、抗生素阿奇霉素、糖皮质激素地塞米松磷酸钠等百姓常见药品。同时包括了抗肿瘤用药，如治疗乳腺癌的氟维司群等，以及5种短缺药品和急抢救药品，如用于抢救休克的多巴胺注射剂、用于催产的缩宫素注射剂。

从这次集采采购的品种来看，药品集采覆盖面越来越广。这将增加医院用药选项，更多惠及百姓。

二、集采规则进一步完善

此次集采在规则上有一个显著变化：中选药品采购周期接近4年，为国家组织药品集采以来最长的采购周期。

采购周期的延长让医院有较为稳定的预期，短期内不会更换厂牌，也有利于企业根据全国使用量等情况，制定长期发展策略，合理安排生产周期。

为防止企业“围标”“串标”，此次集采首次提出企业可组成联合体进行申报。这意味着尽管中选的企业只是关联企业当中的一家，但是联合体中的企业都可以供应共享的地区，对保证临床供应可以发挥积极作用。

在以往的企业拟中选资格规则基础上，此次集采进一步优化创新淘汰机制。“最高单位可比价 / 最低单位可比价”计算比值最大的前4名和最小的前2名也会被淘汰。这一规则既有效控制了不同中选企业之间过大的价格差异，也进一步规范了企业投标行为。

三、对临床需求反应及时

这次集采对临床需求及时做出反应，让百姓能直接感受到政策的红利，如用于治疗带状疱疹的阿昔洛韦成功采购。

另外，第九批集采继续沿用了“一主双备”供应模式，而一个主要供应商、两个备选供应商，保障集采药品供应，让医院用药得到保障，让老百姓能够用得上药。

四、企业中选率高，群众减负效果好

这次共有 262 家企业的 382 个产品参与投标，205 家企业的 266 个产品获得拟中选资格，投标企业拟中选比例约 78%，为 9 次集采之最。

另外，这次拟中选药品平均降价 58%，成为 9 次集采中降价幅度最大的一次。比如，治疗多发性骨髓瘤的来那度胺胶囊每粒（25 mg）从平均约 200 元降至 15 元，降幅超九成；雷贝拉唑口服常释剂型、艾司奥美拉唑镁肠溶干混悬剂等 3 个国家重点监控合理用药药品价格明显降低；治疗心律失常的胺碘酮注射剂、用于抢救休克的多巴胺注射剂、用于催产的缩宫素注射剂等 5 种短缺药品和急抢救药品降价合理。人民群众在集采后大大减少了用药费用，从集采中获益。

以下是第九批全国药品集中采购药品填报范围（表 13）。

表 13　第九批全国药品集中采购药品填报范围

品规编号	品种名称	规格
1	右丙亚胺（右雷佐生）注射剂	250 mg
2	右丙亚胺（右雷佐生）注射剂	500 mg
3	来那度胺口服常释剂型	5 mg
4	来那度胺口服常释剂型	10 mg
5	来那度胺口服常释剂型	15 mg
6	来那度胺口服常释剂型	25 mg
7	氟维司群注射剂	5 mL:0.25 g
8	奥美沙坦酯氢氯噻嗪口服常释剂型	每片含奥美沙坦酯 20 mg 与氢氯噻嗪 12.5 mg
9	奥美沙坦酯氢氯噻嗪口服常释剂型	每片含奥美沙坦酯 40 mg 与氢氯噻嗪 12.5 mg
10	奥美沙坦酯氢氯噻嗪口服常释剂型	每片含奥美沙坦酯 40 mg 与氢氯噻嗪 25 mg
11	多巴胺注射剂	2 mL:20 mg

续 表

品规编号	品种名称	规格
12	多巴胺注射剂	2 mL:80 mg
13	多巴胺注射剂	2.5 mL:50 mg
14	多巴胺注射剂	5 mL:100 mg
15	多巴胺注射剂	5 mL:200 mg
16	多巴胺注射剂	10 mg
17	多巴胺注射剂	20 mg
18	多巴胺注射剂	5 mg
19	奥美沙坦酯氨氯地平口服常释剂型	每片含奥美沙坦酯 20 mg 和苯磺酸氨氯地平 5 mg（以氨氯地平计）
20	乌拉地尔注射剂型	5 mL:25 mg
21	乌拉地尔注射剂型	10 mL:50 mg
22	乌拉地尔注射剂型	25 mg
23	乌拉地尔注射剂型	50 mg
24	乌拉地尔注射剂型	100 mL: 乌拉地尔 50 mg 与氯化钠 0.9 g
25	乌拉地尔注射剂型	100 mL: 乌拉地尔 50 mg 与葡萄糖 5 g
26	艾司洛尔注射剂型	0.1 g
27	艾司洛尔注射剂型	0.2 g
28	艾司洛尔注射剂型	1 mL:0.1 g
29	艾司洛尔注射剂型	2 mL:0.2 g
30	艾司洛尔注射剂型	10 mL:0.1 g
31	艾司洛尔注射剂型	50 mL: 盐酸艾司洛尔 1 g 与氯化钠 0.205 g
32	艾司洛尔注射剂型	100 mL: 盐酸艾司洛尔 2 g 与氯化钠 0.41 g
33	艾司洛尔注射剂型	250 mL: 盐酸艾司洛尔 2.5 g 与氯化钠 1.475 g
34	胺碘酮注射剂	150 mg

续 表

品规编号	品种名称	规格
35	胺碘酮注射剂	2 mL:150 mg
36	胺碘酮注射剂	3 mL:150 mg
37	伊伐布雷定口服常释剂型	5 mg
38	伊伐布雷定口服常释剂型	7.5 mg
39	雷贝拉唑口服常释剂型	10 mg
40	雷贝拉唑口服常释剂型	20 mg
41	奥美拉唑碳酸氢钠胶囊	奥美拉唑 20 mg 与碳酸氢钠 1 100 mg
42	奥美拉唑碳酸氢钠胶囊	奥美拉唑 40 mg 与碳酸氢钠 1 100 mg
43	艾司奥美拉唑镁肠溶干混悬剂	10 mg
44	艾司奥美拉唑镁肠溶干混悬剂	20 mg
45	艾司奥美拉唑镁肠溶干混悬剂	40 mg
46	碳酸镧咀嚼片	0.25 g
47	碳酸镧咀嚼片	0.5 g
48	碳酸镧咀嚼片	0.75 g
49	碳酸镧咀嚼片	1 g
50	胞磷胆碱（胞二磷胆碱）注射剂型	2 mL:0.1 g
51	胞磷胆碱（胞二磷胆碱）注射剂型	2 mL:0.2 g
52	胞磷胆碱（胞二磷胆碱）注射剂型	2 mL:0.25 g
53	胞磷胆碱（胞二磷胆碱）注射剂型	2 mL:0.5 g
54	胞磷胆碱（胞二磷胆碱）注射剂型	4 mL:0.5 g
55	胞磷胆碱（胞二磷胆碱）注射剂型	5 mL:0.5 g
56	胞磷胆碱（胞二磷胆碱）注射剂型	5 mL:1 g
57	胞磷胆碱（胞二磷胆碱）注射剂型	0.25 g
58	胞磷胆碱（胞二磷胆碱）注射剂型	0.5 g

续 表

品规编号	品种名称	规格
59	胞磷胆碱（胞二磷胆碱）注射剂型	100 mL: 胞磷胆碱钠 0.25 g 与氯化钠 0.9 g
60	胞磷胆碱（胞二磷胆碱）注射剂型	250 mL: 胞磷胆碱钠 0.25 g 与氯化钠 2.25 g
61	胞磷胆碱（胞二磷胆碱）注射剂型	50 mL: 胞磷胆碱钠 0.5 g 与氯化钠 0.45 g
62	胞磷胆碱（胞二磷胆碱）注射剂型	100 mL: 胞磷胆碱钠 0.5 g 与氯化钠 0.9 g
63	胞磷胆碱（胞二磷胆碱）注射剂型	200 mL: 胞磷胆碱钠 0.5 g 与氯化钠 1.8 g
64	胞磷胆碱（胞二磷胆碱）注射剂型	50 mL: 胞磷胆碱钠 0.25 g 与葡萄糖 2.5 g
65	胞磷胆碱（胞二磷胆碱）注射剂型	100 mL: 胞磷胆碱钠 0.25 g 与葡萄糖 5 g
66	胞磷胆碱（胞二磷胆碱）注射剂型	100 mL: 胞磷胆碱钠 0.5 g 与葡萄糖 5 g
67	胞磷胆碱（胞二磷胆碱）注射剂型	200 mL: 胞磷胆碱钠 0.5 g 与葡萄糖 10 g
68	阿立哌唑口服溶液	50 mL:50 mg
69	阿立哌唑口服溶液	60 mL:60 mg
70	阿立哌唑口服溶液	150 mL:150 mg
71	拉考沙胺口服溶液	200 mL:2 g
72	帕罗西汀肠溶缓释片	12.5 mg
73	帕罗西汀肠溶缓释片	25 mg
74	帕罗西汀肠溶缓释片	37.5 mg
75	吡拉西坦注射剂型	5 mL:1 g
76	吡拉西坦注射剂型	10 mL:2 g
77	吡拉西坦注射剂型	15 mL:3 g
78	吡拉西坦注射剂型	20 mL:4 g
79	吡拉西坦注射剂型	20 mL:8 g
80	吡拉西坦注射剂型	2 mL:0.5 g
81	吡拉西坦注射剂型	1 g
82	吡拉西坦注射剂型	2 g

续 表

品规编号	品种名称	规格
83	吡拉西坦注射剂型	4 g
84	吡拉西坦注射剂型	6 g
85	吡拉西坦注射剂型	8 g
86	吡拉西坦注射剂型	125 mL: 吡拉西坦 4 g 与氯化钠 1.125 g
87	吡拉西坦注射剂型	250 mL: 吡拉西坦 8 g 与氯化钠 2.25 g
88	吡拉西坦注射剂型	50 mL: 吡拉西坦 10 g 与氯化钠 0.45 g
89	吡拉西坦注射剂型	100 mL: 吡拉西坦 20 g 与氯化钠 0.9 g
90	吡拉西坦注射剂型	100 mL: 吡拉西坦 4 g 与葡萄糖 5 g
91	吡拉西坦注射剂型	100 mL: 吡拉西坦 8 g 与葡萄糖 5 g
92	吡拉西坦注射剂型	250 mL: 吡拉西坦 8 g 与葡萄糖 12.5 g
93	托莫西汀口服常释剂型	10 mg
94	托莫西汀口服常释剂型	18 mg
95	托莫西汀口服常释剂型	25 mg
96	托莫西汀口服常释剂型	40 mg
97	托莫西汀口服常释剂型	60 mg
98	盐酸托莫西汀口服溶液	0.4%（100 mL:0.4 g）
99	伏格列波糖口服常释剂型	0.1 mg
100	伏格列波糖口服常释剂型	0.2 mg
101	伏格列波糖口服常释剂型	0.3 mg
102	地塞米松磷酸钠注射剂	0.5 mL:2.5 mg
103	地塞米松磷酸钠注射剂	1 mL:1 mg
104	地塞米松磷酸钠注射剂	1 mL:2 mg
105	地塞米松磷酸钠注射剂	1 mL:5 mg
106	地塞米松磷酸钠注射剂	1 mL:10.93 mg

续 表

品规编号	品种名称	规格
107	地塞米松磷酸钠注射剂	5 mL:25 mg
108	地塞米松磷酸钠注射剂	1 mg
109	地塞米松磷酸钠注射剂	2 mg
110	地塞米松磷酸钠注射剂	5 mg
111	地塞米松磷酸钠注射剂	10 mg
112	地塞米松磷酸钠注射剂	20 mg
113	枸橼酸西地那非口崩片	50 mg
114	赛洛多辛口服常释剂型	4 mg
115	头孢替安注射剂	0.25 g
116	头孢替安注射剂	0.5 g
117	头孢替安注射剂	1 g
118	头孢替安注射剂	2 g
119	阿奇霉素口服液体剂	0.1 g
120	阿奇霉素口服液体剂	0.125 g
121	阿奇霉素口服液体剂	0.25 g
122	阿奇霉素口服液体剂	100 mg/5 mL，300 mg/ 瓶
123	阿奇霉素口服液体剂	100 mg/5 mL，400 mg/ 瓶
124	阿奇霉素口服液体剂	200 mg/5 mL，600 mg/ 瓶
125	阿奇霉素口服液体剂	200 mg/5 mL，1 200 mg/ 瓶
126	阿奇霉素口服液体剂	200 mg/5 mL，1 500 mg/ 瓶
127	阿奇霉素口服液体剂	25 mL:0.25 g
128	阿奇霉素口服液体剂	25 mL:0.5 g
129	阿奇霉素口服液体剂	50 mL:1 g
130	阿奇霉素口服液体剂	60 mL:1.5 g

续 表

品规编号	品种名称	规格
131	注射用磷酸特地唑胺	0.2 g
132	卡泊芬净注射剂	50 mg
133	卡泊芬净注射剂	70 mg
134	西他沙星片	50 mg
135	阿昔洛韦注射剂型	0.25 g
136	阿昔洛韦注射剂型	0.5 g
137	阿昔洛韦注射剂型	2 mL:0.1 g
138	阿昔洛韦注射剂型	5 mL:0.25 g
139	阿昔洛韦注射剂型	10 mL:0.25 g
140	阿昔洛韦注射剂型	10 mL:0.5 g
141	阿昔洛韦注射剂型	100 mL: 阿昔洛韦 0.1 g 与氯化钠 0.9 g
142	阿昔洛韦注射剂型	250 mL: 阿昔洛韦 0.25 g 与氯化钠 2.25 g
143	阿昔洛韦注射剂型	500 mL: 阿昔洛韦 0.25 g 与氯化钠 4.5 g
144	阿昔洛韦注射剂型	100 mL: 阿昔洛韦 0.1 g 与葡萄糖 5 g
145	阿昔洛韦注射剂型	250 mL: 阿昔洛韦 0.125 g 与葡萄糖 12.5 g
146	阿昔洛韦注射剂型	250 mL: 阿昔洛韦 0.25 g 与葡萄糖 12.5 g
147	盐酸左沙丁胺醇雾化吸入溶液	3 mL:0.31 mg
148	盐酸左沙丁胺醇雾化吸入溶液	3 mL:0.63 mg
149	盐酸左沙丁胺醇雾化吸入溶液	3 mL:1.25 mg
150	乙酰半胱氨酸颗粒剂	0.1 g
151	乙酰半胱氨酸颗粒剂	0.2 g
152	丙泊酚注射剂	10 mL:0.1 g
153	丙泊酚注射剂	10 mL:0.2 g
154	丙泊酚注射剂	20 mL:0.2 g

续 表

品规编号	品种名称	规格
155	丙泊酚注射剂	20 mL:0.4 g
156	丙泊酚注射剂	50 mL:0.5 g
157	丙泊酚注射剂	50 mL:1 g
158	特利加压素注射剂	1 mg（相当于 0.86 mg 特利加压素）
159	特利加压素注射剂	8.5 mL:0.85 mg（按 $C_{52}H_{74}N_{16}O_{15}S_2$ 计）
160	葡萄糖酸钙注射剂型	2 mL:0.1 g
161	葡萄糖酸钙注射剂型	10 mL:1 g
162	葡萄糖酸钙注射剂型	10 mL:0.5 g
163	葡萄糖酸钙注射剂型	100 mL: 葡萄糖酸钙 1 g 与氯化钠 0.9 g
164	阿托品注射剂	1 mL:0.5 mg
165	阿托品注射剂	2 mL:1 mg
166	阿托品注射剂	1 mL:10 mg
167	阿托品注射剂	1 mL:1 mg
168	阿托品注射剂	1 mL:5 mg
169	阿托品注射剂	2 mL:5 mg
170	阿托品注射剂	2 mL:10 mg
171	阿托品注射剂	1 mL:2 mg
172	氟马西尼注射剂	2 mL:0.2 mg
173	氟马西尼注射剂	10 mL:1 mg
174	氟马西尼注射剂	5 mL:0.5 mg
175	甘油果糖氯化钠注射剂型	500 mL
176	甘油果糖氯化钠注射剂型	250 mL
177	地夸磷索钠滴眼液	3%（5 mL:150 mg）
178	地夸磷索钠滴眼液	3%（0.4 mL:12 mg）

续 表

品规编号	品种名称	规格
179	缩宫素注射剂	0.5 mL:2.5 单位
180	缩宫素注射剂	1 mL:5 单位
181	缩宫素注射剂	1 mL:10 单位
182	缩宫素注射剂	5 单位
183	缩宫素注射剂	10 单位
184	硫酸镁注射剂型	2 mL:0.4 g
185	硫酸镁注射剂型	2 mL:1 g
186	硫酸镁注射剂型	10 mL:1 g
187	硫酸镁注射剂型	10 mL:2.5 g
188	硫酸镁注射剂型	10 mL:5 g
189	硫酸镁注射剂型	20 mL:10 g
190	硫酸镁注射剂型	2.5 g
191	硫酸镁注射剂型	100 mL: 硫酸镁 1 g 与葡萄糖 5 g
192	硫酸镁注射剂型	250 mL: 硫酸镁 2.5 g 与葡萄糖 12.5 g
193	卡贝缩宫素注射剂	1 mL:100 μg
194	左炔诺孕酮片	1.5 mg
195	左炔诺孕酮片	0.75 mg

资料来源：上海阳光医药采购网。

砍向耗材领域的第一刀
——心脏支架集中带量采购综述

易楚斌

2020 年 9 月 10 日，中共中央政治局常委、国务院副总理韩正主持召开药品和高值医用耗材集中带量采购工作座谈会，研究部署药品和高值医用耗材集中带量采购工作。韩正强调，要加快扩大集采范围，着力破解医用耗材标准不一、分类不清等问题，扎实做好心脏支架集中带量采购工作。这预示着耗材的集采即将开启。

2020 年 10 月 16 日，国家组织高值医用耗材联合采购办公室发布《国家组织冠脉支架集中带量采购文件（GH–HD2020–1）》（国耗联采字〔2020〕1 号）的公告，就冠脉支架 9 个类型产品进行集采。2020 年 11 月 5 日，心脏冠脉支架集采在天津开标（耗材集采办公室放在天津市医保局），本次集采产生 10 个拟中选产品，8 家企业中标，冠脉支架均价从 1.3 万元左右下降至 700 元左右。

医疗机构也积极参与本次集采，共有 2 408 家医疗机构参与，其中年采购量大于 500 个的 851 家医疗机构全部参加，首年的采购量达 107 万个，占 2019 年全部材质采购量（165 万个）的 65%。本次集采为国家节约医保费用 100 亿以上。

国家组织冠脉支架集中带量采购借鉴了药品集中带量采购的成功经验：一是坚持招采合一、量价挂钩，明确标的量，给予中选企业稳定市场预期，中选产品不必再为临床使用而营销；二是坚持企业自愿参加、自主报价、公平竞争，充分发挥市场机制的作用；三是坚持“国家组织、联盟采购、平台操作”的工作机制。

国家组织冠脉支架集中带量采购是整治高值医用耗材价格虚高、流通乱象的重要举措，是全面深化医药领域集中采购改革的关键一环。这次集采开启了高值耗材集采的先河。

以下是国家组织冠脉支架集中带量采购目录（表 14）。

表 14 国家组织冠脉支架集中带量采购目录

序号	产品名称	注册证号	企业名称	首年意向采购量（单位：个）
1	冠脉雷帕霉素洗脱钴基合金支架系统	国械注准 20163462305	上海微创医疗器械（集团）有限公司	247 940
2	冠脉雷帕霉素靶向洗脱支架系统	国械注准 20143132100	上海微创医疗器械（集团）有限公司	128 631
3	钴基合金雷帕霉素洗脱支架系统	国械注准 20173460564	乐普（北京）医疗器械股份有限公司	120 560
4	药物涂层支架系统（雷帕霉素）	国械注准 20173461407	山东吉威医疗制品有限公司	100 690
5	铂铬合金依维莫司洗脱冠状动脉支架系统	国械注进 20153130608	Boston Scientific Corporation	59 842
6	药物洗脱冠脉支架系统	国械注进 20173466565	Abbott Vascular	57 133
7	药物支架系统	国械注准 20163461174	深圳市金瑞凯利生物科技有限公司	53 441
8	药物洗脱冠脉支架系统	国械注进 20173466117	Medtronic Inc.	52 472
9	药物洗脱冠脉支架系统	国械注进 20163460682	Medtronic Inc.	51 667
10	药物洗脱冠脉支架系统	国械注准 20193131802	易生科技（北京）有限公司	41 865
11	依维莫司洗脱冠状动脉支架系统	国械注进 20173466661	Boston Scientific Corporation	32 251

续 表

序号	产品名称	注册证号	企业名称	首年意向采购量（单位：个）
12	药物洗脱冠脉支架系统	国械注进 20173466908	Abbott Vascular	32 149
13	铂铬合金可降解涂层依维莫司洗脱冠状动脉支架系统	国械注进 20173461421	Boston Scientific Corporation	22 336
14	药物洗脱冠状动脉支架系统	国械注准 20153130718	苏州桓晨医疗科技有限公司	20 070
15	冠脉雷帕霉素洗脱钴基合金支架系统	国械注准 20203130662	上海微创医疗器械（集团）有限公司	12 176
16	药物洗脱冠脉支架系统	国械注进 20173461507	Abbott Vascular	12 158
17	冠状动脉钴铬合金可降解涂层雷帕霉素药物洗脱支架系统	国械注准 20163460595	万瑞飞鸿（北京）医疗器材有限公司	9 774
18	钴铬合金依维莫司洗脱冠脉支架系统	国械注进 20163462140	Abbott Vascular	4 623
19	依维莫司洗脱冠状动脉支架系统	国械注进 20153462405	Boston Scientific Corporation	3 815
20	冠脉雷帕霉素靶向洗脱支架系统	国械注准 20193130304	上海微创医疗器械（集团）有限公司	3 479
21	依维莫司洗脱冠状动脉支架系统	国械注进 20153463173	Boston Scientific Corporation	2 192
22	药物洗脱冠脉支架系统	国械注进 20193130202	Abbott Vascular	2 051
23	药物洗脱冠脉支架系统	国械注进 20183461753	Medtronic Inc.	1 816
24	钴铬合金依维莫司洗脱冠脉支架系统	国械注进 20193130313	Abbott Vascular	830

续 表

序号	产品名称	注册证号	企业名称	首年意向采购量（单位：个）
25	西罗莫司洗脱冠状动脉支架系统	国械注进 20193130494	Biotronik AG	563
26	铂铬合金依维莫司洗脱冠状动脉支架系统	国械注进 20173465008	Boston Scientific Corporation	190
27	可吸收聚合物涂层雷帕霉素洗脱冠脉支架系统	国械注进 20203030364	Micell Technologies IrelandLimited	8

资料来源：天津市医药采购中心官网。

规则不断创新和完善
——人工关节集中带量采购综述

易楚斌

为了深入推进高值医用耗材集中带量采购改革，国家组织医用耗材联合采购平台于 2021 年 6 月 21 日发布《国家组织人工关节集中带量采购公告（第 1 号）》，启动国家组织人工关节集采工作。本次集中带量采购人工髋关节 30.55 万套，人工膝关节 23.19 万套。同年 9 月 14 日，国家组织医用耗材联合采购平台公布了拟中选结果。此次集采共有 48 家企业报名，44 家中选，中选率为 92%。拟中选髋关节平均价格从 3.5 万元下降至 7 000 元左右，膝关节平均价格从 3.2 万元下降至 5 000 元左右，平均降价 82%。内外资均有产品中选，既包括医疗机构常合作的知名企业，也包括新兴企业，兼顾了市场稳定性和活力。

人工关节置换是治疗因外伤、运动损伤、退变老化等因素导致的股骨头坏死、关节损伤、骨性关节炎等疾病的有效手段之一，能够极大恢复患者关节活动机能，明显提高生活质量。由于骨科耗材技术分类和组合复杂，难以直接竞争，长期以来是集中采购的难点，价格虚高明显，患者负担较重。人工关节类骨科耗材集采的成功开标，体现出深化高值医用耗材治理的决心，为推动集采制度框架更完善、规则更成熟做了有益探索，对深入推进集中带量采购改革具有重要意义。

本次集采坚持招采合一、量价挂钩，在总结冠脉支架集采成功经验的基础上，着眼于尊重临床需求和关节类产品特点，对采购规则作了进一步探索创新。一是按产品系统实施采购。根据临床使用特点，将临床完整手术所需的多个主要部件组合为产品系统实施采购，避免部分必要的部件因未中标而短缺，以及部分部件因未被纳入集采而涨价，确保临床治疗的整体性和安全性。二是充分考虑临床伴随服务。关节类手术需要企业提供“跟台”等临床伴随服务，企业在报价时单列伴随服务费用，确保产品稳定供应和使用，有利于中选结果顺利落地。

在这次中选的 44 家企业中，爱康医疗、威高骨科全线中标，关节植入市场将加速集中。另外，本次集采中竞价十分激烈。在陶瓷 - 陶瓷类髋关节产品系统报价中，强生、捷迈、威联德、微创骨科、春立医疗等报价均在 8 000 元上下，爱康医疗报价 6 890 元，为全组最低。而在陶瓷 - 聚乙烯类髋关节产品系统报价中，外资巨头史赛克报出了 5 119 元的最低价。在合金 - 聚乙烯类髋关节产品系统报价中，史赛克再次报出了低价 4 160 元，而大博医疗报价仅为 3 000 元，上海晟时报出了 1 970 元，天津康尔诺报出了 1 788 元的全组最低价。在膝关节产品系统中，爱康医疗以低价 4 599 元创该组别最低。由于本次集采中选率高，淘汰的企业较少，尽管竞争激烈，但中选结果仍比较理想。

以下是人工关节中选产品目录（表 15）。

表 15　人工关节中选产品目录

序号	国家编码	单件名称	注册证号
1	C0344061070400108023	髋关节假体金属髋臼（内衬）	国械注准 20193131934
2	C0344061070600100419	髋关节假体髋臼内衬	国械注准 20203130764
3	C0344051070500005119	髋关节假体 - 陶瓷球头	国械注准 20213130128

续 表

序号	国家编码	单件名称	注册证号
4	C0344061070200408304	聚乙烯内衬	国械注准 20193131060
5	C0342021070101201884	膝关节假体胫骨平台假体 –2	国械注准 20163461655
6	C0344031070100707696	髋关节假体（髋臼外杯）–1	国械注准 20153130554
7	C0342011070100502591	股骨部件，稳定型	国械注许 20173460044
8	C0344061070200302305	防脱位髋臼衬垫 L–IT/E	国械注准 20173461556
9	C0344061070400300525	髋关节假体 –52 型全髋臼	国械注准 20173464472
10	C0343041070101401884	膝关节假体延长杆	国械注准 20163461655
11	C0344021070200808023	髋关节假体生物型股骨柄（ML 型 0#）	国械注准 20153130214
12	C0344031070100200525	髋关节假体 – 均匀粗糙面 52 型全髋臼	国械注准 20173464472
13	C0344011070200900525	髋关节假体 – 均匀粗糙面 140 型股骨柄	国械注准 20173464472
14	C0344061070400500525	髋关节假体 –54 型全髋臼	国械注准 20173464472
15	C0342041070200300827	髌骨	国械注准 20183130349
16	C0344031070100409455	微孔全髋臼 – 髋臼杯（切迹型）	国械注准 20173464067
17	C0344051070500010827	陶瓷股骨头	国械注准 20203130131
18	C0344081070000100525	髋关节假体 – 钛钉（灭菌）	国械注准 20173464472
19	C0344061070200401884	髋关节假体髋臼内衬组件	国械注准 20203130929
20	C0344061070200401884	髋关节假体 – 髋臼内衬（ZCCX03）	国械注准 20203130929
21	C0344061070200401884	髋关节假体 – 髋臼内衬（ZCBX01）	国械注准 20203130929
22	C0344031070100800525	髋关节假体 – 微槽面 52 型全髋臼	国械注准 20173464472
23	C0345051070200905119	多孔臼杯	国械注准 20153130597
24	C0345051070100500525	髋关节假体 – 微槽面 42 型全髋臼	国械注准 20173464472
25	C0344021070201010827	股骨柄 – 标准型	国械注准 20203130131
26	C0344061070200110827	髋臼内衬	国械注准 20203130131

续 表

序号	国家编码	单件名称	注册证号
27	C0344051070500003519	陶瓷球头 -1	国械注准 20193130084
28	C0344021070201000419	髋关节假体生物型股骨柄 XDTUCSII	国械注准 20213130079
29	C0340051080100007696	髋关节假体（髋臼螺钉）	国械注准 20153130554
30	C0344061070400207696	髋关节假体（髋臼内衬）-1	国械注准 20153130554
31	C0342021070101106419	胫骨托后稳定 IIA 型	国械注准 20163460496
32	C0344081070000106419	髋臼螺钉	国械注准 20183130352
33	C0342031070100905119	胫骨垫	国械注准 20153130598
34	C0344061070600100525	髋关节假体 -JS 型内衬（灭菌）	国械注准 20153130555
35	C0344081070000105119	钛钉	国械注准 20153130599
36	C0340021080000001884	电动脉冲冲洗器	津械注准 20172540146
37	C0342011070101305119	股骨髁	国械注准 20153130598
38	C0340051080100008304	松质骨螺钉	国械注准 20203130690
39	C0345101070400200525	髋关节假体 -44 型全髋臼	国械注准 20173464472
40	C0344051070500000419	髋关节假体陶瓷球头	国械注准 20203131001
41	C0342031070301210613	胫骨平台垫（XBQ Ⅱ）	国械注准 20183461622
42	C0344031070101508023	金属髋臼外杯(金属骨小梁Ⅲ a 型)	国械注准 20153131311
43	C0340051080100005119	钛钉	国械注准 20153130599
44	C0342011070101503333	股骨部件 -PS 版	国械注进 20173462009
45	C0340031080000201884	骨水泥搅拌器	津械注准 20212040257
46	C0344061070400100525	髋关节假体 -50 型全髋臼	国械注准 20173464472
47	C0344031070100108304	髋臼杯	国械注准 20203130690
48	C0342041070200105119	髌骨	国械注准 20153130598
49	C0344061070200500525	髋关节假体 -58 型全髋臼	国械注准 20173464472
50	C0344061070200306419	高交联内衬 +410°	国械注准 20193130076

续 表

序号	国家编码	单件名称	注册证号
51	C0344051070200008304	股骨头	国械注准 20193131058
52	C0342031070301200827	胫骨垫	国械注准 20183130349
53	C0344081070000110827	髋臼螺钉	国械注准 20193130066
54	C0342041070200306419	髌骨	国械注准 20163460496
55	C0342041070200103633	Triathlon 初次膝关节圆形骨水泥型髌骨假体 – 普通聚乙烯	国械注进 20193132104
56	C0344021070201207696	髋关节假体（股骨柄）–1	国械注准 20153130554
57	C0345051070100200525	髋关节假体 – 均匀粗糙面 44 型全髋臼	国械注准 20173464472
58	C0345051070100308023	髋关节假体金属髋臼（金属髋臼 CL– Ⅱ型）	国械注准 20193131934
59	C0344081070000100349	髋臼杯系统封堵螺帽	国械注进 20213130030
60	C0344031070100100525	髋关节假体 – 均匀粗糙面 50 型全髋臼	国械注准 20173464472
61	C0342011070101500827	股骨髁	国械注准 20183130349
62	C0342041070200109053	表面置换髌骨标准型	国械注准 20183460227
63	C0342011070101110613	股骨髁 –4	国械注准 20183461622
64	C0344031070101000525	髋关节假体 – 微槽面 56 型全髋臼	国械注准 20173464472
65	C0344011070200300525	髋关节假体 –BE2 型股骨柄（灭菌）	国械注准 20153130555
66	C0344011070200300525	髋关节假体 – 均匀粗糙面 155 型股骨柄	国械注准 20173464472
67	C0344021070101100419	髋关节假体 – 骨水泥型股骨柄 –2（ZCCSI）	国械注准 20163131669
68	C0344021070101100419	髋关节假体 – 骨水泥型股骨柄 –2（ZCCSIII）	国械注准 20163131669
69	C0345051070100100525	髋关节假体 – 均匀粗糙面 42 型全髋臼	国械注准 20173464472

续 表

序号	国家编码	单件名称	注册证号
70	C03440110702011OO525	髋关节假体－微槽面 140 型股骨柄	国械注准 20173464472
71	C0344031070100100349	髋臼杯系统髋臼外杯	国械注进 20213130030
72	C0342021070201100827	胫骨托	国械注准 20183130349
73	C0342041070500110613	髌骨	国械注准 20183461622
74	C0344031070100410827	髋臼杯	国械注准 20203130131
75	C0344061070600401884	髋关节假体（非骨水泥型）－髋臼内衬（ZICFT02）	国械注准 20203130551
76	C0344061070200101471	髋臼内衬	国械注进 20163130386
77	C0344061070400305119	多孔臼衬	国械注准 20153130597
78	C0340061080000000720	链接钉	国械注准 20163130126

资料来源：天津市医药采购中心官网。

增设“复活”机制　堵塞规则漏洞
——骨科脊柱类耗材集中带量采购综述

易楚斌

2022 年 7 月 11 日，天津市医药采购中心发布了《国家组织骨科脊柱类耗材集中带量采购公告（第 1 号）》，这是继冠脉支架、人工关节后启动的第三批国家组织高值医用耗材集采。2022 年 9 月 27 日，天津市医药采购中心公示了国家组织骨科脊柱类耗材集中带量采购拟中选结果。本次集采平均降价 84%，与人工关节降价幅度相当，比冠脉支架的降价幅度略低。按约定采购量计算，预计每年可节约费用 260 亿元。

脊柱由椎体及椎间盘组成，是人体的中轴骨，包含颈椎、胸椎、腰椎、骶椎及尾椎。脊柱类植入物主要应用于脊柱退变性疾病、脊柱骨折、畸形、感染及肿瘤等脊柱疾病。这次集采几乎囊括了所有的脊柱类耗材，包括各种各样的螺钉、金属板、金属棒以及骨水泥、人工椎体等，基本上能满足临床现在开展的95%以上的脊柱手术的需要。

首年意向采购量共109万套，占全国医疗机构总需求的90%，涉及市场规模约310亿元。其耗材平均每套价格从3.3万元下降至4 500元左右，一些知名外资品牌每套平均价格从6万元降至4 800元。技术最新的胸腰椎微创手术，其使用的耗材平均每套价格从近4万元下降至5 600元左右。用于治疗压缩性骨折的椎体成形手术耗材，每套平均价格从2.7万元下降至1 100元左右。

本次集采共有171家企业参与，152家中选，中选率89%。本次集采的采购周期为3年，自中选结果实际执行日起计算。相比人工关节2年的采购期，本次集采的采购周期更长。多家国内企业成为本次集采的大赢家，如威高骨科、大博医疗、春立医疗等。威高骨科及旗下两个关节品牌共斩获18个拟中选产品。产品系统类别包括颈椎前路钉板固定融合系统、颈椎后路钉棒固定系统、胸腰椎前路钉棒固定融合系统、胸腰椎前路钉板固定融合系统等。此外，中选产品超过10个的企业还有大博医疗、富乐科技，其收获11个拟中选产品；科惠医疗、正天医疗、美敦力、施泰宝、三友医疗收获10个拟中选产品。

为了确保供应，本次集采设三组竞价单元，增设“复活”机制，竞争更加公平。本次集采在原有A、B分组基础上，又新增了C组，以确保产品组合的完整度。C组主要是中小企业和新兴企业，C组的设立让所有的脊柱类耗材产品相关的生产企业都能参与到本次集采中来，给所有企业一个公平竞争的机会。而且本次集采在9月份的2号文件中新增了规则三，这一规则又被称为“复活”规则，受到了企业的高度好评。

从3次耗材的全国集采来看，规则逐步完整合理，既堵塞了漏洞，又防止出现偏差，使企业、国家、患者实现共赢。

附骨科脊柱类耗材集中带量采购产品系统类别：

（1）颈椎前路钉板固定融合系统，主要部件包括固定板、螺钉、融合器，可选部件包括钛网等。

（2）颈椎后路钉棒固定系统，主要部件包括棒、螺钉、螺塞、横连接，可选部件包括枕骨板 / 枕骨夹（含枕骨钉）、枕骨棒、钩等。

（3）胸腰椎前路钉棒固定融合系统，主要部件包括棒、螺钉、螺塞、垫片、融合器、横连接，可选部件包括钛网、人工椎体等。

（4）胸腰椎前路钉板固定融合系统，主要部件包括固定板、螺钉、融合器，可选部件包括钛网等。

（5）胸腰椎后路开放钉棒固定融合系统，主要部件包括棒、螺钉、螺塞、融合器、横连接，可选部件包括钩等。

（6）胸腰椎后路微创钉棒固定融合系统，主要部件包括棒、螺钉、螺塞、融合器。

（7）颈椎后路椎管扩大钉板固定系统，主要部件包括固定板、螺钉。

（8）椎体成形系统，须支持完成常规椎体成形手术。传统系统部件包括：用于通道建立（穿刺针、套筒、骨钻、扩张套件、导丝等）；用于骨水泥填充（骨水泥搅拌器、骨水泥注射器等）。弯角系统部件包括：用于通道建立（穿刺针、弯角开腔器械、导引系统等）；用于骨水泥填充（骨水泥搅拌器、弯角骨水泥推进器等）。

（9）椎体后凸成形系统，须支持完成常规椎体后凸成形手术。传统系统部件包括：用于通道建立（穿刺针、套筒、骨钻、扩张套件、导丝等）；用于骨水泥填充（骨水泥注射器、骨水泥搅拌器等）；用于椎体扩张（含扩张系统的椎体成形球囊）。弯角系统部件包括：用于通道建立（穿刺针、弯角开腔器械、导引系统等）；用于骨水泥填充（骨水泥搅拌器、弯角骨水泥推进器等）；用于椎体扩张（含扩张系统的弯角椎体成形球囊）。

（10）经皮内窥镜下腰椎髓核摘除系统，主要部件包括内镜下使用的脊柱内镜射频刀头。

（11）椎间盘系统，主要部件包括人工椎间盘。

（12）单独用颈椎融合器系统，主要部件包括颈椎自稳融合器。

（13）单独用胸腰椎融合器系统，主要部件包括胸腰椎自稳融合器。

（14）脊柱用骨水泥。

中成药广东、湖北联盟集采管见

易楚斌

2022 年 4 月 8 日，备受关注的广东 6 省中成药带量采购正式开标，拟中选企业和产品公布。随着此次集采结果的公示，广东、湖北两大中成药集采联盟带量采购尘埃落定。它们集采有什么样的特点，又传递着怎样的信号呢？本文略作分析。

一、中成药集采是大势所趋

湖北省际联盟由湖北、河北、山西、内蒙古、辽宁、福建、江西、河南、湖南、海南、重庆、四川、贵州、西藏、陕西、甘肃、宁夏、新疆及新疆生产建设兵团 19 个省级单位组成，涉及 17 个产品组、76 个产品。广东省际联盟由广东、山西、河南、海南、宁夏、青海组成，涉及 53 个品种、132 个品规。两大联盟重叠的省份有 4 个，共有 21 个省级（或省级单位）参加。目前，没有参加省际联盟集采的只有东北三省、北京、天津、山东、安徽、江苏、上海、浙江、广西。据行业分析，第三个省际联盟将由山东牵头。2022 年 2 月 11 日，国务院新闻办公室举行的国务院政策例行吹风会明确指出，今年将在去年部分省份已经组织中成药联盟采购的基础上，进一步扩大范围，实现化药、生物药、中成药三大领域全覆盖。

在化药、生物药国家集采一轮又一轮的浪潮下，中药企业曾经一度暗自兴奋，认为中成药由于原材料的特殊性，不会带量集采。但好景不长，湖北、广东两大省际联盟组成，占了我国省份的三分之二，中成药药品采购量占全国的 60% 以上。尽管两轮一共只有一百多个品种，占医保目录 1 374 个中成药不到 10%，但中成药集采已大势所趋，所有中药企业都应该积极思考应对策略，而不是去幻想“狼”不会来。

然而，从这两大联盟集采情况看，仍有部分企业没有积极参与。广东联盟集采只有 87.86% 的企业参与，86.88% 的产品产生报价。独家品种裸花紫珠栓、大活络丸、保妇康凝胶、脑心通胶囊、疏血通注射液、小儿豉翘清热颗粒等放弃参与。湖北联盟中成药集采参与报价的品规占总数的 85.57%。这些企业不知何种原因放弃，但不论如何，中成药集采已经是大势所趋，任何企业都阻挡不了。

二、降价成为集采的主要目的

湖北联盟中成药带量采购共有 97 家企业、111 个产品中选，中选价格平均降幅 42.27%，最大降幅 82.63%。特别是中成药注射剂，其平均降幅 44.1%，最高降幅达 70.32%。在银杏叶组，由于竞争充分，平均降幅超过 53%，并且诞生了本轮集采的最高降幅和单片最低价。

广东联盟中成药带量采购共有 174 家企业、361 个品规中选。非独家拟中选产品的平均降幅为 67.8%，独家产品拟中选平均降幅为 21.8%。

综观两大联盟中成药集采，虽然规则各异，但有一个共同点，即降价幅度成为拟中选的一个非常重要的条件。广东联盟集采文件规定，药企需进行 P_1、P_2 两轮阶梯报价，P_1 降幅大于等于 1%，P_2 降幅应大于 P_1 且大于等于 11%，两轮相加为 12%，即降幅 12% 是必要条件。同时规定，P_1 仅为拟备选，降幅每增加 1%，预采购量相应增加 5%，非独家产品最高预采购量为 70%，独家产品最高为 100%，P_2 中选为拟中选，拟中选企业直接获得 100% 的比例且获得增量。无论是独家还是非独家品种，都把降幅比例与采购量挂钩。湖北中成药采购联盟在规则上也充分体现了降价对中选的作用，采用“价格标 + 技术标”的双信封模式——价格竞争得分占 60%，技术评价得分占 40%。尽管规则很细致，也很完善，但宗旨只有一个——降价。

因此，人们必须清醒认识到，哪怕是独家品种，没有一定幅度的降价，也很难中标。在目前集采的大背景下，企业必须有一个清晰的判断，是降价争市场份额还是不降价丢市场份额，这是要认真权衡的。如果企业产品在医院市场本来份额就小，OTC 和第三终端市场份额大，那就保价舍弃医院市场。反之，就要忍痛割“价”。

三、独家产品相对优势较大

广东联盟集采独家产品平均降幅21.8%，扣除以“最高日均费用/最高有效申报价”为基础测算降幅可能造成的不真实因素，实际降幅有可能更低。相较非独家品种降幅67.8%，独家品种优势明显。从拟中选名单中可以发现，连花清瘟胶囊、复方丹参滴丸、喜炎平注射液、小儿豉翘清热颗粒、大活络丸等临床独家品规46个合格申报产品中标，独家品种落标很少。湖北联盟中成药集采平均降幅42.27%，独家品种平均降幅在30%左右。

从这两轮省际集采中可以看出，中成药独家品种在集采中优势较大。究其原因，主要体现在以下几个方面：一是已纳入集采的中成药独家品种都是做的时间比较长，市场占有率高，销售额比较大的品种。在技术标中，市场占有率是一个重要评分标准，因此企业报价只需达到规定的最低降幅。二是这些独家品种大多属医保老品种，长的二十多年，短的也有十年以上，其价格与当时的物价水平相匹配。在现在看来，日均费用都不算太高。这就有了湖北19省联盟集采至灵胶囊0.25 g*60粒从21.61元降至21.31元中标，只降了0.3元，降幅仅为1.4%，甚至还有提价中标的。以至灵胶囊为例，说明书规定一次2～3粒，一天2～3次，如果以最大服用剂量算，60粒/盒能吃6天半，日均费用只有3.27元。这也说明招标主管部门充分考虑了企业的生产成本等方方面面的因素。三是独家品种相对竞争较小。尽管实行分组，但由于没有同名厂家竞争，竞争性相对较小。而非独家品种竞争性却大得多。湖北19省联盟集采银杏叶组平均降幅达53%，海口奇力、河北天成两家药企的银杏叶片单片价格仅为8分，创下了最低价。而广东6省联盟集采上海凯宝的丹参片创下了每片3.45分的“史上之最”。正应了那句话：没有最低，只有更低！为什么竞争这么激烈，就是因为生产厂家多，“僧”多“肉”少。

四、中药材涨价因素值得关注

中成药的主要原材料是中药材，而中药材受自然条件和市场环境的双重因素影响，价格年年上涨，有些中药材上涨幅度太大，直接影响生产成本，也影响集采的产品供应。以地黄、车前子为例，地黄2021年3月28

日的价格为14元/kg，2022年3月28日的价格为49元/kg，涨价幅度达250%；车前子2021年3月28日的价格为34元/kg，2022年3月28日的价格达到了105元/kg，涨幅208.82%。据中药材天地网的监控数据，200个代表品种中有123个品规价格出现上涨，占比61.5%。下表（表16）10个药材的涨价幅度，最小的也达到了100%以上。如果再监测两年，涨价幅度也许会更大。

表16　部分品种价格上涨情况　　单位：元/kg

基本药材	2021.3.28	2022.3.28	涨跌情况	额度	幅度
地黄 三四五混级 河南	14	49	涨↑	35	250.00%
车前子 统 江西	34	105	涨↑	71	208.82%
槐花 花蕾统 山东	22	63	涨↑	41	186.36%
关黄柏 撞皮统 东北	25	70	涨↑	45	180.00%
狗脊 统片 广西	12	30	涨↑	18	150.00%
山药 毛条 河南	10.5	25	涨↑	14.5	138.10%
覆盆子 统 浙江	72	165	涨↑	93	129.17%
木瓜 皱统 湖北	12	26	涨↑	14	116.67%
蔓荆子 统 进口	26	55	涨↑	29	111.54%
白芷 统个 四川	12	25	涨↑	13	108.33%

资料来源：中药材天地网。

除此之外，近几年受疫情影响，药材的开挖、采摘、加工、运输、储存都受到影响，中成药的生产成本必然上升，集采品种的供应也会受到影响。因此，联盟集采的主管部门要关注药材的成本因素，不能唯低价论，以免陷于恶性循环。企业也应量力而行，考虑成本因素，不要为中标而中标，以免陷于亏损的被动局面。

全国中成药集采简介

易楚斌

一、湖北 19 省中成药集采简介

（一）联盟成员

湖北联盟由湖北、河北、山西、内蒙古、辽宁、福建、江西、河南、湖南、海南、重庆、四川、贵州、西藏、陕西、甘肃、宁夏、新疆、新疆生产建设兵团 19 个省级单位组成。

（二）涉及产品

17 个产品组，76 个产品。

（三）中选规则

分 A、B 组竞价。A 竞争单元入围企业报价降幅从高到低排序，降幅排名前 70% 的企业直接获得拟中选资格；若末位降幅相同，则一并获得拟中选资格。降幅排名后 30% 的企业进入议价环节，接受 17 个产品组所有 A 竞争单元入围企业中位降幅（50% 位次的降幅），获得拟中选资格。B 竞争单元内，入围企业数量＞ 4 家的，入围企业直接获得拟中选资格。入围企业数量≤ 4 家的，入围企业报价降幅达到 17 个产品组所有 A 竞争单元入围企业降幅排名前 70% 的最低降幅，获得拟中选资格；未达到的，进入议价环节，接受 17 个产品组所有 A 竞争单元入围企业中位降幅，获得拟中选资格。

总的来看，A 组企业的中选规则较为宽松，B 组企业的降价要求相较于 A 组更加严格。

（四）采购量分配

（1）医疗机构填报采购需求的产品若在中选范围，同竞价单元内降幅最高的中选产品按约定采购量分配给对应的医疗机构；其他中选产品按90%的约定采购量分配给对应的医疗机构。

（2）医疗机构填报采购需求但未在中选范围、未经企业申报、填报产能为“0”的产品约定采购量，以及中选产品未分配的约定采购量作为待分配量，由医疗机构依照如下顺序分配：①将30%的待分配量分配给同产品组内降幅最高的中选企业；②剩余70%待分配量由医疗机构从所有中选企业中自主选择。

（五）开标时间

2021年9月25日发布招标公告《中成药省际联盟集中带量采购公告（第1号）》，12月21日开标。

（六）中选结果

有157家企业的182个产品参与竞价，采购规模近100亿元。97家企业的111个产品中选，中选率达62%，拟中选价格平均降幅42.2%，最大降幅82.63%。

（七）采购目录

以下是采购目录（表17）。

表17 采购目录

<table>
<tr><th>序号</th><th>产品组</th><th>给药途径</th><th>药品名称</th></tr>
<tr><td rowspan="4">1</td><td rowspan="4">血塞通、血栓通</td><td rowspan="4">注射</td><td>血塞通注射液</td></tr>
<tr><td>血栓通注射液</td></tr>
<tr><td>注射用血栓通</td></tr>
<tr><td>注射用血塞通</td></tr>
<tr><td rowspan="5">2</td><td rowspan="5">百令、至灵、金水宝</td><td rowspan="5">口服</td><td>金水宝片</td></tr>
<tr><td>百令片</td></tr>
<tr><td>金水宝胶囊</td></tr>
<tr><td>至灵胶囊</td></tr>
<tr><td>百令颗粒</td></tr>
</table>

续 表

序号	产品组	给药途径	药品名称
3	参麦	注射	参麦注射液
4	血塞通	口服	血塞通滴丸
			血塞通胶囊
			血塞通软胶囊
			血塞通片
			血塞通颗粒
			血塞通分散片
			血塞通泡腾片
5	银杏叶	口服	银杏叶滴丸
			银杏叶片
			银杏叶胶囊
			银杏叶软胶囊
			银杏叶分散片
			银杏叶滴剂
			银杏叶酊
			银杏叶颗粒
			银杏叶丸
6	舒血宁	注射	舒血宁注射液
7	康复新	口服	康复新液
8	活血止痛	口服	活血止痛胶囊
			活血止痛软胶囊
			活血止痛片
			活血止痛散

续 表

序号	产品组	给药途径	药品名称
9	灯盏花素	注射	注射用灯盏花素
			灯盏花素注射液
			灯盏花素氯化钠注射液
10	小金	口服	小金胶囊
			小金丸
			小金片
11	血府逐瘀	口服	血府逐瘀胶囊
			血府逐瘀片
			血府逐瘀软胶囊
			血府逐瘀丸
			血府逐瘀口服液
			血府逐瘀颗粒
12	银杏酮酯、杏灵	口服	银杏酮酯滴丸
			银杏酮酯分散片
			银杏酮酯片
			银杏酮酯颗粒
			银杏酮酯胶囊
			杏灵分散片
			杏灵滴丸
13	丹参	注射	丹参注射液
			注射用丹参
14	生脉	注射	生脉注射液

续 表

序号	产品组	给药途径	药品名称
15	益心舒	口服	益心舒胶囊
			益心舒片
			益心舒颗粒
			益心舒丸
16	双黄连	口服	双黄连口服液
			双黄连合剂
			双黄连片
			双黄连胶囊
			双黄连软胶囊
			双黄连颗粒
			双黄连滴剂
			双黄连滴丸
			双黄连分散片
			双黄连含片
			双黄连咀嚼片
			双黄连泡腾片
			双黄连糖浆
17	肾衰宁	口服	肾衰宁片
			肾衰宁胶囊
			肾衰宁颗粒

二、广东6省中成药集采简介

（一）参加省份

广东、山西、河南、海南、宁夏、青海6省。

（二）涉及产品

53个品种，132个品规。

（三）中选规则

分A、B两类采购单。

采购单内的药品，按以下原则合并分组：

（1）同一通用名内药品各剂型的合并规则：片剂、分散片、肠溶片与胶囊，颗粒与合剂（口服液），软胶囊（胶丸）与滴丸，注射剂（含普通粉针、冻干粉、溶媒结晶、大容量注射液、小容量注射液）；若合并后出现独家的，则并入同一给药途径有差比价关系的相近剂型组别内。

（2）处方相同而药品名称不同的药品原则上予以合并一组；药品名称相同或相似而处方不同的药品按照处方组成或成分区分为不同组。

（3）按上述原则未能合并的作为独家产品，按价格品种对应的最高日均费用划分为3个组别：日均治疗费用≤5元的产品；日均治疗费用在5～15元的产品；日均治疗费用>15元的产品。

A、B两类采购单的划分：

（1）独家产品仅设A采购单，不设B采购单。

（2）非独家产品以同企业同品种药品实际报名品规对应的首年预采购量和对应的日均用量为基础，折算同组内同企业的服用总天数，并计算同组内每家企业服用总天数与联盟地区所有企业合计服用天数的比例，将其作为划分依据，按占比从高到低累计达80%的企业产品列入A采购单，剩余的列入B采购单。

（四）开标时间

2021年12月24日发布《广东联盟清开灵等中成药集中带量采购文件》，公布品种及规则，2022年4月8日进行线上竞价，随后公示拟中选品种及厂家。

（五）中选结果

广东6省联盟共有174家企业的361个品规拟中选，非独家产品平均降幅为67.8%，独家产品平均降幅为21.8%。

（六）采购目录

以下是采购目录（表 18）。

表 18　采购目录

品种序号	组别	通用名	品种名称	剂型
1	1 组	清开灵	清开灵片、清开灵胶囊、清开灵软胶囊	片剂 / 胶囊剂 / 软胶囊
	2 组	清开灵	清开灵颗粒	颗粒剂
	3 组	清开灵	清开灵注射液	注射剂
2	1 组	金莲花	金莲花片、金莲花胶囊	片剂 / 胶囊剂
	2 组	金莲花	金莲花颗粒、金莲花口服液	颗粒剂 / 口服液
	3 组	金莲花	金莲花软胶囊	软胶囊
3	1 组	抗病毒	抗病毒口服液、抗病毒胶囊、抗病毒颗粒	口服液 / 胶囊剂 / 颗粒剂
4	1 组	蓝芩	蓝芩颗粒	颗粒剂
5	1 组	橘红痰咳	橘红痰咳颗粒、橘红痰咳液	合剂（含口服液）/ 颗粒剂
	2 组	橘红痰咳	橘红痰咳煎膏	煎膏剂
6	1 组	小儿咳喘灵	小儿咳喘灵颗粒、小儿咳喘灵口服液、小儿咳喘灵合剂	颗粒剂 / 合剂（含口服液）
7	1 组	小儿肺咳	小儿肺咳颗粒	颗粒剂
8	1 组	醒脑静	醒脑静注射液	注射剂
9	1 组	生血宝	生血宝颗粒、生血宝合剂	颗粒剂 / 合剂（含口服液）
10	1 组	百令 / 金水宝	百令片、金水宝片、金水宝胶囊	片剂 / 胶囊剂

续 表

品种序号	组别	通用名	品种名称	剂型
11	1组	生脉（人参、红参方）/益气复脉	生脉胶囊、益气复脉胶囊	胶囊剂
	2组	生脉（人参、红参方）	生脉饮、生脉饮（人参方）	合剂（含口服液）
	3组	生脉（人参、红参方）	生脉注射液	注射剂
	4组	生脉（党参方）	生脉饮（党参方）、生脉饮、生脉颗粒（党参方）、生脉颗粒、生脉片	合剂（含口服液）/颗粒剂/片剂
12	1组	裸花紫珠	裸花紫珠片、裸花紫珠胶囊、裸花紫珠颗粒	片剂/胶囊剂/颗粒剂
13	1组	复方丹参	复方丹参片、复方丹参胶囊	片剂/胶囊剂
	2组	复方丹参	复方丹参颗粒	颗粒剂
	3组	复方丹参	复方丹参丸	丸剂
14	1组	脑心清	脑心清片、脑心清胶囊	片剂/胶囊剂
15	1组	血塞通	血塞通滴丸、血塞通软胶囊	滴丸/软胶囊
	2组	血塞通	血塞通颗粒	颗粒剂
	3组	血塞通/血栓通	血塞通片、血塞通分散片、血塞通胶囊、血栓通胶囊	片剂/分散片/胶囊剂
	4组	血塞通/血栓通	注射用血塞通、血塞通注射液、注射用血栓通、血栓通注射液	注射剂
16	1组	脉血康	脉血康胶囊、脉血康肠溶片	胶囊剂/肠溶片

续 表

品种序号	组别	通用名	品种名称	剂型
17	1 组	银杏叶 / 银杏酮酯	银杏酮酯滴丸、银杏叶滴丸、银杏叶软胶囊	滴丸 / 软胶囊
	2 组	银杏叶 / 银杏酮酯	银杏叶口服液、银杏叶酊、银杏叶颗粒、银杏酮酯颗粒	口服液 / 酊剂 / 颗粒剂
	3 组	银杏叶 / 银杏酮酯 / 杏灵 / 银杏叶提取物	杏灵分散片、银杏酮酯分散片、银杏酮酯胶囊、银杏酮酯片、银杏叶胶囊、银杏叶片、银杏叶提取物片	片剂 / 分散片 / 胶囊剂
18	1 组	舒血宁	舒血宁注射液	注射剂
19	1 组	大活络	大活络丸	丸剂
20	1 组	康复新	康复新液	溶液剂
21	1 组	小金	小金片、小金胶囊	片剂 / 胶囊剂
	2 组	小金	小金丸	丸剂
22	1 组	鸦胆子油	鸦胆子油口服乳液	口服乳液
	2 组	鸦胆子油	鸦胆子油软胶囊	软胶囊
	3 组	鸦胆子油	鸦胆子油乳注射液	注射剂
23	1 组	益母草 / 鲜益母草	益母草片、益母草胶囊、鲜益母草胶囊	片剂 / 胶囊剂
	2 组	益母草	益母草颗粒	颗粒剂
	3 组	益母草	益母草膏	膏剂
24	1 组	保妇康	保妇康凝胶	凝胶剂
25	1 组	复方血栓通	复方血栓通滴丸、复方血栓通软胶囊	滴丸 / 软胶囊
	2 组	复方血栓通	复方血栓通胶囊、复方血栓通片、复方血栓通颗粒	片剂 / 胶囊剂 / 颗粒剂

续 表

品种序号	组别	通用名	品种名称	剂型
26	1组	活血止痛	活血止痛片、活血止痛胶囊、活血止痛软胶囊	片剂 / 胶囊剂 / 软胶囊
	2组	活血止痛	活血止痛膏	橡胶膏剂
	3组	活血止痛	活血止痛散	散剂
27	独家	艾迪	艾迪注射液	注射剂
		保妇康	保妇康栓	阴道栓
		参附	参附注射液	注射剂
		参芪扶正	参芪扶正注射液	注射剂
		大活络	大活络胶囊	胶囊剂
		大株红景天	大株红景天胶囊、大株红景天片	片剂 / 胶囊剂
		灯盏生脉	灯盏生脉胶囊	胶囊剂
		肺力咳	肺力咳胶囊、肺力咳合剂	胶囊剂 / 合剂（含口服液）
		复方丹参	复方丹参喷雾剂	喷雾剂
		复方丹参	复方丹参滴丸	滴丸
		康莱特	康莱特软胶囊	软胶囊
		连花清瘟	连花清瘟胶囊、连花清瘟颗粒、连花清瘟片	片剂 / 颗粒剂 / 胶囊剂
		裸花紫珠	裸花紫珠栓	阴道栓
		脑栓通	脑栓通胶囊	胶囊剂
		脑心通	脑心通胶囊	胶囊剂
		尿毒清	尿毒清颗粒	颗粒剂
		热毒宁	热毒宁注射液	注射剂
		麝香保心	麝香保心丸	丸剂

续 表

品种序号	组别	通用名	品种名称	剂型
27	独家	肾康	肾康注射液	注射剂
		肾康	肾康栓	直肠栓
		疏风解毒	疏风解毒胶囊	胶囊剂
		疏血通	疏血通注射液	注射剂
		四磨汤	四磨汤口服液	合剂（含口服液）
		松龄血脉康	松龄血脉康胶囊	胶囊剂
		苏黄止咳	苏黄止咳胶囊	胶囊剂
		痰热清	痰热清注射液	注射剂
		胃苏	胃苏颗粒	颗粒剂
		乌灵	乌灵胶囊	胶囊剂
		喜炎平	喜炎平注射液	注射剂
		仙灵骨葆	仙灵骨葆片、仙灵骨葆胶囊	片剂 / 胶囊剂
		小儿豉翘清热	小儿豉翘清热颗粒	颗粒剂
		小儿消积止咳	小儿消积止咳口服液、小儿消积止咳颗粒	合剂（含口服液）/ 颗粒剂
		益母草	益母草注射液	注射剂
		银杏叶 / 银杏酮酯	银杏叶丸	浓缩丸
		银杏叶提取物	银杏叶提取物滴剂	滴剂
		滋肾育胎	滋肾育胎丸	丸剂

三、湖北联盟 29 省中成药集采简介

（一）联盟成员

除湖南、福建外的 29 省区市和新疆生产建设兵团。

（二）涉及产品

16 组、42 个品种。

（三）中选规则

分A、B组竞价，同湖北19省集采规则。除了价格竞争，此次还新增技术评价得分项目，占综合得分的40%。在技术得分方面，由医疗机构认可度、企业排名、创新能力、药材品质、供应保障、医药价格和招采信用评价、质量安全等决定。

（四）开标时间

2023年6月21日，全国中成药采购联盟集中带量采购信息公开大会在武汉东湖国际会议中心举行。

（五）中选结果

63家企业，68个代表品中选，中选率71.6%。中选品种平均降幅49.36%。

（六）采购目录

以下是采购目录（表19）。

表19 采购目录

序号	采购组	给药途径	药品名称
1	复方斑蝥	口服	复方斑蝥胶囊
2	复方血栓通	口服	复方血栓通滴丸
			复方血栓通胶囊
			复方血栓通颗粒
			复方血栓通片
			复方血栓通软胶囊
3	冠心宁	注射	冠心宁注射液
4	华蟾素	口服	华蟾素胶囊
			华蟾素口服液
			华蟾素片
5	接骨七厘	口服	接骨七厘胶囊
			接骨七厘片
			接骨七厘散
			接骨七厘丸

续 表

序号	采购组	给药途径	药品名称
6	乐脉	口服	乐脉分散片
			乐脉胶囊
			乐脉颗粒
			乐脉片
			乐脉丸
7	脉管复康	口服	脉管复康胶囊
			脉管复康片
8	脑安	口服	脑安滴丸
			脑安胶囊
			脑安颗粒
			脑安片
9	藤黄健骨	口服	藤黄健骨胶囊
			藤黄健骨片
			藤黄健骨丸
10	香丹	注射	香丹注射液
11	心可舒	口服	心可舒胶囊
			心可舒咀嚼片
			心可舒颗粒
			心可舒片
			心可舒丸
12	醒脑静	注射	醒脑静注射液
13	鸦胆子油	注射	鸦胆子油乳注射液
14	银杏达莫	注射	银杏达莫注射液
15	银杏叶提取物	注射	银杏叶提取物注射液
16	振源	口服	振源胶囊
			振源口服液
			振源片
			振源软胶囊

中成药集采未来趋势

易楚斌

趋势一：双集采模式。

国家医疗保障局在《关于做好2023年医药集中采购和价格管理工作的通知》中明确指出，未来的中成药集采将采取国家集采和省级集采共存的“双集采”模式。

趋势二：“价格标 + 技术标”成主要规则。

价格标一般是以“基准价”为参照标准来比较降幅的多少。

技术标包含医院认可度、企业实力排名、企业创新性排名、原料GAP认证、药品保障水平、企业招标信用记录、产品飞检记录。

趋势三：引入“复活”机制。

引入“复活”机制，量价联动更趋合理。如振源胶囊，最后“复活”中选。

趋势四：集采品种不会超过200个。

医院销量前二百名的产品，在2025年有望集采完毕。

趋势五：降价成为主旋律。

湖北19省联盟集采，中选品种平均降幅42.27%，最大降幅82.63%。

广东6省联盟集采，非独家产品平均降幅67.8%，独家产品平均降幅达21.8%。

湖北29省中成药集采，中选品平均降幅49.36%，最高降幅76.8%，最低降幅14.5%。

对于中成药集采，相关人员既要有敬畏之心，又要重视它，研究它。

药品招标

药品集中招标采购制度的发展历程

易楚斌

一、含义

药品集中招标采购是指多个医疗机构通过药品集中招标采购组织，以招投标的形式购进所需药品的采购方式。药品集中招标采购制度是在医疗机构采购制度改革的基础上形成的。集中是指采购制度，政策要求县及县级以上公立非营利性医疗机构必须参加药品集中招标采购；招标是指采购方式，药品集中招标采购政策规定，集中采购应以公开招标为主，通过公开招标不能成交的品种可以采用其他非招标采购方式进行成交，这说明招标是药品集中采购的一种方式，但不是唯一的方式。集中是制度性的，需要长期坚持；招标是过渡性的。[①] 药品集中招标采购是为了保证城镇职工基本医疗保险制度的实施，从源头上治理医药购销中的不正之风，减轻社会医药费用负担。药品集中招标采购范围一般为城镇职工基本医疗服务的临床使用药品。常规使用及用量较大的药品必须实行药品集中招标采购。

药品集中招标采购应遵循安全第一、质量优先、兼顾价格、理顺渠道、分步实施、逐步推开的原则，既要符合医药管理的法律法规，又要符合实际，达到规范药品购销行为，服务于广大群众的目的。

① 安彬，吕庆华．药品集中招标采购制度分析[J].理论探索，2007（1）：87-89.

二、发展历程

我国的药品集中招标采购始于 2000 年，大致分为三个阶段。

第一阶段：全国性药品集中招标采购的尝试和逐步规制阶段（2000—2004 年）。全国性药品的集中采购试点工作是在贯彻执行 2000 年国务院办公厅转发八部委《关于城镇医药卫生体制改革的指导意见》（国办发〔2000〕16 号）（下文简称《意见》）精神下开展的。该意见明确要求“推进药品流通体制改革，整顿药品流程秩序，规范医疗机构购药行为”，责成卫生部等多部委根据 2000 年 1 月 1 日生效的《中华人民共和国招标投标法》进行药品集中招标采购的试点工作，对相关问题进行探索，“提出规范药品集中招标采购的具体办法”，自此拉开了我国药品集采制度国家层面试点并逐步探索建立全国统一规则的序幕。根据试点工作的进展，这一阶段又可以分为两个时间段。

2000—2001 年：部分省市试点，积累摸索经验，构建制度框架。为切实贯彻《意见》精神，2000 年 4 月原国家卫生部下发了《关于加强医疗机构药品集中招标采购试点管理工作的通知》（卫规财发〔2000〕148 号），针对前期地方探索中出现的一些问题提出了原则性的要求。随后，卫生部、国家计委等五部委先后联合下发了《医疗机构药品集中招标采购试点工作若干规定》（卫规财发〔2000〕232 号）和《医疗机构药品集中招标采购试点工作计划》（卫规财发〔2000〕151 号），国家药品监督管理局和卫生部也印发了《药品招标代理机构资格认定及监督管理办法》（国药管市〔2000〕306 号），由中央层面推动的药品集中招标采购试点在海南、河南、辽宁和厦门四省市正式拉开序幕。

随着试点工作的逐步深入，试点中的问题逐步暴露，2001 年国家计委就药品集中招标采购后药品的价格政策、药品价差分配比例以及药品招标收费等问题进行了规范，卫生部等六部委也对试点中重要的有关药品集中招标采购主体、组织形式、采购药品的范围、评标标准等问题进一步重申和明确，六部委在《关于进一步做好医疗机构药品集中招标采购工作的通知》（卫规财发〔2001〕208 号）中明确提出“到 2001 年底，争取在地级以上城市普遍开展药品集中招标采购工作”。到了 2001 年 11 月，第一个具有部门规章性质的、系统地就药品集中招标采购中的运作模式和法律责任进行全面规范的《医疗机构药品集中招标采购工作规范（试行）》（卫规财发〔2001〕308号）正式发布，同时发布的还有《医疗机构药品集中招标采购和集中议价采购文件范本（试行）》（卫规财发〔2001〕309号），其作为工作规范的操作性文件，供各地在开展工作时使用。《医疗机构药品集中招标采购监督管理暂行办法》（国纠办发〔2001〕17号）随后发布。这些规范性文件的出台，从药品集中采购的实体、采购方式、组织实施、程序、合同管理、价格、监管等各个方面进行了规范，初步构建了药品集采制度的完整架构。

2002—2004年：全国推广，迅速推进和进一步完善细化。2001年308、309号文的出台，使以医疗机构为主导的、全国范围内统一的药品集中招标采购制度初步建立。从2002年开始，以市（地）为最小组织单位，以县级及以上的人民政府、国有企业（含国有控股企业）等所属的非营利性医疗机构为主体的药品集中招标采购活动在全国轰轰烈烈地开展起来。但随着集采制度的广泛实施，一些问题逐渐暴露并日益突出：一是中标后的购销合同不确定采购数量，医疗机构大量使用替代药品规避招标，出现所谓“中标就死”的现象；二是合同执行不严格，医疗机构不按合同规定采购药品、不及时付款，企业不按合同及时供药等；三是招标程序过于烦琐，中介机构收费缺乏规范，企业投标负担过重；四是中标后药品价格政策执行不严，未能将招标降价的好处让利于患者；五是相关政府部门监督缺位，对不执行药品集中招标采购规则的医疗机构、企业和中介机构等查处不力等。一时间社会反响强烈，对集采制度的质疑声不断。为此，2004年9月，卫生部、国家发改委等六部委又联合下发了《关于进一步规范医疗机构药品集中招标采购的若干规定》（卫规财发〔2004〕320号），国家发改委专门下发了《集中招标采购药品价格及收费管理暂行规定》（发改价格〔2004〕2122号），针对集采中存在的突出问题进行了回应和调整，在强化前期试点工作成果的基础上，继续坚持和完善有关集中采购药品的范围、集中采购的合同管理、明确和规范代理中介收费等具体规定内容。

第二阶段（2005—2009年）：政策目标调整，地方集采模式探索创新阶段。2005年以来，“看病难”尤其是“看病贵”的呼声越来越大，社会大众反应日趋强烈。在顺差作价的价格政策和按项目付费的支付政策不能改变的条件下，企业、医院和市场中介组织的利益日益趋同，药品价格虚高愈演愈烈，严重损害群众利益。[①]因此，国家相关部门对原有的药品集中采购政策目标从转换采购模式，调整为降低虚高药价、治理医药购销中的商业贿赂，减轻患者的医药费用负担等方面。[②]政策目标的改变，使以医疗机构为主导、以全国制度统一为特征的药品集采制度在具体的执行过程和社会的广泛质疑声中发生了嬗变，而且地方对药品采购模式的积极探索热情高涨。据业内专家归纳统计，到2008年各地开展摸索的药品集中招标采购模式达20余种[③]，其结果是“招标模式从全国统一演变为地方主导，招标主体由医疗机构演变为政府部门，第三方电子商务平台被政府拥有所有权和使用权的平台代替”，以政府为主导、以省为单位、以非营利性网络集中采购平台为方向的新的采购模式逐渐成为这些探索中的亮点，被中央政府肯定并被不断介绍推广，新的统一规则不断孕育并逐步成形。

第三阶段（2009年以来）：全国性药品集中采购政策新的统一和规制阶段。2009年1月，卫生部、国务院纠风办、国家发改委、国家工商总局、国家食品药品监督管理局、国家中医药管理局六部委联合下发了《关于进一步规范医疗机构药品集中采购工作的意见》（卫规财发〔2009〕7号），明确经过各个地方几年在自主模式探索与创新之后，药品的集中采购工作表现出地区发展不平衡、采购政策不统一、采购办法不完善、中介服务成本高等问题，“为推动新形势下医疗机构药品集中采购工作”，突出了要全面实行以政府主导、以省（自治区、直辖市）为单位、以网上集中采购为模式的制度设计。2010年7月卫生部正式颁布《医疗机构药品集中采购工作规范》（卫规财发〔2010〕64号），2001年以来施行的308号文本终于完成其历史的使命。与之有相同命运的是2001颁布的《医疗机构药品集中招标采购监督管理暂行办法》。至此，我国的药品集中采购制度从地方摸

① 李宪法．调整药品集中招标采购“海南模式”复出[J]．医院领导决策参考，2008（13）：23-25.

② 耿鸿武．对我国现阶段药品招标模式的解析[J]．中国招标，2008（44）：22-24，20.

③ 耿鸿武．我国药品招标采购模式探析[J]．医院领导决策参考，2008（19）：26-28.

索到统一规则，再到地方演进创新，又回到了全国统一的新的时代，勾勒出一幅完美的螺旋形曲折上升、不断向前发展的画面。

从2009年开始，随着国家基本药物制度的实施，药品的招标工作也发生了变化。

2009年8月，九部委印发《关于建立国家基本药物制度的实施意见》（卫药政发〔2009〕78号），该意见要求2009年，每个省（区、市）在30%的政府办城市社区卫生服务机构和县（基层医疗卫生机构）实施基本药物制度，包括实行省级集中网上公开招标采购、统一配送，全部配备使用基本药物并实现零差率销售；到2011年，初步建立国家基本药物制度；到2020年，全面实施规范的、覆盖城乡的国家基本药物制度。

经过2009年全国范围内开展的省级药品集中招标采购和2010年集中开展的国家基本药物及地方增补目录药品集中采购，这一新型、比较完善的医药采购管理体系已初步建成。药品招标呈现出了按目录、论剂型、分层次、合理设定限价，竞议价、经评审、选配送、网络采配的新局面。招标采购的模式、程序、规则也相对趋于统一、规范。

2010年2月，卫生部和国务院纠风办在北京联合召开全国药品集中采购工作会议。会议指出，推进以政府为主导、以省为单位的网上药品集中采购工作，是医药供应保障体系建设的一项创新举措。希望用2～3年的时间，初步建立一个新型的、比较完善的医药采购管理体系。

全面建设国家基本药物制度是三年医改的工作重点之一。针对基本药物目录的遴选和基本药物目录的招标采购工作如何开展，2009年国家发布《国家基本药物目录》，2010年国务院发布56号文件，安徽省首推以56号文件为基准的药品招标新模式——“双信封”模式，此后这一模式在全国各省市基本药物目录招标中得以推广。

2013年2月，经过三年的国家基本药物制度的探索与实施，为2012版《国家基本药物目录》的公布做好铺垫。为了巩固国家基本药物招标中取得的成果，国务院办公厅发布《关于巩固完善基本药物制度和基层运行新机制的意见》（国办发〔2013〕14号）。该意见从完善基本药物采购和配送、加强基本药物使用和监管、深化编制人事和收入分配改革、完善稳定长效多渠道补偿机制、进一步提升基层医疗卫生服务能力、稳定和优化乡村医生队伍、加强基层医疗卫生服务监管、组织实施等方面提出了具体要求。针对药品招标工作，该意见要求进一步完善“双信封”评价方法，提高产品质量技术标评分。

至此，与国家基本药物制度相匹配，一个新型的、比较完善的医药采购管理体系初步建成，中国药品招标改革工作登上一个新高峰。

药品集中招标采购制度的目标设计

易楚斌

政策目标是公共政策的核心。明确政策目标对于公共政策的制定、执行和评估具有重大意义。药品集中招标采购制度的政策目标，是指政府通过实施药品集中招标采购政策所要达到的目的和效果。2000 年国务院办公厅在《关于城镇医药卫生体制改革指导意见》中提出，城镇医药卫生体制改革的目标是建立适应社会主义市场经济要求的城镇医药卫生体制，促进卫生机构和医药行业健康发展，让群众享有价格合理、质量优良的医疗服务，提高人民的健康水平。药品集中招标采购作为推进药品流通体制改革，整顿药品流通秩序的政策措施，明确提出药品集中招标采购要规范医疗机构购药行为。

当时，国务院明确指出实施药品集中招标采购，一是因为我国药品流通秩序长期混乱，不正之风猖獗，药品价格虚高，在药品流通领域形成了灰色利益团体，严重损害群众利益，所以需要在药品流通领域进行一场斗争。相关部门在这场斗争中所采用的手段就是“招标采购，网络联系”。二是通过药品集中招标采购改变药品流通方式。让“卫生部门统一组织，医院通过网上从厂家直接采购药品，不要中间环节”，“端掉不法药贩的饭碗，让非法活动搞不了”。三是要“打破垄断，建立竞争机制”。通过药品集中招标采购引进竞争机制，“促使药厂之间竞争”，让药价“大大下降”。这体现了国务院在三项改革（劳动、人事、分配）政策设计阶段，就已经科学预见了药品流通体制改革的艰巨性和复杂性，明确提出了推行药品集中招标采购的目的是改变流通方式，深化流通体制改革，但并没有把降价作为药品集中招标采购的政策目标。规范医疗机构购药行为，首要任务是制度创新，建立同市场经济体制要求相适应的药品采购制度，对不规范的采购行为进行制度约束。医疗机构是我国药品流通的主要终端渠道，医疗机构建立新型的药品采购制度对于我国药品流通体制改革的发展方向具有决定性影响。药品集中招标采购是我国药品流通体制改革的重要组成部分，也是对我国公立医院采购活动的制度设计。医疗机构建立适应市场经济体制的采购制度，实现药品采购由分散到集中的转变，形成分工制衡、公开透明、诚实信用、充分竞争的运行机制，既能够利用规模效应降低药品购入价，实现了成交价的公开透明，也为政府降低药品零售价提供了有利条件。

政府在最初进行制度设计时，充分考虑了药品集中招标采购的作用范围，意识到它不可能替代相关配套政策改革。而且，药品集中招标采购最初的政策目标设计也是客观、准确的。但是，近年来各地在药品集中招标采购实施过程中，存在着盲目扩大药品集中招标采购政策目标的现象。在进行药品集中招标采购的政策定位和舆论引导时，忽视了药品集中招标采购作用范围的有限性，甚至超出采购改革的范畴，简单地用药品集中招标采购政策替代了三项改革的功能，赋予药品集中招标采购过多的政策目标。各地普遍认为药品集中招标采购可以降低药品虚高价格，同时认为药品集中招标采购是阳光工程，能够彻底打开药品交易的暗箱，可以从根本上遏制药品购销中的不正之风。各地在宣传中存在片面夸大药品集中招标采购的降价作用的现象，不少地区媒体报道的降价幅度在 20% 以上，个别地区甚至达到 40% 以上，但是患者并不认账。对药品集中招标采购的错误定位和夸大宣传严重损害了药品集中招标采购在社会公众中的形象。

英国、德国、美国、日本的药品集中招标采购简介

易楚斌

一、英国

英国通过设置合理的采购机制和完善的政府监管职能，在保障医疗机构合理用药和药品市场健康发展的同时，控制了药品费用的快速增长。2012年英国卫生总费用占CDP的9.3%，药品费用占卫生总费用的12%左右。

（一）英国医疗保障体系概述

英国医疗保障体系由国家卫生服务体系（national health system,NHS）、医疗救助制度（medical assistance system,MAS）和商业健康保险（private health insurance,PHI）组成。英国政府通过税收形式筹措医疗保障基金，采用预算拨款形式给公立医疗机构或购买私立医疗机构、私人医生的医疗服务。英国国家卫生服务体系由初级服务、社区服务和专科服务三个部分组成，其中初级服务由全科医生提供，社区服务由当地政府组织提供，专科服务由公立医院提供。

（二）公立医院的药品采购

（1）非专利药采购。公立医院药品占NHS整体药品预算的20%，其中，非专利药占公立医院药品使用量的60%，金额的20%。公立医院非专利药实行集中招标采购，具体由卫生部商业药品处（commercial medicines unit, CMU）负责。此外，商业药品处网上招标（e-tendering system）管理供应商的投标活动和合同谈判提供了一个简单、安全和有效的手段。

采购流程如图1所示。

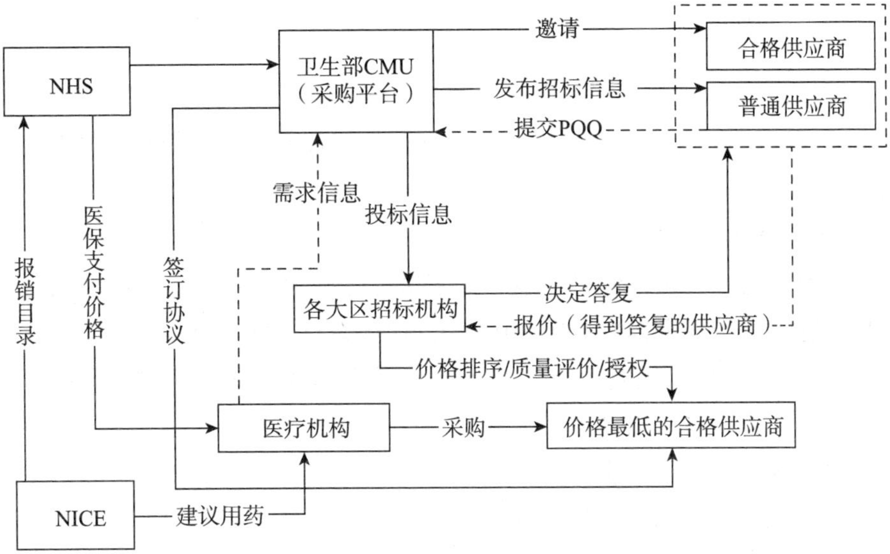

图 1　公立医院非专利药采购流程图

（2）专利药采购。专利药由公立医院自主采购。公立医院可直接与药品供应商进行谈判或通过 CMU 的药品采购平台寻找合适的药品供应商并进行谈判。如果某种专利药在治疗使用中具有唯一性，或者由于制药商和批发商高度一体化而削弱了批发环节的有效竞争，这时卫生部商业药品处可以采用类似非专利药的“框架协议”来降低采购价格。

（三）社会药房的药品采购

社会药房采购的药品占 NHS 整个药品预算的 70% ～ 80%。相对于公立医院，社会药房在药品采购方面具有较大灵活性。社会药房可以与批发商或制药商协商价格，争取获得最大的药品价格折扣。为了尽可能减少各药房在价格上的差别，英国卫生部与医药服务谈判委员会（pharmaceutical services negotiating committee, PSNC）会对药房与药品供应商谈判所获取的折扣进行评估和调整。社会药房所获得的折扣将以一定比例返还给 NHS，即药品价格折让制度（claw-backpolicy）。折让比例从 5.6% 到 11.5% 不等，平均约为 9.2%。[①]

① 丁赛尔．英国医药费用支付制度的发展现状 [J]. 中国医疗保险，2012（6）：68-70.

二、德国

2011 年德国卫生总费用占 GDP 的 11.3%，药品费用占卫生总费用的 14.1%。德国通过怎样的制度设计，实现药品的合理遴选和采购，值得人们深入分析。

（一）德国卫生体系概况

德国实施社会医疗保险制度，法定医疗保险由独立的非政府组织的疾病基金进行市场化运作。截至 2012 年，德国共有 146 家疾病基金。[①] 德国公立医院占 38.9%，民营医院占 61.1%。[②] 大型医院和综合医院不承担门诊治疗任务，大量门诊患者由私人开业的社区或家庭医生负责治疗。德国药品的主要销售渠道是社会药房，而不是医疗机构。门诊患者看病后，凭处方到社会药房拿药品；医院药房只负责为住院患者提供药品。[③] 德国 85% 的药品通过社会药房来销售，医院销售很少。

（二）医院药房采购模式

在德国，医疗机构拥有自主采购权，可与药品生产厂商开展直接谈判和买卖，药品折扣由医院药房和医药企业进行谈判得出。医院药房可联合起来购买药品，以提高议价能力。折扣相关信息比较重要，因而不对外公开。

每个医院的药房均有自编的《药物手册》供医生参考，医生也可以通过医院相关网站查看药品目录。医院药房的药品目录由医院大科室医生代表、药剂科主任、药师代表组成的药事委员会通过会议制定，该会议每年举行一到两次，制定的标准依照临床需要及药房用药情况。德国医院超过 90% 的药品直接从生产厂商购买，少部分从批发商处购买。

---

① 王炜翔，钦嫣，程青曼，等．欧洲四周法定医疗保险竞争现状的比较 [J]. 国外医学（卫生经济分册），2014，31（1）：1-8.

② DOERING O，王卉，张斌．德国卫生保健体系改革及相关伦理问题分析 [J]. 医学与哲学（人文社会医学版），2007（10）：9-13.

③ 杨丽英，赵志刚．德国药房概况及对我国药房的启示 [J]. 药品评价，2012，26（9）：10-14.

（三）社会药房采购模式

德国社会药房主要从批发商处购买药品，少部分从生产厂家购买。社会药房与批发商或生产厂家之间协商的折扣属于商业折扣，折扣信息需要保密。疾病基金可与生产厂家签订药品折扣合同。自 2007 年 4 月起，社会药房药剂师被要求优先配发疾病基金签约药厂的药品，而不用考虑它的上市价格。当没有合同药品可以使用时，药剂师按照原有的规则配发药品。当一个新产品或生产厂家与疾病基金签订合同时，疾病基金可对药房提供咨询服务。此外，对于医师和患者使用疾病基金和生产厂家签订的合同药品也有一定的财政激励。由此，使得社会药房药品采购种类受到疾病基金与生产厂家间签订的药品折扣合同的影响。对于专利药品与非专利药品折扣合同的签订采用不同的方式。

医院药房 90% 药品主要从生产企业购买，社会药房 90% 的药品从批发企业购买。

最后，再来展示下德国药品采购流程（图 2）。

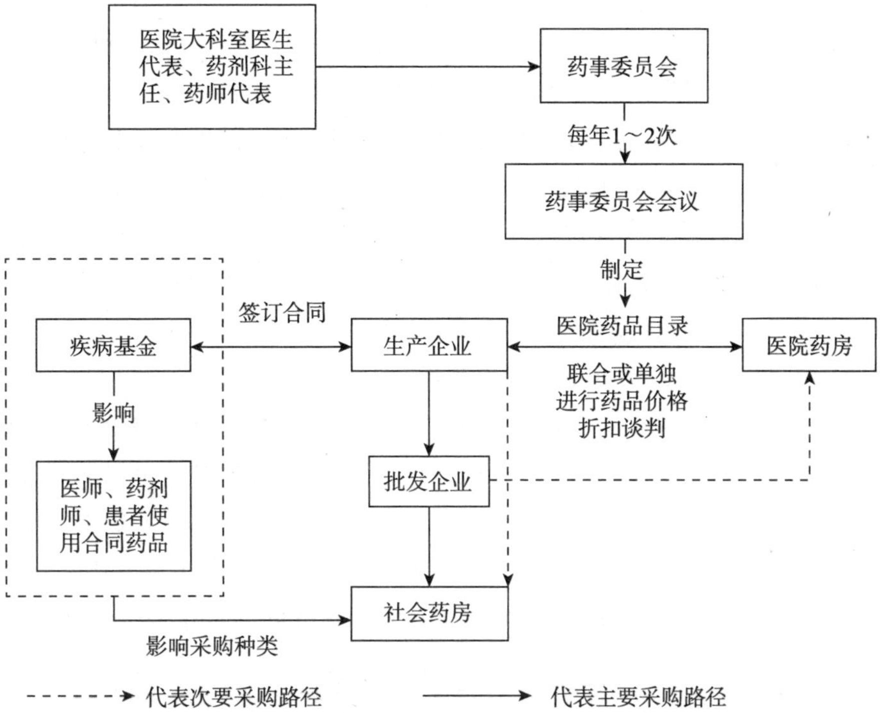

图 2　德国药品采购流程图

三、美国

随着医学的不断进步，新技术、新设备不断地投入医疗领域，美国的医疗费用呈不断上涨的趋势，并随着所占国内生产总值比重的不断增加，患者负担过重、医院压力增大等问题也开始日益突出。20 世纪早期，美国的集团采购组织（group purchasing organization, GPO）[①] 开始出现，其采取的是通过市场化竞争，让中介组织或电子商务服务商将订单集成，再进行采购的模式。在医疗行业，这类组织通过整合医疗机构的药品和医疗器材的需求，形成具有号召力的订单，从而使医疗机构能够从制药企业或分销商那里获得更为优厚的价格和产品服务交易条款。

（一）美国 GPO 产生的医疗体制环境

美国的医疗体制是比较特别的类型，它更多地依靠市场化，摆脱了福利国家那种财政负担过重的困境，又保证了一定的社会公平，能保护社会弱势群体。但在美国也有许多人在抱怨过分市场化带来的危机（美国目前有 4 700 万人没有医疗保险，占美国总人口 15% 左右）。美国医疗体制以私立为主，医疗消费以个人为主。政府的作用是提供部分医疗保障机制和资金，以公立形式为老年、病残、穷困或失业人口提供医疗保障，并以立法和管理的形式，规范高度市场化的医疗体制。美国的医疗体制的组成有 3 部分：老年保健医疗制度（medicare）、医疗补助制度（medicaid），以及其他的私人保险。在美国的医疗保健制度中，充分体现了其市场经济的自由色彩。美国 GPO 正是在这种崇尚亚当 · 斯密“看不见的手（invisible hand）”原则的医疗体制环境中产生的。

（二）美国 GPO 的规模与经营范围

美国目前有 2 000 多家 GPO，其中排名前 7 位的 GPO 占整个美国医药集团采购销售量的 85%，而其中最大的 2 家所占的份额甚至可以达到总量的 60%。GPO 规模较大的有 30 家左右，年交易量在 60 亿美元以下，而最大的 2 家 Novation 和 Premier 的年交易量分别为 176 亿美元和 140 亿美元。据卫生工业团购组织协会（health industry group purchasing association）统

① 苏涛，常峰，邵蓉 . 对美国药品集中采购组织的解析 [J]. 上海医药，2011，32（6）：295–297.

计，现在有上百家GPO在运作，但是只有30家拥有像样的订单，可以代表具有一定采购规模的医院。除了规模大小不同，GPO提供的经营范围和服务范围也不一样。大型的GPO不仅提供全国范围的采购协议，还提供采购以外的其他服务，如安全性和经济价值的对比、提供控制医院费用的软件，以及通过标准化的信息服务，来加强医院的经济指标管理。而小型的GPO只能提供一些区域范围的市场情况和廉价采购服务，附加服务也会少很多。此外，GPO的组织结构和与医院的沟通结构也有很大差异。美国的GPO不仅数量较多，而且市场集中度非常高。同时由于这个行业的平均利润率较高，所以拥有较小的市场就可以维持公司的日常经营。

（三）美国GPO的收费与利益分配

在美国，生产商或供应商需要向GPO缴纳管理费，管理费的数额根据交易额来决定，并被生产商或供应商核算在产品价格中。这些管理费用的收取是美国医疗保险的相关法律所允许的，它用来支付GPO的运营费用。使用GPO的成员医院会得到额外的经济奖励，即医院购买的程度将直接反映GPO管理费向医院回流的程度。美国1986年修改的《美国社会安全法案》允许这种费用（GPO管理费向医院回流）的取得，如果没有立法，这些费用将被看成回扣（kickback）或者是非法费用。

四、日本

日本负责医疗卫生和社会保障的主要部门是厚生劳动省，其下设11个局，主要行使日本的国民健康、医疗保险、医疗服务提供、药品和食品安全、社会保险和社会保障、劳动就业、弱势群体社会救助等职责。这样的职能设置，可以使主管部门全盘考虑卫生系统的供需双方、筹资水平和费用控制、投资与成本等各方面的情况，形成整体方案。

目前日本医疗机构药品采购还没有形成统一的模式，形式多样。医疗机构为取得更大的折扣，有时会采用医疗机构联合体的集团化采购模式，但医疗机构单独采购的模式也很普通。医疗机构根据自身需要定期向批发商采购药品，没有采购目录的限制。

结算一般采用现款现货的方式。日本的药品物流配送体系比较发达，可以及时满足医疗机构的用药需要。日本的制药行业致力于推动医疗服务机构药品采购活动信息化，像日本制药协会发起建立的日本药品电子网（Japan drug net），作为专业化的药品数据通信服务机构，可以为所有医药企业提供互联网药品数据交换服务。

通过分析可以发现，国外的药品定价制度及招标采购流程各有其优缺点，有共性，也有个性，且都在不断地尝试和探索中。我国在进行药品招标采购改革时应该吸取国外的经验，取其精华，结合我国的国情，进一步完善我国的药品招标采购机制。

药品集中招标采购对药品生产企业的影响

易楚斌

一、药品招标目录对企业造成的影响

药品集中招标采购是目前国内主要的药品采购方式。在招标之前，应当对各医疗机构、制药企业的药品名称、大概数量进行深入总结和统计。根据这些资料和内容制定合理、科学、完善的药品招标目录。

对于制药企业来说，药品招标目录是衡量制药企业能否参加招标的基准线。[①] 如果药品招标目录中没有该企业生产的药品，那么该企业就无法参加此次招标，更不要说参与到其中进行销售。在这种情况下，企业通常会做好招标品种的目录增补工作，否则会导致 1 ～ 2 年的销售受到影响。这也是投标工作的基础环节和最为关键的环节。

二、双信封招标制度对企业产生的影响

建立完善、科学、可靠的招投标制度是我国卫生部门的工作重点，是惠及民生的重大制度创新，它的出现旨在保障群众基本用药，避免药价变

① 王婕，黎东生，符桂林．药品集中招标采购政策对制药企业的影响分析[J]. 卫生经济研究，2015（8）：20-23.

异。这种制度作为一种新生事物，在实际实施中必然会产生一些新问题，主要表现为集中招标采购制度不够规范、工作效果不明显、药价虚高问题得不到有效解决等。双信封（双信封是指在药品招标中分别编制经济技术标书和商务标书，只有经济技术标书评审合格的企业才能进入商务标书评审，这样确保了药品的质量）作为药物招标制度中最为常见的一种，是招标制度发展的高级阶段，让我国招标制度与国际招标制度接轨。就双信封招标制度分析，它是比较科学、合理的招标方式，它在推动招投标制度的改革、创新方面发挥着积极作用，并对药品市场进行了规范。在双信封招标制度中，商务招标的影响较大，它通常是以最低价者的中标为基础，使得每一个投标工作人员能够根据市场同类竞争提出最低报价，从而降低药物价格、提高药物质量。

双信封招标制度的落实有效控制了药物价格，百姓常用药物不断优惠的同时，药物质量还得到了有效的保障，很大程度上确保了患者用药安全，促进了基本药物制度的实施，为基本药物制度的大范围推广奠定了基础。

三、技术标对企业产生的影响

经过几年的应用实践得出，技术标（技术标主要对企业生产规模、配送能力、销售额、行业排名、市场信誉以及 GMP、GSP 资质认证等指标进行评审）对药物综合评价、药物质量检验方面有着重要的意义，同时它有着提高市场信誉度、提高企业排名的优势。在技术标的选用中，对企业的规模、信誉度要求严格，实行百分制积分制度对于企业药物质量的评价十分关键。药品评价指标和药物质量息息相关，是技术标主要的考虑因素，同时是企业规模、信誉度以及药物质量的综合体现。

四、商务标对企业产生的影响

商务标（商务标是指针对药品的降价幅度进行综合打分，降价越多，打分越高）在药品招标采购制度中发挥着重要的作用。在药品招标采购工作中，由于商务标过于注重价格，使得部分企业的质量无法达到预计要求，从而给用药企业造成经济损失。在药品评价方面，较为重要的是药品的质量和价格，而药物价格可谓商务标的唯一参考因素，也是影响企业生产和生存的主要因素。因此，企业要想得到进一步的发展，就必须在药物价格上下苦功夫，提高生产效率，降低投入成本。

总之，药品招标采购制度的实施对医药企业的生产、经营产生了巨大的有利影响，有效规范了企业经营制度，促进医药行业良性发展。

药品集中招标采购对药品价格的影响

易楚斌

一、药价确实有所下降，但挤压药价的着力点不够好

药品集中招标采购制度运行以来，各省市的药品价格都有所下降。据天津市药品集中采购中心统计，自 2009 年国家实行基本药物制度以来，天津基本用药中标药品价格连年大幅度下降，2009 年下降了 10.28%，2010 年下降了 10.32%。其他省市的基本药品价格也有所下降。例如，仅 2010 年一年，北京市就下降了 16%，湖南省下降了 26.37%，贵州省下降了 41.25%，黑龙江省下降了 38.4%。①

在药品集中招标采购阶段挤压药价，实际上挤压了谁的利润空间？用一张药品集中采购流程图（图 3）来表示。从图中可以看到，药品集中招标采购制度出现在末端经销商与医院的交易中。

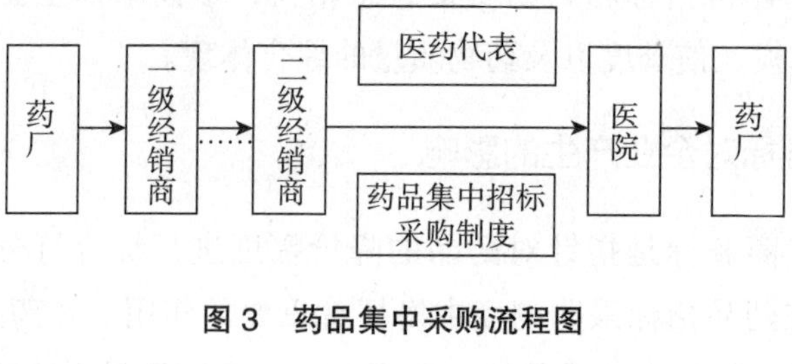

图 3　药品集中采购流程图

① 何溪滢．谈药品集中招标采购制度对药品价格的影响 [J]. 中国政府采购，2011 (10)：77-80.

本来利润微薄的生产和流通环节，利润被再一次挤压；相反，真正有丰厚利润的销售环节，利润毫发无损。这是不合理的。

二、质量与价格的平衡不尽合理

在生活的各个领域，人们都会遇到质量与价格的博弈。很多情况下，质量好的产品往往有着更高的价格；如果想少花些钱，产品质量又无法保证。药品采购领域也是如此。因此，人们要想找到质量与价格间的平衡，就要遵循“质量优先、价格合理”的原则。这也是我国药品集中招标采购的一个总原则。《医疗机构药品集中采购工作规范》规定，质量要素实际权重一般应当不低于总分的 30%；服务和信誉要素实际权重应当不超过总分的 20%。

在笔者所调查的天津市，指标权重如下：基础质量 30%（企业生产规模 10%、生产企业专业性及知名度 10%、生产企业质量信誉 10%），产品自身质量 40%（临床疗效评价 12%、产品质量可靠性（劣药记录）8%、天津地区中选情况 10%、市场占有状况 10%），价格 20%，服务信誉 10%（支持公益事业 5%、服务承诺 5%）。价格权重的计算公式为 $S=20-10\times$（$P-$最低价）/（最高价 - 最低价），其中 S 为企业产品价格得分，P 为该企业投标价格。[①] 具体如表 20 所示。

表 20　天津市招标各项指标权重

指标	权重	分支指标	分支权重
基础质量	30%	企业生产规模	10%
		生产企业专业性及知名度	10%
		生产企业质量信誉	10%

① 何溪滢.谈药品集中招标采购制度对药品价格的影响[J].中国政府采购，2011(10)：77-80.

续 表

指标	权重	分支指标	分支权重
产品自身质量	40%	临床疗效评价	12%
		产品质量可靠性（劣药记录）	8%
		天津地区中选情况	10%
		市场占有情况	10%
价格	20%		
服务信誉	10%	支持公益事业	5%
		服务承诺	5%

数据来源：根据调研及权重公式计算所得。

从表中可以看出，企业知名度、支持公益事业等项，所占权重都不小。笔者认为，这些都不是质量好的必然条件，如果仅作为政策导向是可以接受的，但是在药品集中招标采购中占如此大的分值就值得商榷了。

完善药品集中招标采购的对策和建议

易楚斌

药品集中招标采购不仅是药品购销体制和方式的改革，而且是涉及医疗卫生政策方方面面的一项系统工程，要使其成功，必然要有良好的环境来支持。也就是说，必须通过与之相配套的改革为其创造良好的环境。笔者借鉴西方发达国家药品价格管理模式的成功经验，结合我国药品招标采购政策实施现状，提出如下建议：

一、深入推进医药卫生体制改革

加快医疗卫生体制改革，理顺产权机制和补偿机制，引入竞争机制，打破公立医院的垄断地位，让更多的医院走向市场。在现阶段，可以尝试把部分国有的医疗机构，分地区、按步骤、有规划地转变为由国家完全拨款的非营利性医院，大部分医疗机构可以按照市场规律进行改革与发展，从而形成多元化办医、公平竞争的发展格局。加大“医药分开核算、分开管理”、药品分类管理的实施和改革力度，积极探索各类形式的医药分家。加大政府卫生投入，坚持政府主导和市场机制相结合的原则，解决医疗机构的收入补偿问题，从根本上改变“以药养医”的局面。推行药品集中招标采购虽然降低了药品价格，但并没有切实减轻患者的用药负担，不斩断医院、医生与药品销售之间的经济利益联系，让患者得到实惠只能是一句空话。因此，要健全医生用药技术规范，建立医生处方评价制度，强化对医生处方行为的监督。

积极推进医药流通体制改革，打破地方保护和经济壁垒，让产销直接挂钩，建立现代化的物流配送体系，减少中间环节，改变当前药品流通的混乱局面。①

建立完善医疗保险制度，本着保障基本医疗、满足患者用药需求的原则，合理制定医保（包括新农合）用药目录，兼顾医疗保险的普及和人群的扩大。同时，大力发展商业保险，引入第三方的保险公司，加强对药品销售终端环节的制约。②只有三项改革同步推进，才能消除药品集中招标采购的制度障碍，共同为广大居民创造良好的医疗卫生保健环境。

二、加强部门协调，保障政策配套

药品是特殊商品。药品与患者身体健康和生命安全息息相关，保证药品的质量和安全始终是第一位的任务。在这个前提下，如何保证药品价格的公平，把其定位到合理的价格层次，保证患者吃得上药、吃得起药，是相关人员需要考虑的问题。只有卫生部门、药监部门、工商部门、纪检部门等相关行政主体通力配合，统一指挥，才能确保药品集中招标采购工作规范、有序开展。所以，要使药品招标采购制度有助于我国医药产业健康发展，政府部门应明确其职能，做好组织、协调和监督工作，扮演好“运

① 袁素维，马进．依法推进深化我国医药卫生体制改革[J]．中国卫生资源，2015，18(2)：78-79.

② 李宪法．药品集中招标采购的政策建议[J]．医院管理论坛，2003（10）：61-62.

动员”和“裁判员”的角色。当然，在强力推动、强化监管的同时，政府要避免过多的行政干预。药品招标是一项复杂的系统工程，不是哪一个部门能够单独完成的，必须坚持政府主导，部门配合，纪检、纠风部门全程参与、全程监督，实行阳光操作。

（一）建立合理的药品定价机制

从目前我国药品定价情况看，有的高出成本 10 倍乃至几十倍，无论通过药品招标采购，还是通过其他的办法，都很难降到合理的价位，其结果可想而知。因此，国家有关部门在审批药品价格时，要充分体现公开、透明、公平、公正，既考虑到企业的利益，也考虑到群众的利益，实现双方互利互赢的目标；要加强对自主定价药品价格的监控，防止为了地方利益导致药品价格虚高的现象。对进口药品，要从海关报价的源头加以控制，合理确定中间费用，制定零售指导价，尽量把价格控制在合理范围内。此外，要加强国家价格调控力度，在成本核算的基础上，确定合理的利润，让药品生产企业、销售企业和人民群众都得到实惠，实现互利互赢的目标。[①]

药品价格控制的目的通常是避免出现垄断性的、药价过高的情况，避免消费者受到欺骗或不公正的待遇，防止企业获得与成本不相称的暴利。政策的制定者无不希望患者能以尽可能低的价格获得药品，而企业也能得到与其投入成比例的、合适的回报。这也是价格控制政策中的难点所在。近年来，医药行业中的“印度模式”已经成为一个非常热门的话题。印度药品价格控制规则通过逐步的修改，达到了较好的效果。其成功之处在于：①定价部门职能完善、明确。其权力比较集中，专门负责药品价格的制定、修改及相关的其他工作。②定价程序较为规范。定价的基础建立在广泛调查和对企业资料总结的基础上，定价的程序透明度高，企业不容易弄虚作假。③价格计算方法严格、缜密，对价格各构成项的计算都有明确的规定或限制，使其产品的生产成本低，竞争优势大，对药品价格起到很好的控制作用。[②]

印度的制药业与我国的制药业有诸多相似之处，因此，印度药品定价

---

① 常以．医疗机构补偿与药品价格联动机制研究 [D]. 沈阳：沈阳药科大学，2013.

② 田云，杨世民．印度药品价格管理制度及对我国的启示 [J]. 中国药房，2007（28）：2167-2170.

方面的经验值得我国加以借鉴。

（二）改变简单的顺价加成的办法

公共政策应该有着良好的政策导向和外部效应，现行的药品加成办法比较简单，没有针对不同药价区别对待，形成“高进高出、低进低出”，部分医疗机构在趋利行为的影响下，偏爱使用高价药，低价小品种的药品临床较少使用。从这个利益角度上看，医疗机构和医药企业的利益是一致的，药价越高，利润越高。对此，建议改变千药一律的做法，实行差别加价率，即在保证医疗机构所有药品平均加价率不超过 15% 的前提下，低价药实行高加价率，高价药实行低加价率。针对药品价格，可分为不同区间段，实行差别加价。差别加价率如表 21 所示。

表 21　差别加价率表

药品进价	差别加价率	某省通过招标药品价格区间数目
x ＜ 10	30%	2 479
10 ≤ x ＜ 15	20%	1 168
15 ≤ x ≤ 50	15%	4 015
50 ＜ x ≤ 83.5	12%	474
83.5 ＜ x ≤ 200	10%	393
200 ＜ x ≤ 300	9%	77
300 ＜ x ≤ 500	8%	48
500 ＜ x ≤ 670	7%	16
x ＞ 670	6%	68

数据来源：国家食品药品监督管理总局官网。

通过这种方式，会大大激发医疗机构使用低价药的积极性。在当前医疗补偿机制不到位的情况下，以药养医的政策在一段时期内还会继续存在。在不取消药品加成的情况下，不影响医院药品收入的前提下，可鼓励医院使用低价药，鼓励医院使用通过招标药价降下来的药，从而达到减轻患者负担的目的。

（三）加强药品仿制生产的政策指导

流通领域秩序混乱的根源在于生产领域的过度竞争，仅仅旨在规范流通领域的药品集中招标采购治标而不治本。医药行业产能过剩，低水平重复生产是导致药品流通领域无序竞争和药品购销不正之风的较为宏观的、深层次的原因。

政府应加强对药品研发、生产的政策指导。我国目前医药企业生产的品种以仿制药为主，并且一个品种可能会有几十家，甚至是上百家企业竞相仿制，造成医药企业生产同质化现象严重，进而在参加药品招标时竞争激烈。因此，政府应该控制对某种药品生产特别是仿制的企业数量，同时制定一整套正确客观评价药品性能与价格的指标与参数，如可对生产价格较低的普药的生产企业给予适当的补偿，使其有一个合适的利润空间，以维持生产的原动力。[①] 只有这样，才能使药品集中招标采购制度在较为理想的环境中发挥应有的作用。同时，对剂型改变的药品和药品商品名称改变的药品以及改变包装、规格的药品价格，要严加控制。此外，要严格规范药品的商品名称，解决部分药品商品名称过多的问题；加强对药品生产、流通、使用等各个环节的监管，有效改善目前的混乱状态。

（四）推行药品收支两条线

建议对政府开办的非营利性医院实行药品收支两条线管理（即所有收入上缴财政，所有开支由财政下拨），不断增加财政投入，鼓励医院选择适宜、低价的医疗器械和基本药物，切断医院和药品收入之间的利益关系。同时，要求医疗机构必须和中标企业签订购销合同，明确购药数量和回款时间，购药数量允许有一定的浮动。医疗机构采购药品款项通过药品收支两条线账户支付，可以彻底解决长期遗留的药品回款拖欠的问题。

三、完善操作规范，严格按规范操作

（一）药品集中招标采购必须委托药品招标中介机构来进行

中介机构要建立和强化内部有关的监督制度，包括以评标、定标等为

---

① 王小丽．集中招标购药的利益调整与政策导向[J]．卫生经济研究，2002（7）：34-35.

重要内容的集体决策制度，用健全严格的内部制度规范药品集中招标采购行为，促使其朝着正确方向发展。不允许医疗机构和卫生行政部门自己进行药品招标采购活动。只有这样才能有效地避免招标过程中的暗箱操作和医疗机构为追求自身利益最大化而采取的不正规手段。

（二）建立科学合理的评标体系

要彻底改变目前以价格作为主要甚至唯一的评标标准的做法，必须综合考虑企业的信誉、药品的质量和疗效、GMP 和 GSP 认证、服务质量以及是否属于新药品种等因素，建立科学合理的评标体系，以保证中标药品在价廉的同时质优。

（三）增加采购药品品种，扩大招标范围

争取将城镇职工基本医疗保险药品目录、临床应用普遍、采购量比较大的药品全部定为招标药品，同时招标范围从县市级医院扩大到镇级医院。

（四）自费药品不宜列入各地招标目录

自费药品不占用医保基金，由患者根据自身经济能力选择用药。因为其品种太多，一旦列入招标目录，工作量太多，同时不利于调动药企的积极性。

四、积极推行医药电子商务

2004 年，卫生部等六部委印发了《关于进一步规范医疗机构药品集中招标采购的若干规定》（卫规财发〔2004〕320 号）。文件明确指出，要积极发展医药电子商务、物流配送等现代流通方式，鼓励有条件的地区充分利用现代信息网络技术，进行网上招标、投标、竞价和交易，实现药品采购全过程的信息公开，以便于政府和社会监督。①2006 年初，国务院办公厅、纠风办相继出台有关文件，要求“推行以政府为主导、以省为单位的网上药品集中招标采购办法”和“推动电子商务跨越式发展”。②2010 年后，国务院卫生部多次发文，强调网上集中招标的重要性。到目前为止，县以上医院计算机网络系统基本健全，医药电子商务系统技术日趋稳定可靠，

① 王泽容．电子商务在药品招标采购中的运用与启示 [J]. 探索，2001（4）：122-123.

② 阎俊峰．药品集中招标采购的新模式 [J]. 中国医院药学杂志，2006（9）：1148-1150.

各省药品采购电子商务已成熟，可在全国范围内推行网上药品集中招标采购工作。

网上药品集中招标采购是指药品生产（经营）者和采购者通过网络系统，以电子数据交换的方式完成中标药品各种购销活动。也就是说，以电子平台运营商为桥梁，建立医药生产企业—配送公司—医院（药房、药库）—银行直接联系的模式，实现药品的信息流、物流、资金流“三流”完全统一。它包括网上药品招标、投标、竞价、采购、配送和结算等环节①。随着现代信息网络技术的迅猛发展，药品集中招标采购和医药电子商务系统成为国家医疗机构药品采购管理的主流模式。上海市药品集中招标采购从 2010 年起利用医药电子商务系统进行网上药品采购，取得了很好的效果。

具体流程如下：医院药库信息管理系统（HIS）自动生成采购计划—采购计划（订单）审核—医疗机构（信息系统）—导入订单至医疗机构本地交易程序（电子药房系统）—数据匹配及拆分—订单上传至交易平台数据中心—数据中心处理、分发数据并传至药品经营企业端交易程序—企业端发送响应信息—医院接受响应，药品经营企业备货、送货—填写药品基本信息（包括发票号、药品批号、采购金额、药品单价等）至本地交易程序—上传至交易平台数据中心处理—到货单下传至医院本地交易程序—医院接收电子到货单—验货、登记、入库—电子到货单经核对后导入药库信息管理系统—药品入库完成。

推行医药电子商务可以实现药品采购工作公开、公平、高效开展，确保中标结果得以执行。我国药品生产供过于求，有的药品生产企业为追求利益最大化而进行不正当竞争，用让利、给回扣等名目繁多的促销手段造成了种种不良后果。医疗机构“以药养医”的补偿机制和分散采购药品的管理模式，也为药品市场的恶性竞争提供了生存土壤。实行医药电子商务，医院要买什么药品，是不是中标药品，是哪个厂家生产的，由哪个企业配送，按什么价格买，买了多少等信息一目了然。医药电子商务由人与人对话转变为“人机对话”，实现了医院药品采购的数字化、网络化和智能化，

① 盛建萍，田守林，程新民，等．计算机技术在招标采购中的应用[J]．中国药事，2004(2)：112-113.

从而提高药品采购透明度、减少医药购销中的不正之风。

推行医药电子商务，政府部门可以动态掌握医疗机构药品采购、使用情况，为分析、监管和决策提供了及时、准确的数据，有利于规范医院医疗行为和收费行为。推行医药电子商务还使医疗机构简化了药品采购环节，节省了大量的人力、物力，减少了药品库存。通过药品采购电子商务平台，可以建立网上采购、配送体系，减少中间环节，规范流通渠道。

五、减少流通环节，实行“二票制”

目前药品集中招标采购或其他一些方式，由于不能有效缩短药品流通环节，都不能有效地解决药品流通领域存在的链条过长问题。所谓“二票制”，是指药品从药厂卖到一级经销商开一次发票，经销商卖到医院再开一次发票。此外，发票价格必须与实际出厂价或口岸价一致。二票制不仅可以防止那些依靠与医院人际关系生存却不具备医药销售资格的“营销自然人”通过商业公司进行“走票”的行为，还可以避免厂家通过代理公司进行的逃税行为，根据发票流向监督药品价格、规范销售价格。

实行二票制，有效减少了药品流通环节，降低了药品流通的成本和价格，清除了“带金销售”赖以生存的土壤。

二票制是广东省药品集中招标采购模式改革的亮点，但在广东省推行阻力很大。从目前全国的施行情况看，福建省最为成功。福建省从 2008 年开始推行二票制，一直坚持到现在，成为全国二票制实施的典范。

六、建立有效的药品费用制约机制

单纯推进药品集中招标采购，实际上只是解决了采购问题、零售价格问题，却解决不了医疗费用问题。虽然近年来药品零售价格明显下降，但由于缺乏医疗费用制约机制，临床过度医疗、不合理用药等现象日益严重，间接导致医疗费用上升，患者并未真正得到降价的好处和实惠。

实际上，药品集中招标采购只能规范医院的采购行为，即制约医院采购权。而要想解决目前药品价格虚高的问题，除了制约医院采购权，还要制约医生的处方权。如何制约呢？必须建立有效的医药费用分担机制和药品费用制约机制。建议医保部门制定本地区的单病种收费限价标准，超出部分不予报销。另外，目前城镇医疗保险亟待调整医药费用分担机制，由医保部门针对每类药品制定报销基准价格，这种基准价格应以国产仿制药的平均价为依据，患者使用原研药品或合资药品就要对超出部分买单，或者通过商业保险给予补偿。这样才能体现城镇医疗保险制度提供基本医疗保障和合理分配医保资源的原则。

同时，为提高处方质量，促进合理用药，保障医疗安全，要加强对《中华人民共和国药品管理法》《医疗机构管理条例》《麻醉药品和精神药品管理条例》《处方管理办法》等有关法律法规的执行。

加强对处方的管理和评估，实施处方通用名制度，严禁医生开具商品名，即医生开具的处方只能使用药品的通用名，不能使用药品的商品名。

药品价格

计划经济时期的药品价格

易楚斌

从1949年10月1日中华人民共和国成立到1984年城市体制改革，我国实行的是有计划的商品经济。这一时期，国家对药品生产企业、销售企业的人、财、物和产、供、销实行计划管理，价格也由国家统一制定。1981年，国务院发布《关于加强医药管理的决定》。该文件指出，医药企业和事业单位的产供销、人财物，由国家医药管理总局和省、自治区、直辖市医药管理局（医药总公司）实行统一管理，统一计划，统一核算。医药商品的价格，实行统一领导，分级管理。价格变动，必须按管理权限，报经主管部门批准。医院和企业只是药品价格的接受者，没有扭曲药品价格的动力。因此，这一阶段的药品价格得到了完全的控制。

但是，这一时期我国制药行业研发和生产能力严重不足，药品生产企业的数量较少，主要是国营企业。由于药品价格管制十分严格，药品价格普遍较低，药品利润微薄，企业没有研发、生产的积极性。

这一时期，我国的医疗保障和卫生事业得到了很大的发展。我国建立了以劳保医疗、公费医疗、农村合作医疗为主要内容的医疗保障制度。这一时期在药品使用上的主要限制措施是对名贵药品使用的限制和对自费药品报销的限制。例如，1977年卫生部、财政部、国家劳动总局联合颁发《享受公费医疗、劳保医疗人员自费药品范围的规定》，该文件指出，不少地区对坚持医疗制度和经费管理有所放松，存在着严重的浪费现象。同时，对享受公费医疗、劳保医疗人员自费药品的范围作了严格的规定。

因此，这一阶段我国药品价格带有明显的计划经济的特征。政府计划部门控制了制药企业的生产、销售和产品定价等权力，具体表现为政府制定药品的出厂价格、批发价格和零售价格，并且规定了流通环节的流通差率和医院的药品加成率。药品的供需双方完全在政府确定的价格体系框架内供给和购买药品。

在这一时期，我国将药品、医疗服务视为公共物品，医院、药品生产企业都是政府提供公共物品的执行者。国家向药品生产企业下达药品生产的计划，以及决定药品的价格。药品价格的作用是弥补企业的生产成本。这一方式造成了资源分配的失效和市场的失灵。政府与企业之间不是平等的关系，政府获取公共物品的方式不是遵循市场规律平等交换，而是相当于企业承担了政府本应承担的责任。随着经济的增长和社会变迁，政府垄断公共物品的弊端越来越明显。

我国经济转型期的药品价格

易楚斌

我国的经济体制改革从1978年开始，在1978至1984年这六年间，坚持“计划经济为主，市场调节为辅”的方针。这一阶段是国民经济的恢复阶段，以农村改革为主，城市改革为辅。

1984—1992年，我国经济适度转型，实行有计划的商品经济。1984年10月，党的十二届三中全会通过的《中共中央关于经济体制改革的决定》，第一次提出了社会主义经济是公有制基础上有计划的商品经济的思想。1987年，党的十三大正式提出“社会主义有计划商品经济的体制，应该是计划与市场内在统一的体制”，同时提出了“国家调节市场，市场引导企业”的经济运行机制。这一阶段，我国的药品价格仍然是以计划价格为主。1984年，我国颁布了《中华人民共和国药品管理法》，这是药品管理的首部法律文件。1987年，国务院又制定了《中华人民共和国价格管理条例》，至此，我国药品管理、价格管理开始走向规范化、法治化。在药品价格管理方面，随着国家经济体制改革的逐步推进，药品的价格管制也逐步放开，采用以计划指令性价格为主的市场调节价格。1986 年，国家医药管理局颁布《医药商品价格管理目录》，对药品价格管理作了明确规定：①化学药品、医疗器械实行国家定价、国家指导价及市场调节价的形式；②国家医药管理局管理品种为代表规格品的价格，其他规格品价格由省、自治区、直辖市管理。1987 年，国家医药管理局发布《关于认真贯彻执行〈中华人民共和国价格管理条例〉加强医药价格管理的通知》，通知指出，各级业务主管部门应该"协助物价检查机构查处价格违法行为"，做到有法必依，违法必究，执法必严。这些法律法规，为我国药品价格管理奠定了法律基础。

1992 年，党的十四大报告明确提出，我国经济体制改革的目标是建立社会主义市场经济体制。至此，人们对社会主义的认识就从传统的计划经济思想中彻底摆脱出来，市场经济开始与社会主义基本制度相结合。1993 年，党的十四届三中全会通过的《中共中央关于建立社会主义市场经济体制若干问题的决定》，进一步提出了中国社会主义市场经济体制的基本框架。在实践方面，一是以建立现代企业制度为核心的微观基础的转型。通过建立现代企业制度，使企业成为独立的商品生产者和经营者，全面参与市场竞争，成为真正的市场主体。二是以配套改革为内容的宏观制度的创新。对财政、税收、外汇、金融、投资、外贸以及流通体制等综合配套体系进行改革。三是以市场流通和社会保障为主的宏观改革。通过市场流通领域改革，健全了市场规划，整顿了市场秩序。

国家宏观政策的改革激发了药品生产（销售）企业的积极性，药品生产企业、销售企业增加，新药研发速度加快，药品价格也迅速增长。为了整顿价格上涨乱象，1996 年国家计委颁发《药品价格管理暂行办法》。1997 年 2 月 12 日，国家计委印发《药品价格管理暂行办法的补充规定》。

我国转型期制定药品价格时出现了一些价格不稳定因素，对此，中央采取了严格的措施，加强了管理，使药品价格走上了规范化的道路。

在由计划经济向市场经济转型的过程中，我国对药品、医疗服务物品属性的认识发生了巨大的变化，其公共物品属性内涵逐渐减少，私人物品属性内涵逐渐增多。在这一转变的指导下，政府认为药品价格应当逐步由市场来调节，于是逐渐放松了对药品出厂价和批发价的限制，政府制定零售价的药品范围也逐渐缩小。

市场经济环境下的我国药品价格

易楚斌

2001 年 12 月 11 日，中国正式加入世界贸易组织，成为其第 143 个成员国。中国加入世界贸易组织是中国深度参与经济全球化的里程碑，标志着中国改革开放进入新阶段。

为了加快和完善社会主义市场经济，2003 年党的十六届三中全会通过了《中共中央关于完善社会主义市场经济体制若干问题的决定》，对建立完善的市场经济体制进行了全面部署。此后围绕市场经济体制改革等问题形成了“科学发展观”重要思想。在科学发展观的指导下，提出了“五个统筹”“构建和谐社会”等一系列新的观点，大大促进了改革实践的进行。

2012 年党的十八大召开，这次代表大会是在我国进入全面建成小康社会决定性阶段召开的一次十分重要的大会，确立了经济建设、政治建设、文化建设、社会建设、生态文明建设“五位一体”的总体布局，确立了“为全面建成小康社会而奋斗”的目标，选举了以习近平同志为核心的新一届中央领导集体。

这一时期我国的药品价格经过了三个发展阶段，但每个阶段都贯穿了药品的招标。

一、药品价格管理机制初步建立（2000—2006 年）

1999 年 8 月 30 日，第九届全国人民代表大会常务委员会第十一次会议通过《中华人民共和国招标投标法》，2000 年 1 月 1 日起执行。《中华人民共和国招标投标法》规定，在中华人民共和国境内进行下列工程建设项目的勘察、设计、施工、监理以及与工程建设有关的重要设备、材料等的采购，必须进行招标：大型基础设施、公用事业等关系社会公共利益、公众安全的项目；全部或者部分使用国有资金投资或者国家融资的项目；使用国际组织或者外国政府贷款、援助资金的项目。根据《中华人民共和国招标投标法》，卫生部发布了《关于加强医疗机构药品集中招标采购试点管理工作的通知》(2000 年 4 月 24 日)，就为什么要进行药品招标和如何进行药品招标进行了具体阐述。

2000 年 2 月 21 日，国务院办公厅转发国务院体改办、国家计委、国家经贸委、财政部、劳动保障局、卫生部、药品监管局、中医药局《关于城镇医药卫生体制改革的指导意见》(国办发〔2000〕16 号)，国务院决定在建立城镇职工基本医疗保险制度的同时，进行城镇医药卫生体制改革。改革的目标是建立适应社会主义市场经济要求的城镇医药卫生体制，促进卫生机构和医药行业健康发展，让群众享有价格合理、质量优良的医疗服务，提高人民的健康水平。同一时期，还出台了涉及医保目录药品集中招标采购等一系列文件。例如，劳动和社会保障部《关于印发国家基本医疗保险药品目录的通知》和《国家医疗保险药品目录》，药品监管局《关于贯彻城镇医药卫生体制改革指导意见的实施意见》，卫生部、国家计委、国家经贸委、药品监管局、中医药局《关于印发〈医疗机构药品集中招标采购试点工作若干规定〉的通知》，这些文件对于规范药品招标起到了重要作用。

在价格管理方面，2000 年 7 月 20 日，国家计委发布了《关于改革药品价格管理的意见》。该文件指出，要调整药品价格管理形式，药品价格实行政府定价和市场调节价；实行政府定价的药品，仅限于列入国家基本医疗保险药品目录的药品及其他生产经营具有垄断性的少量特殊药品；政府定价以外的药品，实行市场调节价，取消流通差率控制，由经营者自主定价。该文件还指出，要逐步减少政府定价的种类、数量，进一步扩大市场调节价的范围。药品价格管理要引进市场竞争机制，建立药品价格管理的灵敏反应机制，减少中央定价品种、数量。这一系列规定表明，政府开始逐步减少对医疗领域价格的直接干预，放松对药品价格的限制，缩小直接管理价格的范围，分散管理的权限。

2000年11月21日，国家计委发布了《药品政府定价办法》《国家计委定价药品目录》《药品政府定价申报审批办法》《药品价格监测办法》《关于乙类药品价格制定调整有关问题的通知》。一天之内同时发布的一系列政策文件标志着我国药品价格管理的政策平台已经建立，国家物价管理部门在药品价格管理方面开始发挥主导作用。2001年1月22日，国家计委出台《关于集中招标采购药品有关价格政策问题的通知》。此后，就药品集中招标采购制度，卫生部及有关部委也出台了一系列规定，试图通过药品集中招标采购进一步降低药品价格。从价格管理这一层面看，这一阶段我国药品管理在制度层面上已趋于完善。

然而，这一时期由于相关配套政策执行得不到位，抵消了药品价格管理政策的效用。由于对新药定义比较宽泛，企业借用改剂型、改规格的手段，研发、申报新药，并且对新药制定了比较高的价格。研发“新药”的手段绕开了价格管理部门的限制，这些“新药”的大量上市也抵消了药品价格管理的成效。

二、新形势下药品价格管理的继续探索（2007—2012年）

2005年7月，国务院发展研究中心研究员葛延风主持的“中国医疗卫生体制改革”课题得出了“医改基本不成功”的结论。其主要表现为医疗服务的公平性下降和卫生投入的宏观效率低下，问题的根源在于商业化、市场化的走向违背了医疗卫生事业发展的基本规律。

这一论断一出，引起了极大的关注。2006年9月，由国家发改委、卫生部牵头，多部委组成的医疗体制改革协调小组（简称医改协调小组）成立，全面开启了新医改方案的制订工作。与此同时，政府部门继续完善相关政策体系，堵塞政策漏洞。2007年出台的《药品注册管理办法》修订了新药的范围。同时指出，对已上市药品改变剂型、改变给药途径、增加新适应症的药品注册按照新药申请的程序申报。此令一出，制药企业低水平重复研究生产的势头得到了遏制。同时，国务院提出加强药品的成本调查和价格监测，改进药品价格核定办法，扩大政府定价药品范围，对医保目录内的所有处方药实行政府定价。

2009年3月，国务院审议并原则通过《关于深化医药卫生体制改革的意见》。在《关于深化医药卫生体制改革的意见》中，明确提出了“建立科学合理的医药价格形成机制”，“改革药品价格形成机制，合理调整政府定价范围，改进定价方法，提高透明度，利用价格杠杆鼓励企业自主创新”。此外，国务院办公厅分别在2009年、2010年、2011年颁布《医药卫生体制五项重点改革2009年工作安排》《医药卫生体制五项重点改革2010年工作安排的通知》《医药卫生体制五项重点改革2011年工作安排》，确定重点领域、制定每年的具体任务，并明确了牵头部门。这些文件的出台，在多个领域对药品价格产生深远影响。例如，2009年开始实行基本药物制度，颁布了《基本药物目录》，这个目录共有307个品种，对医疗机构的用药以及药品价格产生了较大影响。从2009年开始，各省药品的招标开始严格。个别省份的药品招标出现了唯价低者是取的现象。

2009年发改委颁布了《改革药品和医疗服务价格形成机制的意见》（发改价格〔2009〕2844号），提出“到2020年，建立健全政府调控与市场调节相结合，符合医药卫生事业发展规律的医药价格形成机制”，“调整政府管理药品价格范围”，“药品价格实行分级管理”，“政府制定公布药品指导价格，生产经营单位自主确定实际购销价格”等一系列价格管理的措施。2011年，发改委又发布了《药品出厂价格调查办法（试行）》（发改价格〔2011〕2403号）《药品差比价规则》（发改价格〔2011〕2452号），这些文件要求开展药品出厂价格调查，制定药品差比价规则，不断完善药品价格管理。

这一阶段，政府试图建立一个政府调控和市场调节相结合的药品价格形成机制，但是由于政府对药品价格的管理由来已久，而药品招标采购等市场化的方法又处在艰难的探索之中，因而出现了越招标越高，而有些常用药一招标就死的怪现象。这一阶段采用的仍然是药品价格管理部门主导药品价格的形式。

三、市场机制主导下的药品价格（2013年至今）

随着党的十八大召开，我国的药品价格调控也进入了新的历史时期。

2014年，发改委发布《关于改进低价药品价格管理有关问题的通知》（发改价格〔2014〕856号）。该文件要求，“改进低价药品价格管理方式，对现行政府指导价范围内日均费用较低的药品（低价药品），取消政府制定的最高零售价格，在日均费用标准内，由生产经营者根据药品生产成本和市场供求及竞争状况制定具体购销价格”。这是在供需矛盾突出、市场反应强烈的低价药品中取消了政府对价格的直接管理，将价格交由市场决定，意义十分深远。2015年，《关于印发推进药品价格改革意见的通知》（发改价格〔2015〕904号）规定，除麻醉药品和第一类精神药品外，取消药品政府定价，完善药品采购机制，发挥医保控费作用，药品实际交易价格主要由市场竞争形成。这标志着我国药品价格形成机制发生了根本性的变化，由过去的政府主导变成市场主导。

与此同时，推进公立医院取消药品加成政策，实行“零差率”“零加成”；推行“两票制”（生产企业至流通企业开一次发票，流通企业到医疗机构开一次发票），通过压缩中间环节降低虚高价格。国家医保局（人社部下属二级机构）也尝试通过国家谈判形成新的药品价格，2015年有3种药品价格通过谈判而降低。上海市政府改革组织机构，将药品耗材招标工作划归医保局，并且尝试带量采购。

国家医保局对进入国家医保目录的品种引入价格谈判机制、严格准入条件，对研发的新药积极纳入医保目录，医保目录一年一调，有调入也有调出。同时，将一些罕见病药、孤儿药纳入谈判范围，让更多的罕见病患者享受到国家的医疗保障。

综上所述，这一时期我国在制定药品价格方面有了新的措施。药品价格由真正的利益主体博弈形成。充分发挥政府、市场“两只手”作用，政府起到引导和监督作用，而市场起到主导作用。运用支付方式、谈判机制等手段约束药品价格。药品作为一种商品，通过供需双方的博弈形成的价格才能真正发挥信号机制的作用。医疗机构作为需方的代表，与作为供方的药品生产企业的平等谈判是一种良性的互动机制，政府价格管理部门在这一过程中主要发挥监管作用。

浅谈药品价格的基础

易楚斌

在市场经济中，药品与其他商品一样，它的价格有一条最低界限，那就是成本，成本对于药品定价是一个关键的因素，它是药品价格的基础。从理论上讲，要使企业的简单再生产得以顺利进行，药品的价格至少要等于生产经营成本，但企业不能只是维持简单再生产，要使医药企业扩大再生产顺利进行，就必须获得盈利。然而，盈利的确定是企业定价过程中最复杂、最敏感的部分，因为它受到很多外部因素的影响。研究药品价格的形成内容及影响因素，有助于医药企业在市场营销过程中充分利用好价格这一灵活多变的组合要素，使它充分发挥应有的作用，更好地为提高市场竞争力、实现企业营销目标而服务。

成本是影响决定药品价格的最重要的因素，营销学中的成本包括药品在生产过程和流通过程中所发生的各项开支。按照支出项目及其特征，它可以分为以下几种类型：

（1）固定成本，即支付在各种固定生产要素上的费用，如房间租金、管理人员的工资等。这些费用在一定时期内与一定的生产能力范围内不会随产量变化而变化。

（2）变动成本，即支付在各种变动生产要素上的费用，如购买各种原材料的费用、工人工资等。这种成本随着产量的变化而变化。

（3）总成本，即固定成本与变动成本之和。当产量为0时，总成本等于固定成本。（在实际工作中，即使产量为零，总成本仍大于固定成本，因为变动成本仍然存在。）

（4）平均固定成本，即固定成本除以产量，它随着产量的增加而减少。

（5）平均变动成本，即变动成本除以产量。平均变动成本不是固定的，它会随着原材料价格、设备维修费等的变化而变化。

（6）平均总成本，即总成本除以产量，它随着产量的增加而降低。

（7）边际成本，指在现有产品数量基础上，每增加一个或减少一个单位产量造成的总成本的变动量。

（8）机会成本，指企业为从事某一项经营活动而放弃从事另一项经营活动的机会，或利用一定资源获得某种收入时所放弃的另一种收入。研究机会成本的目的在于正确选择企业的经营活动，以使有限的资源得到最佳的利用。

（9）科研成本。研发费用即制药企业投入药品研发的各项费用总和。对于制药企业来说，研发费用是企业总成本的一部分，对药品价格的影响是巨大的。

人们之所以分析成本，是因为成本是药品价格的基础。所有的药品定价都必须考虑成本因素。区分不同种类的成本，是为了让企业在定价决策中有所侧重。

合理的定价，会使企业产品迅速打开市场，获得市场份额，从而快速收回成本；会使企业快速实现盈亏平衡，从而实现盈利。

药品价格及差价

易楚斌

2015年以前，政府价格主管部门对药品价格的管理主要通过确定合理的药品价格体系，以及生产企业的利润率和费用率、药品流通领域的进销差率和批零差率等环节来实现。

一、药品价格体系

药品从生产经过流通才能进入消费，在流通环节又要经过批发、零售等具体环节。药品经过一个环节就是一次买卖，就要有一个价格，这样就形成了出厂价、批发价、零售价等药品价格链条。

（一）药品出厂价

药品出厂价也称药品生产者价格，是药品生产企业向批发企业销售时的药品价格，由药品生产成本加利润构成。药品出厂价是药品进入流通领域的第一个环节的价格，是制定药品批发价、零售价的基础。它既关系到药品生产企业的经济利益，也决定了药品批发价、零售价的价格水平，还涉及药品经营单位、医疗单位和广大消费者的切身利益。因此，确定好药品出厂价，对于处理医药工商关系，促进生产发展，扩大药品流通和满足消费者需要都有重大意义。

（二）药品批发价

药品批发价是药品批发企业向零售药店或医疗单位销售时的药品价格，由购进成本（进价）加上进销差价构成。它在药品出厂价格之后、零售价格之前，属于一种中间价格。它一头联系生产，一头联系零售，在药品价格结构中起着“承上启下”的作用。合理确定批发价格，有助于稳定药品零售市场价格。

（三）药品零售价

药品零售价是零售药店或医疗单位向消费者销售时的药品价格，由购进成本（进价）加上批零差价构成。药品零售价是药品在流通领域中最后一个环节的价格，它体现着国家、药品经营者、广大消费者之间的经济关系，与广大消费者利益息息相关。

二、药品差价

药品差价是指药品由于购销环节的不同而形成的价格差额，具体包括进销（购销）差价、批零差价两种。

药品差价有差价额和差价率两种表现形式。差价额即构成药品差价的两种价格的差额。差价率是差价额占计算基价的百分比，简称差率。其计算公式如下：

$$差价率=\frac{差价额}{计算基价}\times 100\%$$

计算基价可以是出厂价、批发价、零售价。如果用构成差价的两种价格中较低的价格作为计算基价，其差价率称为加价率；如果用较高的价格作为计算基价，其差价率称为折扣率或倒扣率。在实际工作中，前者一般简称为顺加，后者一般简称为倒扣。

（一）药品进销差价

药品进销差价又称药品购销差价。它是指药品批发商在同一时间、同一市场购进和销售同一种药品的购进价格和销售价格之间的差额。药品进销差价主要由批发商在组织药品流通过程中的合理流通费用和一定的利润构成。其计算公式如下：

$$药品进销差价 = 药品批发价 - 药品出厂价$$

在实际工作中，进销差价主要有两个作用：

（1）由药品出厂价计算批发价格，批发商根据国家规定的进销差率（这是一种顺加的差率，即进销差价占出厂价的百分比）制定的批发价格。采用这种定价方式，批发价格会随着出厂价格的变动而变动，一般称为顺加定价法。其计算公式如下：

$$进销差率 = \frac{进销差价}{批发价格} \times 100\%$$

$$批发价格 = 出厂价格 \times（1+进销差率）$$

（2）由批发价格倒推出厂价格，即由批发商（或政府）制定某种药品的批发价格，然后倒扣一定比例的销进差率（这是一种倒扣差率，即进销差价占批发价格的百分比），最终形成出厂价格。此时，出厂价格随着批发价格的变动而变动，一般称为销价倒推法、向后定价法。其计算公式如下：

$$销进差率 = \frac{进销差价}{批发价格} \times 100\%$$

$$出厂价格 = 批发价格 \times（1-销进差率）$$

（二）药品批零差价

药品批零差价是指药品批发价格与零售价格之间的差额。它是在零售商经营药品的过程中形成的，主要包括零售商的流通费用、合理利润及税金。

批零差价可用批零差价额和批零差价率两种形式来表示。批零差价额即批发价和零售价之间的差额；批零差价率则是批零差价额占批发价的百分比，又称顺加批零差率，即通常所说的批零差率。在已知药品批发价格和国家规定批零差率的情况下，零售商可以确定其零售价格，其计算公式如下：

$$批零差价额=零售价格-批发价格$$

$$销进差率=\frac{进销差价}{批发价格}\times 100\%$$

$$不含税零售价=批发价\times(1+批零差率)$$

$$含税零售价=批发价\times(1+批零差率)\times(1+增值税率)$$

药品的政府定价

易楚斌

我国药品的政府定价贯穿计划经济时期、计划经济向市场经济转型期、市场经济时期，直到2015年国家发改委等部门发布《推进药品价格改革的意见》(发改价格〔2015〕904号)。该文件明确提出："除麻醉药品和第一类精神药品外，取消药品政府定价，完善药品采购机制，发挥医保控费作用，药品实际交易价格主要由市场竞争形成。"下面谈一谈药品政府定价的范围和原则。

一、我国药品政府定价的范围

药品政府定价管理分为中央和地方两级，定价范围由定价目录确定。中央政府定价目录由国务院价格主管部门制定修订，省级政府定价目录由省级价格主管部门制定修订，报国务院价格主管部门备案。中央政府定价目录的范围如下：

(1)列入《国家基本医疗保险药品目录》中的甲类药品。

(2)生产经营具有垄断性的药品。这类药品包括：①处在专利期或行政保护期内的专利药品和一二类新药；②按国家指令性计划生产供应的麻醉药品(包括麻醉药品管理的药品)和一类精神药品；③按国家指令性计划生产，由国家统一收购的避孕药具；④计划免疫药品。

除此以外的药品，由省级政府定价。

二、政府定价原则

（1）对《国家基本医疗保险药品目录》内的甲类药品和生产具有垄断性的专利药品及一二类新药，由国家计委制定、公布零售价格，出厂价（或口岸价）和批发价由生产经营企业自主制定。

对麻醉药品及一类精神药品，由国家计委制定、公布出厂价格（或口岸价格），批发和零售价格由各地省级物价主管部门按照中央制定的流程环节价格办法制定，报国家计委备案。

对按国家指令性计划生产供应，由国家统一收购的免疫、预防药品和避孕药具，国家计委制定、公布出厂价（或口岸价）。

（2）列入《国家基本医疗保险药品目录》内的甲类药品和具有垄断性的专利药品及一二类新药，政府规定零售价为最高限价。医疗单位和社会零售药店可以在不突破政府规定的零售价的前提下降价。生产中央政府定价药品的企业主动要求降低零售价的，在国家统一降价前，经产地省物价部门批准后，可以先行降低该企业药品的零售价格，并报国家计委备案。

按照国家指令性计划生产供应的麻醉药品、一类精神药品和按国家指令性计划生产、由国家统一收购的预防、免疫和避孕药具的政府价一经确定，各地各部门和药品生产经营企业（单位）必须严格执行。

（3）建立政府定价药品定期调整价格的机制。对于市场供大于求的药品，要按照社会成本定价，以促进市场供求关系总量的平衡；对生产企业实际出厂价到政府规定的零售价格之间差率较大的药品，要及时降低其零售价格。

不同企业生产的由政府定价的药品，在其产品有效性及安全性明显优于或者治疗周期和治疗费用明显低于其他企业生产的同种药品时，可申请实行单独定价。

需要单独定价的药品，由国家计委或省级价格主管部门聘请有关方面专家，及时主持召开听证会，对药品价格进行公开审议，并根据评审意见制定药品价格。经科学检验、专家论证后，实行单独议价。

浅议企业的定价策略

易楚斌

定价策略，是指企业营销策划者在特定的情况下，依据确定的定价目标，所采取的定价方针和价格竞争方式，是指导企业正确制定价格的行为准则，它直接为实现企业定价目标服务。由于药品市场竞争激烈，当前医药企业十分重视定价策略，常常把它作为进入市场和争夺市场的有力武器。药品价格的制定，是一个非常复杂的决策过程，营销人员应根据不同产品或市场情况，采取灵活多变的定价策略，以期更好地实现企业预期目标。医药企业常用的定价策略有以下几种：

一、心理定价策略

心理定价策略是运用消费心理学的原理，根据不同类型顾客购买商品的心理动机，来制定产品价格的一种策略。药品价格主要面对的是消费者，因此必须掌握消费者的心理特点，以此采取灵活的定价策略。

（一）奇数定价法

奇数定价法也称“非整数定价法”或“尾数定价法”，即针对人们求实、求廉的消费心理，把药品价格定为奇数或有零数。药品的价格以零数作尾，如 49.99 元、59.99 元，这样就会使消费者觉得该药品价格是经过精密计算的最低限度的价格。而整数定价法往往会给人一种错觉，以为是随意而定，没有经过仔细核算。奇数定价法通常习惯用“9”作尾数，它会使顾客产生商品便宜的错觉，从而使顾客产生购买欲望。

（二）整数定价法

整数定价法是指以整数来决定商品或服务的价格，如 10 元、100 元等。与小数定价相比，整数定价更容易被消费者接受，因为整数价格更加直观、简单，易于记忆和比较。

（三）最小单位定价法

尽管产品销售的数量较大，但在报价时如能以比较小的单位报价，将更容易促成交易。在药品市场零售或广告宣传环节，也可以用这种方法，将药品价格分解到每一粒药片或每一天的用量上，从而给人一种花费不多的心理错觉。全国药品带量采购都是以最小单位片或粒来计算。

（四）习惯定价法

习惯定价法就是按照长期的、一贯的固定价格来定价。许多商品尤其是家庭生活日常用品，在市场上已经形成了一个习惯价格，消费者已经熟记于心。对这些商品的定价，一般应依照习惯确定，不要随便改变价格，以免引起顾客的反感。善于采用这一方法确定产品价格者往往受益匪浅。

（五）声誉定价法

声誉定价法是根据生产企业或产品品牌的形象、声誉制定相应的价格。只有当消费者对名牌产品有了信任和依赖，认为价格高代表质量好，愿意出高价购买名牌产品时才能使用。例如，宛西制药的六味地黄丸就比不知名企业的价格高。

二、折扣与让价策略

为了促进医药企业更多地销售本企业的药品，国家有关法规规定，可以给予一定的折扣，这也是调动中间商和顾客购买积极性的一种常用的方法。

（一）数量折扣

当经销药品达到一定数量时给予销售者一定的折扣优惠，如卖10件送2件等。

（二）现金折扣

在规定的期限前付款者，按提前程度给予不同的折扣，如提前10天减少2%的贷款，提前20天减少3%的贷款。在企业间相互拖欠货款现象比较严重的情况下，实行这种策略可以帮助企业加速资金周转，减少财务风险。

（三）交易折扣

医药企业可根据各类中间商在市场营销中发挥的作用不同而给予不同的折扣。一般给予零售企业的折扣大于批发企业。

三、新产品定价策略

新产品刚刚投放市场时，由于消费者不了解而销量很低，因此新产品定价是新产品顺利进入市场和取得成功的关键之一。新产品定价时须考虑药品本身的性质、代用品的情况、消费者的购买习惯、需求弹性和竞争者的反应，以及药品发展趋势等。

新产品定价的一般原则是，所制定的药品价格必须为市场所接受，能促进新产品的市场开拓，又能给企业带来足够的利润，弥补新产品在投入期的成本，利于企业今后扩大生产经营。新产品定价策略有以下几种：

（一）撇脂定价策略

撇脂定价策略实际上是一种先高价后低价的定价策略。撇脂原意是指在煮牛奶时先把浮在牛奶表面的奶油撇取出来。运用到产品销售中，即在产品刚刚上市时，以高价出售，尽快收回投资，以后随着生命周期的演变，再分阶段降价。

采用这种策略，可使企业在短期内获取尽可能多的收益。撇脂价格往往导致价格的阶梯式下降，伴随着生产能力的扩大和高收入市场部分需求的饱和，一边降价一边转而面向新的市场。与此同时，产品的生命周期逐渐缩短。

采用这种策略的产品必须具备独特性，竞争者短期内无法仿制，消费者对价格不太敏感等条件。例如，中成药独家新产品，化药、生物制药的1.1类新药，都可以采取这种策略。如果企业对市场需求情况不清楚，也可用这种价格策略探路。

这种价格策略的缺点是，新产品刚刚投放市场，如果宣传跟不上，高价往往不利于开拓市场，同时会吸引竞争者加入。

（二）渗透价格策略

渗透价格策略跟上述策略正好相反，是一种先低价投放、后涨价的策略。即在产品进入市场初期，将价格定得尽可能低些，微利或保本无利，以全力推出商品，用最快的速度渗透进入市场，夺取市场份额，尽早取得市场支配地位，阻止竞争者进入，待打开销路后再逐步提价。

这样做的目的是同现有产品竞争，通过便宜价格来吸引购买者，从而迅速进入市场，获得较高的市场占有率，走在竞争者的前列，建立本企业的优势。

采用这种策略的产品必须具备市场潜量大，潜在竞争多，价格弹性较大等特点。

优点：可使产品迅速打开销路，扩大市场占有率，还可减少竞争对手。所以其也叫“别进来”或“待在外头”策略。

缺点：定价过低，不利于企业尽快收回投资，甚至使消费者怀疑产品质量。由于药品价格被监管，提价几乎不可能。

（三）反向定价策略

此法介于上述两者之间。它的定价高低适中，有利于扩大销售。现实生活中，定价一般采用的是“成本导向法”，即顺向的层层加价的办法。“反向”则是通过市场调查，先拟定出能为市场所接受的销售价格，再反向求出各环节价格，以决定企业在制造产品时的最大目标成本。也就是企业在产品生产时就把市场销售价格确定下来。这样的价格，消费者能够接受，生产企业也会获得足够的利润。

四、产品生命周期各个阶段的定价策略

产品生命周期各个阶段的定价策略是企业根据药品生命周期中不同阶段的产销量、成本、供求关系、市场状况及产品的特点，采用不同的定价措施和定价方法，以增加药品的竞争能力，取得最佳经济效益的定价策略。由于产品在生命周期不同阶段的质量与成本、市场竞争程度、消费者的评价及需求存在着较大差异，因此利用该定价策略能够使其价格准确地反映出价值和供求间的关系。

（一）成长期的定价策略

新产品经过一段时间的推广和销售，逐渐为市场所接受，销售量上升。这个时期企业所采用的定价策略是目标价格策略。目标价格是企业达到一

定目标利润而制定的价格。企业应利用成长期，适当提高目标利润水平，让企业获得更多利润，这样产品进入销售困难时期时，企业就有了降价促销的实力，从而保证企业生产经营目标的实现。

（二）成熟期的定价策略

产品进入成熟期的标志是竞争者的大量涌入，销售量增长速度变慢并开始走下坡路。这一阶段要以竞争为核心，维持和扩大企业产品的市场占有率，保持竞争优势和稳定的利润收入，因此通常使用的定价策略是稳价销售。

（三）衰退期的价格策略

在产品衰退期，企业要在保有微利的基础上，将产品全部销售出去，避免积压。因此，这一阶段主要采用维持价格或驱逐价格的策略。

（1）维持价格策略。维持价格是指在产品进入衰退期时不做大幅度的削价，而是基本保持原有价格水平的策略，这样做不至于恶化在消费者心目中的形象，可最大限度发挥产品在最后阶段的作用。

（2）驱逐价格策略。其指产品进入衰退期后采用最低价格，阻止企业产品销售量的下降，将竞争者逐出市场的策略。

企业定价目标的选择

易楚斌

制药企业在确定药品价格以前，首先必须确定一个定价目标，这个目标应和企业的经营总目标、销售目标相一致。因为企业的经营总目标和销售目标是制定定价目标的基础，而定价目标又是制定定价策略与定价方法的依据。一般来说，定价目标有以下几种：

一、以获取最高（大）利润为定价目标

以获取最高（大）利润为定价目标，是指企业制定药品价格时的总的指导思想是尽可能多地获得销售利润，因而价格要尽可能定得高些。企业

要想获得最大利润，需要对药品市场进行充分调查研究，正确预测市场的需要量以及可能销售量。在此基础上确定药品的价格，争取扩大销售数量，以获取最大利润。当企业在某一药品市场具有绝对优势时，就可以采用高价策略。

某药企是一家以新药研发为目标的高科技上市公司。2020 年 11 月有一个首仿降血脂类产品拿到批文，后面申报的厂家还有 5 家，预计它们半年后拿到批文。5 个厂家的批文陆续出来后就会进入国家集采目录。原研外资企业药品在国内的销售中标价是 71.5 元 / 盒，企业在定价时进行了广泛的市场调研，也征求了大量代理商的意见。它们有两种意见。一种意见是应该远远低于原研厂家，是原研厂家的 7 折比较合适。另外一种意见是略低于原研产品价格（国家规定，首仿产品不得高于原研厂家价格），实行高价策略。由于第二个厂家的批文很快出来，留给企业的时间不多，经过权衡，厂家最后决定采用高价策略。全国统一挂网价不能低于 70 元，企业每盒利润在 10 元左右。第一年该企业这个品种销售达到 800 万盒，企业利润达 8 000 万。该产品研发 6 年，总投入约 3 000 万。这样，不仅提前收回了成本，还为企业创造了 5 000 万的利润。

二、以维持或扩大市场份额为定价目标

以维持市场份额为定价目标，是指以维持本企业或本药品的市场占有率为定价时的指导思想。企业产品在市场中的占有率，是对企业营销状况和产品竞争状况的一种反映，也直接影响企业销售收入。保持和扩大市场的占有率，是企业市场营销活动目标之一，它关系到企业的兴衰。因而，企业在制定药品价格时可以维持或扩大市场份额为定价目标。

在 2021 年湖北 19 省联盟中成药带量采购中，有一个叫肾衰宁的品种，某一个厂家就是以扩大市场份额为定价目标。该品种胶囊是一个独家剂型，片剂有 4 个厂家销售。某一个片剂厂家的市场份额不多，该品种也不是企业的主导品种。为此，该厂家以保持一定利润为基础，创造了 7.2 元 / 盒（24 粒）的最低中标价，公司该产品迅速占领了全国 19 省市场，获得了较大的市场份额，为公司创造了较好的销售业绩。

三、以对抗或防止竞争为定价目标

在遇到同行竞争时，可以此作为定价目标。通常的做法是，竞争能力弱者多采取略低于强者的价格出售商品；竞争能力强者或在某些方面具有优势时，可采取高于对手的价格出售商品；如果与对手的条件不相上下，还可以采取相同的价格出售商品。

2009 年《国家基本药物目录》公布，上海市于 2010 年执行该目录，并进行招投标。有一个产品叫活血止痛胶囊，全国有 3 个生产厂家。当时上海的招标规则是 3 个厂家只中一个。江西百神最后中标，中标期两年，此后一直没有重新招标，江西百神牢牢地占据了上海市场，每年销售三千多万元。其他 2 个厂家再也进入不了上海市场。

四、以预期收益为定价目标

预期收益定价目标也称投资收益定价目标，指以医药企业的投资额为出发点，以获得一定的投资回报为定价目标。医药企业的预期收益率不能低于银行利率。

2017 年某公司出了一个用于缓解术后疼痛和癌痛的注射剂，为国内首仿。原研产品销量很大。当时全国各省代理商不惜一切代价拿到该品种代理权，但天有不测风云，2018 年“4+7”带量采购，该品种纳入集采目录，在竞标时被淘汰。该厂家丧失了主流医院市场。痛定思痛，该厂家决定以高价抢占带量外的市场份额，收到了不错的回报。两年时间收回产品研发的全部投资。

五、以稳定价格为定价目标

根据这种定价目标制定的价格被称为“领导者价格”。即医药企业因种种因素具有左右市场的能力，在成为某药品市场的生产和销售领导者的情况下，为稳定巩固其市场地位而采取的保持价格稳定的定价策略。这样做可以避免发生价格战争，不使市场价格发生大的波动。因为无力与之抗争的中小企业所定的价格，绝大多数情况下与大企业所定的价格一致。

辉瑞公司的降压药苯磺酸氨氯地平片（商品名络活喜）自进入中国市

场以来，一直处于领导地位。尽管国产厂家越来越多，但辉瑞公司始终保持品牌形象，从不降价，一直稳定价格，直到全国带量采购才把价格降下来。

成本导向定价方法的运用

易楚斌

合理药品价格的标准是其价格既受消费者欢迎又使企业满意且具有一定的竞争力。因此，企业在确定药品价格时至少要考虑3个主要因素：产品成本、竞争者和替代品的价格、消费者的认知水平。定价方法的选择对药品价格的制定及市场拓展关系重大。企业选择的定价方法应包含3个因素中的一个或多个，这样才能使药品价格合理并有弹性。常用的定价方法有成本导向定价法、需求导向定价法、竞争导向定价法，本文重点阐述成本导向定价方法的运用。

成本导向定价方法主要包括以下四种：

一、成本加成法

这种方法主要基于对企业内部的考虑，就是按照产品成本加上预期利润定价的方法。计算公式如下：

药品价格 = 生产成本 + 加成额（利润）

加成额 = 生产成本 × 利润率

药品价格 = 生产成本 ×（1 + 利润率）

例如，某药品每盒的生产成本（包括固定成本、变动成本、销售费用、研发费用等）为60元，毛利率为20%，此药品的价格为60×（1+20%）=72元。

成本加成法是一种最基本、最普遍和最简单的定价方法，而且准确性高。其优点是在正常情况下，可使企业获得一定利润。缺点是这种方法忽略了市场竞争与市场需求对价格的影响，也没有考虑产品生命周期的问题。

二、预期投资收益率定价法

这种计算方法是预先根据投资回收期，确定每年的收益率，然后根据产量计算单位产品的价格。

计算公式如下：

$$药品价格=\frac{总生产成本+（总投资额\times投资收益率）}{产品量}$$

$$投资收益率=\frac{总投资额\div投资年限}{总投资额}\times100\%$$

假设某种药品的总生产成本为 5 000 万元，年产量为 100 万盒，该产品总投资为 4 000 万元，预期 3 年收回成本，则

$$投资收益率=\frac{4\,000\div3}{4\,000}\times100\%\approx33.3\%$$

$$药品价格=\frac{5\,000+4\,000\times33.3\%}{100}\approx63.32元/盒$$

对于这个公式，有几点说明：一是年产量不是年实际销量；二是总投资额为该产品总投资额而不是企业总投资额。

采用此定价方法的条件是企业的药品具有较大的市场垄断性或在市场上具有领导地位。

三、固定报酬定价法

固定报酬定价法也称目标收益定价法，即根据企业的总成本和计划完成的总销量，把价格定在能弥补所需成本费用并达到一定的成本利润率的价格水平上。这种方法实质是将利润作为产品成本的一部分来看待，此时的成本和利润是预期的，因而可称作目标成本或目标价格。

其计算公式如下：

$$药品单价=\frac{总成本+固定报酬}{产量}$$

假设某制药企业年固定总成本为 3 000 万元，平均变动成本为 5 元 / 盒，某产品年产量为 500 万盒，企业希望年获利润 1 000 万元，则该产品的单价为

$$药品单价=\frac{3000+5\times500+1000}{500}=13元/盒$$

固定报酬（目标收益）定价法属于生产者追求长期利润而非短期利润的定价方法。一般适用于经济实力雄厚，有发展前景的生产者和产品，特别适用于新产品的定价。

四、收支平衡定价法

收支平衡定价法也称损益平衡定价法、保本点定价法。它是运用盈亏平衡的原理确定价格的一种方法。即在假定企业生产的产品全部可销的条件下，确保企业既不亏损也不盈利的最低产品价格。这是在预测市场需求的基础上，以总成本为基础制定价格的方法。这一方法的关键是计算收支平衡点，计算公式如下：

$$销售量=\frac{固定总成本}{单位产品价格-单位变动成本}$$

$$单位产品价格=\frac{固定总成本}{销售量}+单位变动成本$$

如果企业考虑预期利益，则可将利润当作总成本的组成部分来看待。此时公式为：

$$单位产品价格=\frac{固定总成本+利润额}{销售量}+单位变动成本$$

假设某药厂年固定总成本为 8 000 万元，预期销量为 200 万盒，单位变动成本为 40 元 / 盒，需要利润 1 000 万元，此时的产品单价为

$$单位产品价格=\frac{8\,000+1\,000}{200}+40=85元/盒$$

采用收支平衡定价法，企业可以在较大范围内灵活调整价格，且运用简便，但前提是掌握企业成本总量、预期销售量、预期利税等，以及确保产品能够全部销出。

以上四种方法在企业定价时都有运用，每种方法各有其优缺点，企业在运用时应根据实际情况，灵活运用。

谈谈药品价格中的推广费用

易楚斌

一、药品价格的构成要素

药品价格是药品价值的货币表现。它由生产成本、流通费用、国家税金、企业利润四个要素组成。药品价格是在药品价值的基础上形成的，药品价格的构成是药品价值构成的近似反映。而药品价值是由这一药品所耗费的社会必要劳动时间决定的，由三部分构成：一是已消耗的生产资料的价值；二是劳动者为自己所创造的价值；三是劳动者为社会创造的价值。这三个组成部分用货币形态表示出来，就成为药品价格。

（一）生产成本

生产成本指生产企业在生产药品时各种耗费的货币形式，它是药品价格构成中最基本、最主要的因素，是价格构成的主体，也是制定价格的最低经济界限，即保本界限。药品生产成本主要由两部分构成：一是固定成本，即在一定范围内不随药品的产量变化而变化的成本，如固定资产折旧费、药品研发费用、企业管理费；二是变动成本，即在一定范围内随药品的产量变化而变化的成本，如原材料、燃料、工人工资等。固定成本与变动成本共同构成了药品的总成本。

（二）流通费用

流通费用是指药品从生产领域到消费领域转移过程中所发生的劳动耗费的货币表现。它由两部分构成：一是生产企业的药品销售费用，如生产企业的药品推销费、广告费等，它是流通费用的大头；二是发生在药品流通环节的费用。

药品从生产向消费转移的过程中，一般要经过采购、运输、储存、销售等环节，会产生一系列费用，它们都是流通费用。

流通环节上产生的流通费用，会成为各种不同价格的构成要素。例如，在批发环节产生的流通费用，成为批发价格的构成要素；在零售环节产生的流通费用，成为零售价格的构成要素。

（三）国家税金

国家税金是生产企业为社会所创造价值的货币表现。税金是国家财政收入的一个重要来源。企业必须按国家税法交纳税金。它具有无偿性、强制性的特点。它是药品价格构成的要素之一。

（四）企业利润

企业利润是生产企业出售药品所得到的收入减去生产和经营所支出的成本及税金的余额，它是药品价格构成的要素之一，是生产企业生存和扩大再生产的基础。

假设一盒药品的销售价格为 100 元，生产成本 20 元，占药价的 20%，流通费用 50 元，占药价的 50%，税金 20 元，占药价的 20%（增值税 13%，其他税 7%），那么企业利润就是 10 元，占药价的 10%。

二、企业在使用药品推广费时存在的问题及造成这种问题的原因

企业在使用药品推广费时存在一些问题，如药品推广费居高不下，财务处理难度大等。究其原因，主要体现在以下两方面：

第一，公立医院的垄断地位。2019 年 6 月，米内网正式发布《2019 年度中国医药市场发展蓝皮书》，根据目前医药市场特征，将药品终端细分为三大终端、六大市场。三大终端是指第一终端公立医院终端，第二终端零售药店终端，第三终端公立基层医疗终端。六大市场是指城市公立医院市场、县级公立医院市场、实体药店市场、网上药店市场、城市社区卫生服务中心市场、乡镇卫生院市场。全国各类公立医院有 67 000 多家，终端市场份额最大，2018 年占市场总份额的 77.1%。如此大的市场规模，导致各大企业为了分得市场份额，频频出招，推广费用居高不下。

第二，两票制的实施。药品的价值链应该是生产—流通—终端客户，有了流通环节的存在，价值链上的许多费用由流通环节来承担。国家推行

两票制以后，实际上减少了流通环节，所有费用由企业来承担和消化。制药企业的流通费用突然提高，而流通费用包括推广费，因而推广费也提高了。

三、解决这些问题的对策

（一）从企业层面来说，重点做好两方面的工作

第一，维护好企业主导产品价格。维护好企业主导产品价格，就是维护了企业的利润，维护了国家的税金，维护了企业发展的后劲。

第二，做好企业财务工作。推行两票制后，企业财务处理难度加大，对此，相关人员应采取有效措施，做好财务工作，使公司健康发展。

（二）从政策层面来说，要破除公立医院的垄断地位

相关部门要破除公立医疗机构的垄断地位，吸引更多的民营资本进入医院市场。只有打破这种一家独大的局面，才有可能减少推广费用，实现市场的良性竞争。

营销战略

企业营销战略的类型和体系

易楚斌

企业营销战略是企业全部战略中最高层次的战略，对企业的生存和发展具有重大影响。它具有显著的特点，即长远性、全局性、对抗性、应变性和特殊性。它的类型和体系如下：

一、企业营销战略的类型

企业营销战略有两种类型：企业总体营销战略和营销业务部门营销计划。

（一）企业总体营销战略

企业总体营销战略为企业的市场营销活动指明了发展方向。企业在制定总体营销战略时要做到以下四点：第一，确定企业的营销战略任务，就是规定企业在一个比较长的时间内所取得的成果。一个组织的战略任务受到5个要素的影响，它们是企业的发展历史、管理者和所有者的风格偏好、市场环境、资源及企业独有的能力。企业在制定营销战略任务时，应考虑这5个要素。第二，建立必要的战略业务单位。企业还需进一步规定企业的业务范围，以便进行战略管理，使企业的战略更加具体。第三，企业建立战略业务单位后，还需要围绕企业营销目标合理配置人力、物力、财力，将企业有限的资源分配在各个战略单位。第四，确定新业务发展计划。通常，预期的目标低于企业所希望达到的水平时，就需要制订一个新增业务计划。开辟新的业务，扩大企业现有的经营领域，即由企业确定新的目标市场或开发新的产品，为企业的发展作出新的贡献。

（二）营销业务部门营销计划

市场营销管理活动主要有 3 个步骤，即市场营销的计划、营销计划的执行和市场营销的控制。制订市场营销计划是开展市场营销活动的前提和基础，是企业市场营销活动成败的关键。企业的经营目标和方针要以详细的营销计划为基础。市场营销计划必须详尽地分析目前的营销状况，分析存在的问题，必须有目标、战略和具体的行动方案，还要预测财务开支和指明如何控制计划的执行。为了能够实施切实可行的市场营销计划，营销业务部门管理人员必须充分借鉴成功企业管理经验，制订或完善本企业的市场营销计划。

二、企业营销战略的体系

战略是有关未来的纲领性、指导性的安排。战术则是为实现战略目标所采取的具体措施。企业营销战略和战术安排的最终体现是各种长短期营销计划。因此营销计划是具体落实营销战略的行动计划，是获得企业销售收入的一连串过程的安排，如设定营销目标、编制产品销售量与回款计划。企业营销计划体系如图 4 所示。

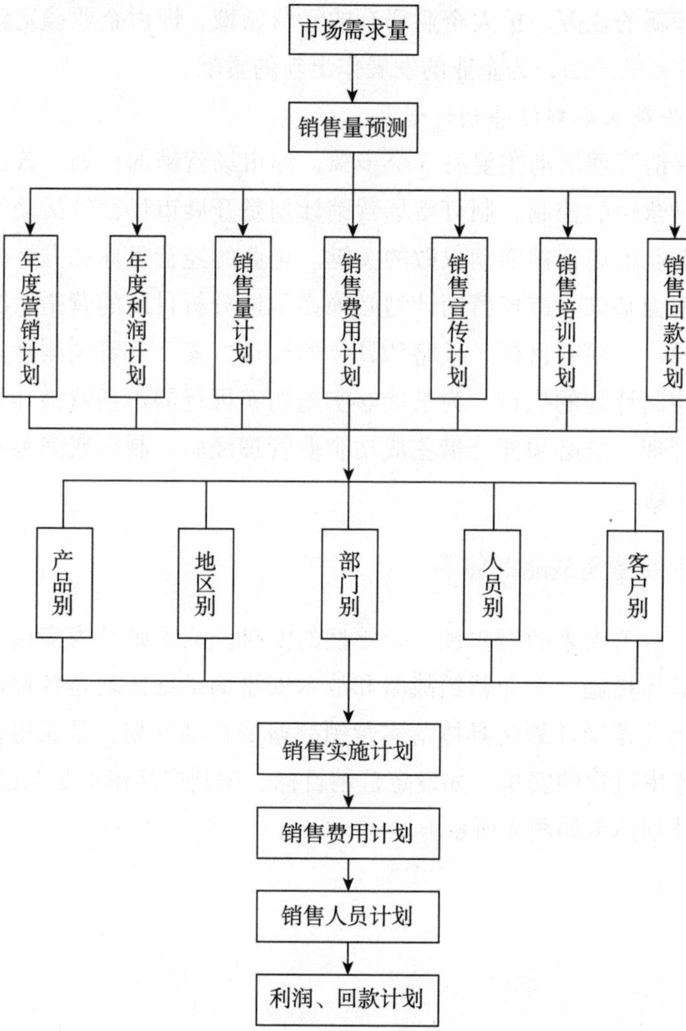
市场需求量
销售量预测
年度营销计划
年度利润计划
销售量计划
销售费用计划
销售宣传计划
销售培训计划
销售回款计划
产品别
地区别
部门别
人员别
客户别
销售实施计划
销售费用计划
销售人员计划
利润、回款计划

图 4　企业营销计划体系

企业营销计划的制订过程

易楚斌

营销计划的制订过程，是一个不断分析比较、权衡选优的动态过程。营销计划制订过程如图5所示。

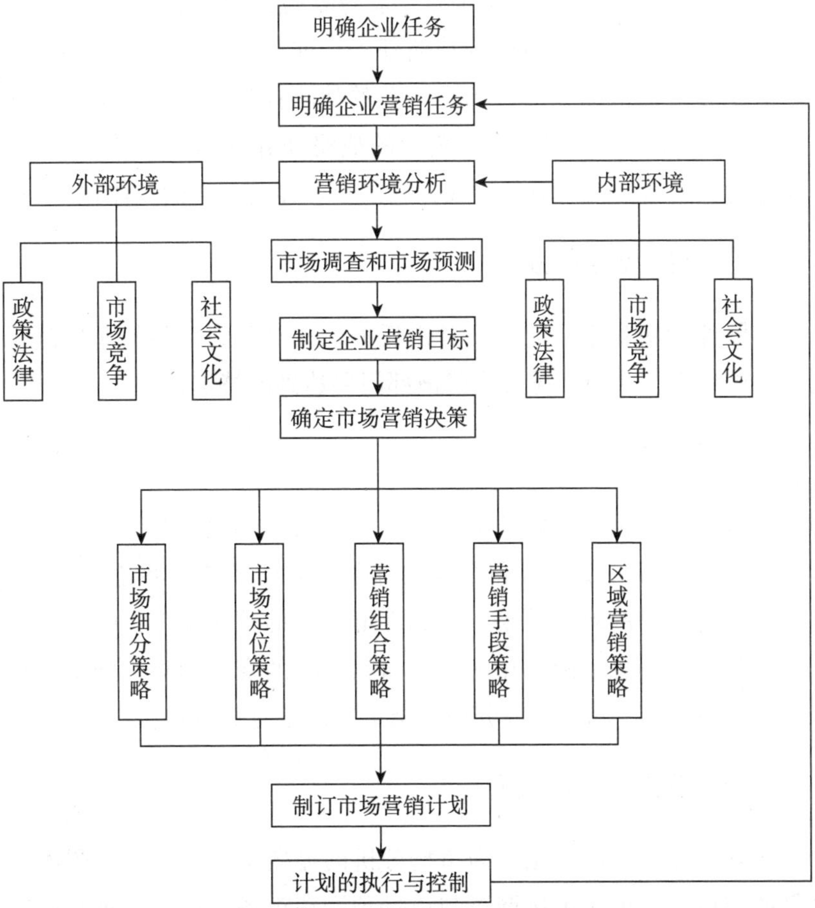

图5　营销计划的制订过程

营销计划制订过程的主要环节如下：

一、明确企业任务

一个企业要明确和完成自己的使命，必须回答下列几个根本性问题：我们的企业是干什么的？我们的顾客是谁？我们对顾客的价值是什么？我们的任务是什么？

这些听上去很简单的问题正是企业必须作出答复的根本性的营销战略问题。成功的企业经常向自己提出这类问题，并慎重而全面地作出回答。在实际经营中，企业会面临市场经营环境变化、企业人员变更的情况。企业在面临这些情况时，要重新审定原来的战略方向或制订新的战略计划。此时，企业应该首先明确自己的战略任务，或为企业新的经营环境选择更有利于企业发展的战略任务。确定企业的战略任务，就是规定企业在一个比较长的时间内所取得的成果。企业的战略任务就是企业的使命或宗旨，它是企业为其经营活动所下的定义，它是企业经营哲学的具体化。

二、明确企业营销任务

在实际经营中，企业应明确营销任务，并对营销部门的业务范围作出更为详细的界定，此外，还要明确该部门要达到的特定目标。

三、营销环境分析

企业营销环境包括企业外部环境和企业内部环境。在制订营销行动计划时，需要对企业外部环境和企业内部条件等的相关内容进行综合分析，从而得到符合实际的真实结果。营销环境分析的程序如下：收集关于企业营销环境的各种信息，准确预测企业营销环境的变化趋势，分析营销环境带来的机会和威胁，归纳环境分析的结果并确定应对措施。

四、市场调查和市场预测

国外有人把市场调查比喻为市场分析的显微镜，把市场预测比喻为市场规划的望远镜，可见市场调查与市场预测在市场营销中的重要地位。市场调查是企业进行科学的市场预测，制定正确的营销策略，提高经济效益的重要基础。这项工作开展的好坏取决于企业对其认识程度的高低及采用方法的正确与否。

五、制定企业营销目标

在对外部和内部环境分析的基础上，企业需将各业务单位的战略任务转化为具体的目标，即制定业务单位在战略周期内要达到的目标。企业所制定的战略目标应符合以下要求：

（一）重点突出

对于企业和业务单位来说，想要实现的目标，有时往往不止一个，但在一个战略周期内，由于受各种条件限制，不可能都实现。而且在有些时候，有些目标放在一起实施还会发生冲突。因此，应该确定一个对企业当前更为重要、迫切需要实现的目标，或者是对实现企业战略任务更为有利的目标。

（二）层次化

企业在战略计划中制定的战略目标，往往是一个目标体系：不仅包括总目标，也包括许多小目标；不仅包括对不同的活动环节规定的目标，也包括对不同部门和人员规定的目标。因此，这些目标不仅应该按轻重缓急进行排列，而且应对总目标层层分解、逐步落实，使目标完成有所保证。

（三）定量化

目标必须是具体的和明确的，即能够被执行者理解，而且此种理解应是唯一的。为此，要求能够定量化的目标应定量化。对不能定量化的目标，也应清楚地加以说明。例如，可以将“增加投资报酬率”代替为“提高投资报酬率到 15%”。

六、确定市场营销决策

所谓市场营销决策，是指在可执行的各种营销方案中按一定的标准进行选优的工作。市场营销决策内容一般包括目标市场的选择、营销组合策略制定、区域销售策略及人员配套、营销费用策略等。

第一，目标市场确定。在营销策略中首先要明确企业的目标市场，即企业准备服务于哪个区域市场或哪几个细分市场，以及具体的市场定位。

第二，确定营销组合因素。企业准备在各个细分市场采取哪些具体的营销组合策略，如产品、价格、渠道、促销等。

第三，营销费用预测。按照上述营销策略确定营销费用及分配使用方案。

第四，地区营销目标及营销方法的确定。将企业营销计划分解到每一个相关的销售区域，并进一步确定每一个地区的销售措施。

七、制订市场营销计划

基本的战略确定以后，就要根据这一战略的要求，考虑和采取相应的措施，制订执行战略的具体计划，以保证和支持经营战略的顺利实施。

八、计划的执行与控制

战略计划的制订并不能保证市场营销一定成功。战略只是企业成功经营的要素之一。美国一流的咨询企业麦肯锡公司（McKinsey）认为，企业要想经营成功，仅有战略计划是不够的，必须具备一个 7S 的结构模式，即战略（strategy）、结构（structure）、制度（systems）、作风（style）、人员（staff）、技能（skills）和共同的价值观（shared value）。战略、结构和制度被认为是企业经营成功的“硬件”，作风、人员、技能和共同的价值观被认为是企业经营成功的“软件”。“硬件”为这些“软件”的运行提供平台或架构，只有使这些“软件”顺利运行起来，计划才能得到落实并实现预期目的。

在制订战略计划的过程中，企业要不断追求计划执行的结果，并对环境中出现的变化进行监测。如果执行中出现偏差，通过结果的反馈，可对计划进行必要的调整，以保证目标的实现。如果环境中出现了重大的变化，企业就要重新进行战略评价，对计划（必要时甚至对战略目标）进行修正。一旦一个企业因为没有适应环境的变化而失去了原有的市场地位，要想恢复是非常困难的。所以对任何企业来讲，生存和发展的关键是对环境的适应性。在环境动荡的年代，企业必须具有较强的适应能力和应变能力。

市场营销计划的内容

易楚斌

市场营销计划是一个企业进行市场营销活动的前提和出发点。对于企业而言，市场营销计划的制订与实施需要科学的分析与合理的规划。在确定市场营销计划的基本内容时，要以明确可行的营销目标为依据，并要主次分明，充分考虑到各内容之间的关系。市场营销计划的制订需在分析对比现在与将来、需要与可能的基础上进行。

市场营销计划是企业营销战略管理过程中最重要的产出和结果，也是战略管理的战术化。市场营销计划主要包括以下内容：

第一，计划概要。对拟订的计划进行综述。

第二，目前的营销概况。提供市场、产品、竞争、分销以及环境的相关资料。

第三，机会与问题分析。确定主要的机会、威胁、优势、劣势和产品面临的问题。

第四，目标。确定销售量、市场份额和利润等要完成的目标。

第五，市场营销战略。提供实现计划目标的主要营销手段。

第六，行动方案。要做什么？谁去做？什么时候做？费用多少？

第七，预测损益。预测期望的财务收支。

第八，控制。监督计划的执行。

一、计划概要

在制订市场营销计划时，先应对其计划的主要内容进行概括，以便企业的决策者能迅速了解本营销计划的主要内容，如年度产品销量成本与利润总额等。

二、目前的营销状况

这一部分包括市场、产品、竞争、分销和宏观环境等的相关资料。

市场状况：这里提供的是有关目标市场的主要数据，包括需求总量、地区分布、消费者特征、购买决策过程、使用场合、关注要点等。其数据要反映顾客的需求、观念和购买行为的发展趋势。

产品状况：提供过去时间内本企业产品的销售情况，如销售量、价格、毛利、净利润、市场占有率等。此外，还应包括产品销售过程中出现的一些需要调整的内容，如包装、说明书等。

竞争状况：描述市场竞争者的详细情况，如竞争对手的数量、地理位置、经营规模、市场份额、产品质量、经营战略、优劣势、未来营销策略的可能性预测等。

分销状况：要对企业的销售渠道、规模和现状进行描述。

宏观环境：这一部分要对影响企业产品市场前途的各种宏观因素进行分析，包括人口的、经济的、技术的、政治的、法律的、社会和文化的等内容。

三、机会与问题分析

营销经理需对企业面临的主要机会与威胁、优势和劣势进行详细的分析对比，从而明确企业产品市场销售所面临的主要问题。

四、目标

企业应制定相关目标，如财务目标和营销目标。

财务目标：确定投资收益率、利润率和现金流量等。

营销目标：财务目标必须转化为营销目标，这样才具有可操作性。例如，确定销售收入目标、产品价格、产品销售目标、市场份额目标，以及营销范围等。营销目标要尽量具体化和数量化。

五、市场营销战略

市场营销战略是一个企业用以达到目标的基本方法，因此它包括目标市场、营销定位和营销组合、营销费用等主要内容。

企业或营销经理要制定的市场营销战略可以用下述结构表示（以某OTC药品为例）：

目标市场：沿海地区及中等收入的患者。

定位：最好的质量，最可靠的疗效。

价格：以高于竞争品牌的价格出售。

分销：进入当地所有零售药店。

销售人员：增加10%。

广告：选定当地电视台黄金时间做广告，增加20%的广告预算。

促销：促销预算增加15%，主要增加POP广告。

在制定市场营销战略时，营销经理要与企业其他部门进行充分的沟通协商，这样才能保证计划的可行性。

六、行动方案

为了实现业务目标所采取的主要营销行动，包括将要做什么，什么时候做，谁来做，成本是多少等内容。

七、预测损益

在市场营销计划中还要预测损益，如预测费用投入量、销售量、销售收入、利润等。既要有总量指标，也应有反映成本的构成和成本的细目等分类指标。

八、控制

市场营销计划的最后一个内容是控制，主要用来监测计划执行的进度。企业要对计划的执行结果进行核算，出现问题要及时改进。对难以作出预测的因素，要制订相应的应急计划。

这八项内容共同构成了一个完整的市场营销计划。结尾可以讲讲期待，也可以讲讲鼓励的话。总之，市场营销计划既要激发广大营销人员和相关管理人员的斗志，又要做到切实可行。如果说营销人员觉得根本不可能完成，那么说明这个市场营销计划是失败的、不切实际的。

企业营销环境分析

易楚斌

企业营销环境包括企业外部环境（宏观、行业环境）和企业内部环境。

一、企业外部环境分析

企业外部市场营销环境是指那些对企业营销造成生存障碍或提供市场机会的社会力量，它对企业营销战略的制定和实施都有举足轻重的作用。能否把握外部环境的现状及未来的趋势，利用机会并避开威胁，是企业营销战略能否取得实效的关键。

在进行外部环境分析时要思考以下问题：有关环境因素将在何时发生何种变化？发生的可能性有多大？这种变化对企业是机会还是威胁？会带来多大的影响？应当采取何种对策？

企业外部环境分析的内容如下：

（1）政治法律环境对企业营销影响的分析，包括国际国内政治局势对企业营销的影响；有关法律法规对企业营销活动的影响；政府有关方针政策对企业营销战略的影响；有关公众团体对企业营销的影响。

（2）市场竞争分析，即辨别谁是竞争者；确认竞争者的目标、战略；研究竞争者的实力状况、优劣势所在；判断竞争者的反应模式，从而选择对策——进攻或回避、追随或领先。

（3）经济环境分析，主要是指影响企业营销工作开展的宏观经济政策或微观市场特征。宏观部分主要包括：产业政策、税收制度、工商管理、外贸政策、金融政策等；微观部分主要包括：消费者收入水平、购买力水平、消费倾向、地理分布、行为特征等。

（4）科学技术环境分析，即分析与本企业产品、材料、生产工艺、技术装备等相关的国内外科技水平和发展趋势。

（5）社会文化环境分析，即分析与医药企业市场营销有关联的目标市场的社会结构、风俗习惯、价值观念、生活方式、受教育程度、审美标准等。

二、企业内部环境分析

企业内部市场营销环境是指企业拥有的组织结构、企业资源、企业文化等企业内部各种战略构成要素。作为企业营销总体环境的一部分，这些要素制约着企业营销战略的形成与实施。

要想把握外部环境提供的市场机会，需要企业本身具备一定的内部条件。如果企业内部组织机构健全、运行正常、效率高，企业文化有特色，能够真正成为企业营销人员共同的价值观念并形成营销合力，企业资源良好，能够对各种环境的变化作出及时的反应并采取合理的对策，则企业的营销工作就会顺利得多。相反，如果企业内部信息不畅，各自为政，没有一个统一的经营思想，那么企业营销工作的难度就会很大。因而，企业营销策略的制定者必须充分分析了解企业内部营销环境的优势与劣势，以便有效地对营销战略进行控制。

（一）企业经营管理体制及结构

它不仅影响营销工作的正常开展，也是企业总体经营战略顺利实施的根本保证。我国部分医药企业市场竞争力量不足的根本原因就是企业的经营管理体制及组织结构的设计不佳，以至于经常错失良机。

（二）企业的使命、经营理念与目标

这属于企业文化范畴。企业文化是企业成员共同的信仰、期望和价值观念的总和。优秀的企业文化能为员工创造宽松、平和而又积极向上的氛围，使员工努力调整自己，以适应企业的要求，做到一致对外。如果一个企业内部员工间存在着非业务工作上的大量精力消耗，则员工的凝聚力、向心力就会受到影响，对于营销第一线的工作人员来说更是如此。

（三）企业能力（实力）

企业能力（实力）主要包括市场营销能力、财务能力、研发生产能力和营销组织能力等。

市场营销能力：其包括企业知名度、市场占有率、产品质量、生产成本、销售力量、营销网络客户关系、销售队伍素质、与当地有关政府部门之间的关系等。

财务能力：其包括回款能力、盈利能力、财务分析能力、财务管理能力等。

研发生产能力：其包括科研能力、员工素质、按时交货能力，满足市场需要的能力、质量稳定与保证能力等。

营销组织能力：其包括营销领导者的组织管理能力、协调能力、应变能力、敬业奉献精神等。

（四）企业现有的销售业绩

在制订企业未来营销计划时，必须对现有的销售业绩进行科学详细的分析，寻找出成功的经验或失败的教训。同时，需对每一个销售地区进行计划与实绩间的分析对比，这样才能使营销计划具有针对性和可操作性。

三、内外环境对照分析技术

这里介绍一种十字形图表法。此法是将企业外部营销环境的机会与威胁、企业内部条件的优势与劣势同列在一张十字形图表中加以对照，这样既一目了然，又可以从内外环境条件的相互联系中作出更深入的分析评价。十字形图表法是一种常见的企业内外环境条件战略因素综合分析方法，具体内容如表 22 所示。

表 22　某医药企业内外环境条件十字形图表

外部环境	**威胁**	**机会**
	国家药品价格管制 原材料价格涨幅 40% 以上 医疗单位实行药品集中招标	国家药品实行优质优价 药品专利保护加强 大众自我保健意识增强
内部条件	**优势**	**劣势**
	技术开发能力强 产品质量稳步提高 管理基础工作较好 与客户关系紧密	产品专利保护即将到期 营销人员知识结构不合理 资金回款问题严重 产品开发不及时

在企业战略管理中，仅有上述分析内容还远远不够，还必须对企业的内外环境条件综合情况作深层次的分析，从所列关键因素中归纳出问题的实质，研究潜在的机会与威胁、优势与劣势，这是企业战略取得成功的重要环节。因此，有关专家在十字形图表的基础上开发出了潜在的机会与威胁、优势与劣势分析的检核表，又称 SWOT 分析表（表 23）。

表 23　SWOT 分析表

内部环境	**潜在内部优势（superiority）**	**潜在内部劣势（weakness）**
	产权技术 成本优势 竞争优势 特殊能力 产品创新 具有规模经济 良好的财务资源 高素质的管理人员 公认的行业领先者 买主的良好印象 适应力强的经营战略 其他	竞争劣势 设备老化 战略方向不明 竞争地位下降 产品线范围太窄 技术开发滞后 营销水平低于同行业其他企业 管理不善 战略实施情况不佳 不明原因导致的利润率下降 资金拮据 相对于竞争对手的高成本及其他
外部条件	**潜在外部机会（opportunity）**	**潜在外部威胁（treat）**
	纵向一体化 市场增长迅速 可以增加互补产品 能争取到新的用户群 有进入新市场或市场面的可能 在同行业中竞争业绩良好 扩展产品线满足用户需要及其他	市场增长较慢 竞争压力增大 不利的政府政策 新的竞争者进入行业 替代产品销售额正在逐步上升 用户讨价还价能力增强 用户需要与爱好逐步转变 通货膨胀递增及其他

当前制药企业战略管理存在的主要问题及建议

易楚斌

近年来，我国的医药产业发展迅速。由于受带量采购的影响，增速有所放缓，但仍高于 GDP 的增速。2022 年 1—4 月，医药工业增速为 7.6%，而全国工业增速为 4.0%。在医药工业高速增长的同时，人们要看到，医药工业存在的问题仍然较多，如部分企业没有战略规划。本文主要阐述了医药企业战略管理方面存在的问题及建议。

一、当前制药企业战略管理存在的主要问题

（一）战略比较乱

一些企业制定的战略比较乱。企业内部部门或子公司各自为政，没有全局意识，只注重本部门或公司利益。

（二）战略不切实际

有一些公司上市后融了资，不是用在主业，而是用在副业，如房地产、农业等，最后血本无归，以至于主业资金链紧张，经销商与公司离心离德，主业业绩下滑，股票低价位运行，市值严重缩水。有些未上市公司，当企业规模达到一定程度后，盲目膨胀，三年要翻一番，五年翻三番，没有产品和市场做支撑，这样的战略不切实际，轻则伤筋动骨，重则一蹶不振。

（三）错误的多元化战略

药企的多元化经营很少有成功的，房地产、能源、日化和食品等样样都搞，哪样有钱赚就搞哪样，哪样热门就搞哪样，不顾企业的人才、资金等制约因素，导致多元化经营失败。多元化战略的实施有一个基本的原则：必须依托主业进行多元化经营。

（四）执行力差

有些企业战略做得很好，规划也切合实际，但执行力差。特别是集团公司，产品多，人员多，事业部或分公司多，执行力相对差一些。各单位都以本单位的利益为重，这样就严重影响了战略效果。再好的战略，如果不能落地执行，也是白纸一张。

（五）协同效应差

在一些集团型药企，业务体系可能涉及制药、医药流通、医疗器械、保健品、连锁终端、保健食品以及医疗等多个业务板块。这就要求各业务板块协同发展。但有些企业的业务板块单打独斗，导致资源利用率低。

（六）战略管控缺失

现在的医药市场环境日新月异，内外部环境形势严峻复杂，不确定性成为一种常态。而企业在制定战略规划时，往往时间较长，形势可能发生变化。对此，企业一方面要修改和校正规划，一方面要对战略进行管控。而现实情况是，企业对战略缺乏管控，致使企业的战略规划无法实现。

二、对医药企业战略管理的几点建议

（一）提高对企业战略重要性的认识

战略对于企业来说十分重要。它有助于企业准确判断外在危机和机遇；有助于明确企业核心竞争力；有助于优化整合企业人力资源，提高企业效率；有助于建立品牌形象，明确目标市场。企业没有战略，就像轮船在大海中航行没有目标一样。

（二）改变战略混乱的局面

有了战略以后，公司要有一个监督部门来督促其他部门执行，绝不能各唱各的调，是大合唱，而不是独唱。公司老板就是企业交响乐团的总指挥，其要把不和谐的声音剔除掉。对于那些损害公司长远利益，只顾眼前利益和部门利益的人，必须予以严惩。

（三）制定合理的多元化战略

药企可不可以多元化发展？毋庸置疑，完全可以。企业要想实现多元化发展，在制定发展战略时，一定要考虑自身的实际情况以及外部因素，如人才、资金、当地政府资源、大的宏观环境等，切忌盲目多元化。企业在制定多元化战略时一定要把握好以下几个原则：第一，量力而行。这个“力”不只是指“财力”，还指“人力”。第二，与主业相关。如果干的副业与主业相关，相对来说，容易成功，反之，成功的概率小。第三，切忌主副颠倒。切忌把副业当作主业来做。

（四）增强战略的执行力

再好的战略，也要有团队去执行，否则就等于零。对于集团型企业来说，事业部或分公司很关键。这些部门必须围绕公司的整体战略开展工作，切忌上面说东下面走西。企业要增强战略的执行力，做到上下同心，这样才能战无不胜。

（五）增强各部门、各业务单元的协同效应

企业最大的浪费是企业内部资源的浪费，特别是人力资源的浪费。如何使企业内部各业务板块充分发挥协同效应，做到人、财、物的最优化利用，发挥最大效能，是每个管理者应该思考的问题。然而，在一些集团化企业中，业务板块重叠，资源大量浪费。要想解决问题，企业要采取相应措施来提高协同效应。

（六）强化战略管控

医药大环境在不断变化，这要求战略随着形势的变化进行相应调整，而不是一成不变。战略管控要从宏观和微观两个角度进行，二者相辅相成，缺一不可。

（七）培育企业文化

企业文化是企业的灵魂，一个没有企业文化的企业是走不长远的，一个没有企业文化的企业也是做不大的。如何培育企业文化呢？第一，精心设计企业文化核心要素。它的核心要素就是企业的价值观和职工认同的精神、理念等。企业文化培育过程就是对企业价值观和企业精神的确定、应用和固化的过程。第二，完善企业制度，规范企业管理。企业文化是一种软硬结合的管理技巧，在建设企业文化时应软硬兼施，相辅相成。

十年磨一剑——建立十年可持续性发展规划

李本航

现在经济已经由高速增长转为低增长或微增长，各企业都在寻找增长的方法及路径，竞争不断加剧、市场不断规范，机会越来越少。现在想靠找到一个很牛的人或团队，一下实现高速增长，基本不可能了。企业需要有定力，老板也需要有定力，找到志同道合的人及团队一起规划，着眼长远，共同拓展市场。如果企业招一个省的代理，看到一年没什么业绩，就想换人，那基本上很难把市场做起来，没有人会跟着企业干。企业都没有长远规划，代理或营销人员也很难有长远规划，最终会影响市场发展，影响企业发展。

一、营销初期（第一年）

营销人员在这一年主要熟悉产品，拜访客户，开发新市场，付出很多，收获很小。

这时的营销人员，更需要公司的鼓励与支持，需要公司给予信心。这个阶段评价营销人员是否合格，要看过程，看营销人员是否拜访客户，与客户的关系是否有提升，是否有阶段性的成果，如提单。

如果企业在这一阶段不提供支持，甚至还有调换营销人员的想法，营销人员就更难坚持下去了。换一批人，又得从头开始。有的企业就是经常换人，市场就这样被耽误了。

二、营销中期（中三年）

只要付出努力，就会有所收获。有了第一年打下的基础，营销人员对产品、对市场都熟悉了。从第二年开始，后面的三年会逐步有收获。这个阶段营销人员的信心有所提高，积累了一些临床学术推广经验，也会得到一些临床应用好的反馈。有了一定销量，有了一些标杆终端，会正向影响团队其他人员及其他市场的人员。这个阶段打造标杆，积累经验很重要。企业要通过一系列的措施帮助营销人员打造标杆，增加销量，提升自信心。

三、营销后期（后六年）

医药代表在初期的淘汰率达百分之六十以上，中期淘汰率达百分之四十以上，后期淘汰率达百分之二十以上。营销人员是很辛苦的，压力也很大，有来自市场的压力，来自客户的压力，也有来自企业的压力。

坚持下来就是精英，从第五年开始就是收获的时期，也是比较轻松的时期。有了前四年的基础与积累，营销人员不仅对公司、对产品很熟悉，对市场及客户也很熟悉，还积累了一定的人脉资源。办事会很顺利，一事顺事事顺，信心足，心情好，形成了良性循环。

所有的事情都贵在坚持，只有坚持下来才会成功。现在的竞争都是精英与精英之间的竞争，不是精英也要努力成为精英，这样才可能成功。

企业要成功，要有一批营销精英。企业的营销精英，只能企业培养。如果企业没有营销精英培养意识，很少有营销精英，也难以做大做强。

四、十年磨一剑

医药产业是全球公认的“朝阳产业”，是第二次工业革命（1870 年）至今，唯一每年“刚性增长”的产业。药品是人类生存必须具有的两种商品（食品、药品）之一。没有饭吃，人类肯定没法生存，更谈不上延续。吃五谷杂粮生百病，每个人不可能不生病，因而药品也很重要。

企业要坚持自己制定的战略目标，营销人员也要坚持这一目标，从上到下都要把这一目标刻在骨子里，不能只是口上喊喊。

坚持吃苦的标志是“四千精神、四不心态”，“四千”精神是走过千山万水、尝尽千辛万苦、想尽千方百计、讲尽千言万语；“四不”心态是不害怕、不回避、不抱怨、不气馁。药械业务员在营销初期的淘汰率达百分之六十以上，主要原因是目标不明确，因此不愿吃苦。

企业要制定十年发展规划，有长远打算，有系统考虑，这样才会有更多的人愿意跟着企业干。这样，企业的业绩会很好，还能实现目标。

敢于有梦，勇于追梦，勤于圆梦。企业要有梦，要造梦，要吸引更多的人一起追梦。

营销模式

制药企业营销模式现状

易楚斌

营销模式是什么?

营销模式的概念：营销模式是指企业面对不断变化的市场环境，依据自身的资源和能力，通过满足市场需要而实现其营销活动目标的营销策略。

营销模式的类型：代理制销售模式、买断制销售模式、直营制销售模式、经销制销售模式、促销制销售模式。

销售模式主要是从销售渠道的层级及厂商职能分工上进行区分的。销售模式的渠道关系如图6所示。

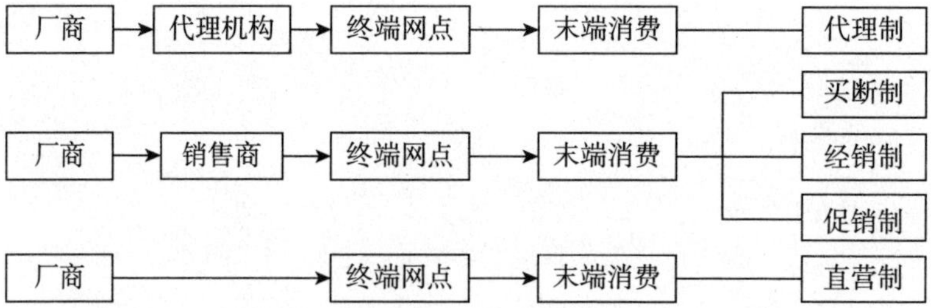

图6 销售模式的渠道关系图

一、代理制销售模式

（一）代理制销售模式的概念

销售代理是委托人授予代理商独立的“销售代理权”，代理商在销售代理权限内代表委托人搜集订单、销售商品、办理其他与销售相关的事务（如张贴广告、售后服务、仓储等），代理商完成销售任务后领取一定的佣金。

（二）代理制销售模式的特点

（1）独立的法人组织或自然人，并与委托方有长期稳定的关系。

（2）只拥有销售代理权，不拥有代理商品的所有权，即产品流和所有权流分离。

（3）履行代理的权利和义务。

（4）法律责任由委托方承担。

（5）代理商收入来自佣金而不是购销差价。

（三）代理制销售模式的优点

（1）减轻企业库存压力，拓宽销售门路。

（2）生产企业可以将精力放在生产和新产品的研发上。

（3）充分利用代理商渠道资源，迅速拓展市场。特别适用于跨国市场的开拓。

（四）代理制销售模式的缺点

（1）法制尚不完善，在实际操作过程中易出现三角债的情况。

（2）代理商隐瞒销售价格、销售额，随意提高售价，导致价格体系混乱。

（3）代理商不注重品牌形象、市场培育和新市场开拓，不注重市场长期性。

（4）市场信息反馈不及时、不全面。

（5）厂家负担加重。

（五）厂家、代理商在市场中的主要职能

厂家：代理商的确定和管理，营销计划的确定，销售政策的确定，售后服务流程制度的确定。

代理商：促销的实施，零售覆盖、零售商支持，售后服务，产品分销。

代理制销售流如图 7 所示。

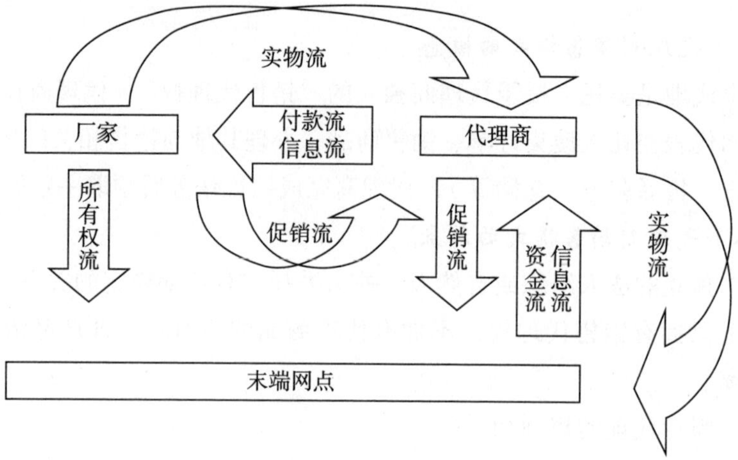

图 7　代理制销售流

二、买断制销售模式

（一）买断制销售模式的概念

商业企业从生产企业购入商品，然后销售，该商业企业拥有商品所有权，并承担全部经营风险。随着市场分工的细化，很多专业化的销售企业不断涌现，他们不仅具有很强的销售网络、管理完善的销售队伍，而且具有很强的市场运作能力。这种销售模式比较适用于具有生产和研发能力但初期不具备市场运作能力的企业。

（二）买断制销售模式的优点

（1）利用经营商现成的销售网络快速进入市场。

（2）规避经营风险，特别是货款回收风险。

（3）公司可以将大部分精力投放在内部生产管理和新产品开发上。

（4）流通企业为生产企业垫付大量资金，从而加速了资金周转。

（三）买断制销售模式的缺点

（1）难以进行价格控制，中间商往往采取高价销售行为，大大增加其中间利润。

（2）难以进行宣传控制，不注意品牌形象的长期性，仅进行商业炒作。

（3）不能规范买断商行为。

（4）买断商的议价能力越来越强。

（5）对于新产品推出，没有网络优势。

（四）厂家、买断商在市场中的主要职能

厂家：研制新产品。

买断商：营销计划的制订与实施，销售政策的制定与实施，售后服务流程的制定与实施，零售覆盖、零售商支持、产品分销。

买断制销售流如图 8 所示。

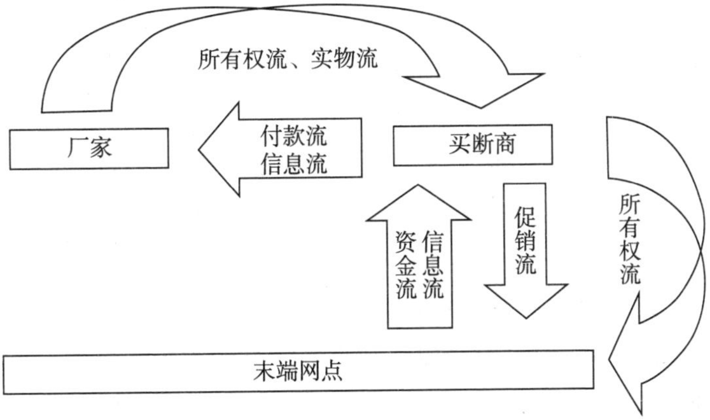

图 8　买断制销售流

三、直营制销售模式

（一）直营制销售模式的概念

厂家直接向末端网点销售。具有营销实力、管理能力和资金实力的企业均愿意采取这种模式。

（二）直营制销售模式的优点

（1）可控制市场，彻底掌握终端用户，提升市场铺货率。

（2）能够较好地控制价格体系，把握利润空间。

（3）有助于实行长期战略，有利于品牌营运、品牌提升，有助于新产品进入同一网络。

（4）能够进行优质快速服务。

（5）能够很好地进行促销。

（6）能够提高市场信息的收集速度、反馈速度。

（三）直营制销售模式的缺点

（1）初期进入市场的阻力较大，网点建立时间较长。

（2）终端网点的收款工作难以推进。

（3）直营一般采用区域市场管理人员承包的方式，区域市场管理人员为了自身的利益而窜货或降低售价。

（4）队伍管理能力和控制能力要求很高。

（5）直营企业的广告实施一般由区域市场管理人员自己操作，广告费用难以控制。

（6）人、财、物不能够有效分离，公司必须具有完善的监控体系。

（7）分级管理体系必须完善，否则容易导致腐败等现象的发生。

（8）直营企业的市场一般既有销售功能又有促销实施和网点维护功能，但区域代表往往只注重销售，而忽视网点的维护和培育。

（四）厂家在市场中的主角职能

厂家：营销队伍的组织与建立，市场信息的收集和反馈，营销计划的制订，网点的建立、维护和管理，销售执行、库房管理、储运管理实施、销售回款管理，售后服务制度的制定与实施。

直营制销售流如图 9 所示。

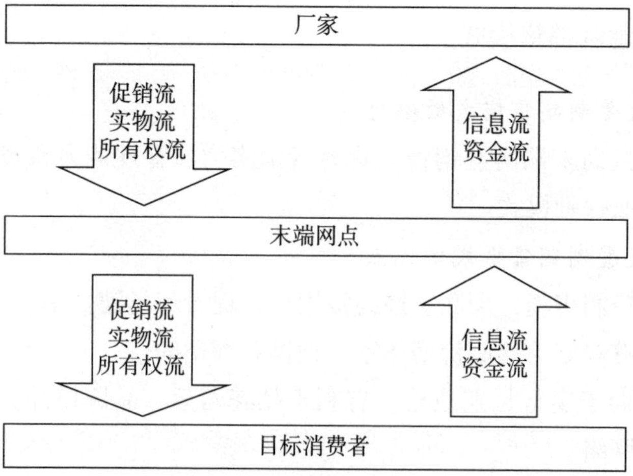

图 9　直营制销售流

四、经销制销售模式

（一）经销制销售模式的概念

从法律上来看，经销商与厂家之间的关系是买断关系，但厂家对经销商的控制力度强，经销商的收入不是佣金，而是商品销售价格与购入价格的差价。经销商以自己的名义在规定区域内进行销售，销售行为服从经销协议。

（二）经销制销售模式的优点

（1）利用经销商的销售网络和销售经验，迅速拓展市场。

（2）降低网络建设费用，并提高资金的回转率。

（3）经营风险较小，对商家和市场的控制力度强。

（三）经销制销售模式的缺点

（1）厂家和经销商分属不同利益主体。双方之间存在目标错位、观点不同、期望偏差等多方面的矛盾。

（2）企业在销售工作中产生惰性。企业一开始就采用经销制，且销售业绩不俗，这可能使管理层满足于表面繁荣，在意识中形成构建和管理自身队伍的惰性。

（3）市场控制力较弱。过分依靠经销商，企业对市场的反应过于迟缓，市场控制力度过于薄弱。一般来说，总经销商转变经营产品，其零售商也会不再经营原有产品。

（4）经销商管理较难。国内许多快速成长的消费品大公司都为市场价格无序、终端销售失控所困扰。概括起来，主要体现在5个方面：①市场秩序维护。由于经销商在自己区域外低价抛货，厂家往往难以控制市场价格。②目标利益的设定。经销商的销售原则是量小利厚，追求高毛利，而厂家的销售原则是量大利薄。这种利润目标的差距很难调整。③市场支持费用及赠品使用。许多经销商将市场支持费用视为销售利润补贴，将促销赠品拆零销售或用来拉拢下级客户，很难如厂家所愿用在终端消费上。④网点建设。厂家要求全方位、全系列铺货，但经销商很难大规模铺货。⑤终端维护。厂家希望产品出现在尽可能多的商店，并摆放在商店较好的位置，这项工作需要有人长期认真地去做。经销商的销售代表一般只负责系列商品的订购，很难顾及终端的理货。

（5）企业利益流失。企业在与经销商合作的过程中，为了保证经销商的积极性，要给其一定的赢利空间（往往高于企业自身的利润率），对于没有知名度或者产品销售刚刚开始的企业，议价能力比较差，且很难有专业人员为经销商负责广告促销等工作，要想找好一点的总经销商，必然在利润上给以较大的活动余地，利润流失就更严重。

（6）企业承担较多的渠道风险。如果经销商过多考虑自身利益，在企业支持、利润和返利上提出过高要求，或牵制企业的销售政策和市场运作计划，这会影响企业市场整体目标的实现和企业的发展速度，使企业陷于进退两难的境地。

（四）厂家和经销商在市场中的主要职能

厂家：经销商的确定和管理，营销计划的确定，销售政策的确定，售后服务流程制度的确定，广告和促销政策的制定。

经销商：促销实施，零售覆盖、零售商支持，售后服务，产品分销，末端网点实物配送、收款。

经销制销售流如图 10 所示。

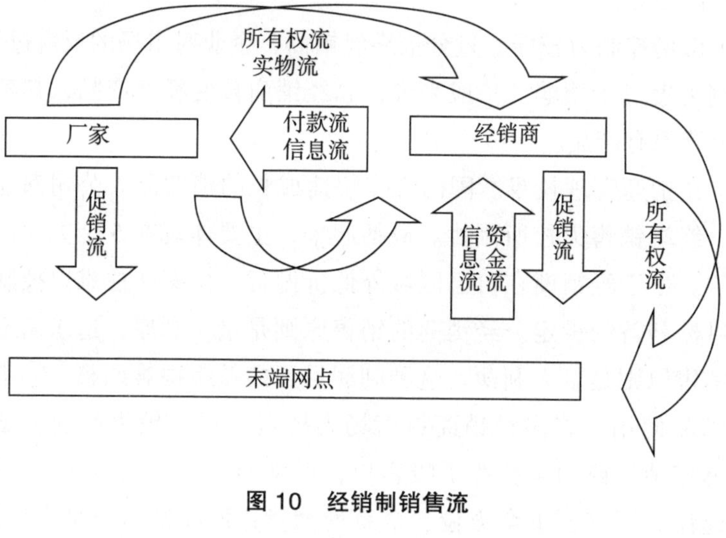

图 10　经销制销售流

五、促销制销售模式

（一）促销制销售模式的概念

促销是一种先进的销售管理模式，为了实现终端网络覆盖和销售额的增长，厂家通过投入由自己控制的人、财、物等各类资源，系统地支持经销商销售。它不是以管理内部职员为目的，而是以管理经销商和零售终端为目的的销售管理体系。促销是一种完善客户服务、强化市场开发管理的渠道运作理念，是在直营体系和经销体系的基础上发展起来的先进销售管理模式。

（二）促销制销售模式的特征

（1）提供专业销售培训。跨国公司特别注重销售人员的培训，培训部一方面培训厂家代表，另一方面培训专营及理货队伍。一般培训“如何演示销售议案”“如何建立自信心”“新产品上市”“谈判技巧”“销售异议处理”等内容。

（2）提供进场、陈列等系列费用支持。由于卖场空间有限，大多数商场或超市收取新产品进场费，对于需要特别陈列及指定位置的产品，商场或超市还会收取陈列费、买位费。经销商一般不承担这些费用。若没有这些费用支持，经销商很可能放弃这些大网点的铺货。在助销理念指导下的跨国公司都有专项费用用于产品进场、陈列、买位。

（3）派驻厂家代表负责区域市场拓展与管理事务。无论是新市场，还是成熟市场，至少派驻一位厂家代表（职务为城市经理或地区主管），这是跨国公司开发管理市场的前提条件。大公司开发市场时讲究稳打稳扎，层层推进，特别注意终端网络的组建和控制。从与经销商谈判、销售小组管理、客户订单回款、价格协调控制，到促销活动安排、卖场陈列买位、新产品上市铺点等，都需要厂家代表常驻当地，实现公司对终端网络的控制。

（4）组建经销商下属销售队伍或理货队伍。一种是组建经销商下属的专营小组或品牌小组，小组人员负责专项产品的订购、陈列等事务。根据合作协议，专营小组的工资、奖金、办公费用、差旅费等由厂家和经销商双方按一定比例分担。多数情况下，厂家承担专营小组的奖金，专营小组的工资由经销商支付，办公费、差旅费则从经营费中提取。总之，厂家以尽可能少的费用，达到厂家代表管理控制专营小组的目的。另一种是组建办事处和理货队伍。厂家代表一般通过组建办事处及理货队伍支持经销商销售。办事处除负责日常行政工作及与各经销商协调联络外，还要管理理货队伍。厂家一般不设地区总经销，理货队伍的主要职责是协助各区域内的经销商进行铺货、补货、陈列、广告张贴等工作。

（5）设市场部（企划部、营销中心），保障助销理念的实施。市场部是企业营销的大脑，其常规职责是张贴广告、安排促销活动、派驻助销人员、销售培训、提供费用支持等。许多跨国公司设有客户经理、渠道经理、品牌经理、市场推广经理，目的是做出助销决策，构成专业组织体系。

（6）提供各类实物赠品。经销商协议规定，赠品所有权归公司，由厂家代表全权负责。其目的是确保厂家对赠品的控制，使其真正用在鼓励客户进货、争取零售人员推荐、消费者促销等方面。

综上所述，促销理念下的销售不再是孤军奋战，而是团队协同作战，这不仅有助于提高业绩，而且有助于销售综合管理体系的完善。

（三）促销制销售模式的优点

（1）最大限度地控制零售终端。通过运用助销理念，在厂家代表、专营队伍的努力和支持下，厂家可以直接控制零售终端。

（2）最大限度地管理经销商，确保厂家各项市场及销售政策的高效实施。通过组建由厂家代表控制的专营理货队伍，零售终端控制在厂家手中。

（3）最大限度地利用经销商资源，引起经销商对品牌的重视。有效利用经销人员、资金及网络，节约厂家经营成本，从而加快市场开发步伐。由于厂家派驻代表的不断沟通，以及专营或理货小组的配合，经销商很重视项目产品的销售。

（4）与经销商结成伙伴关系，化交易营销为伙伴营销。运用助销理念开发市场，经销商可以节约销售成本，业务人员可以接受厂家的培训，提高业务素质和业务能力，与厂家分工合作，共同开发、管理市场。厂家和经销商双方着眼于长期发展、整体利益，从而达到高度的默契。

（四）促销制销售模式的缺点

（1）并不是所有厂家都适用助销理念。具备以下两项条件的厂家宜采用助销理念：①消费者的购买特点是就近购买、随意性强、购买频率高，相应厂家对铺点、陈列的要求高。②厂家具备一定的规模和实力。虽然运用助销理念开发市场的成本远低于直营，但是各类人员薪金、市场支持等各项费用不菲。

（2）厂家派驻代表掌控经销商及市场的能力不足。一方面，厂家代表本身的谈判、管理、沟通等能力不足。另一方面，厂家代表素质不高。有些厂家代表为了搞好与经销商的关系而牺牲公司的利益，出现专营队伍不专营、市场支持费用不到位、销售赠品被截留等现象，这既造成厂家市场资源的浪费，又达不到控制市场的目的。

（五）防范措施

（1）委派的厂家代表需要有较强的谈判能力与控制能力。

（2）实行岗位轮换制。

（3）厂家上级经理及相关部门应常到区域市场检查工作。

（六）厂家和经营商在市场中的主要职能

厂家：经销商的确定和管理，营销计划的制订，销售政策的制定，售后服务流程制度的确定，广告和促销活动的设计、实施，理货队伍的管理、培训。

经销商：零售覆盖、零售商支持，产品分销，末端网点实物配送、末端网点收款。

促销制销售流如图 11 所示。

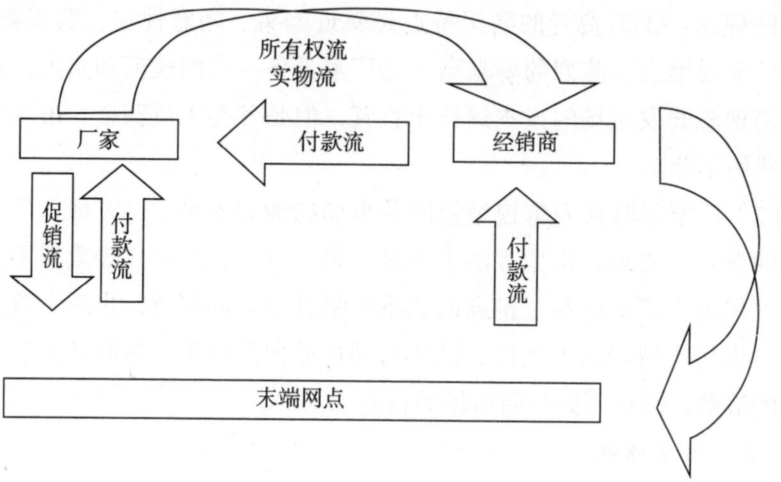

图 11　促销制销售流

不同销售模式的比较如表 24 所示。

表 24　不同销售模式的比较

	网络建设费用	终端控制力	经营风险	管理和监控力要求	新产品推出	企业市场运作能力	资金回收风险
代理制	3	3	6	2	3	2	6
买断制	1	1	1	1	1	1	1
经销制	3	3	4	4	3	3	3
直营制	5	5	2	5	6	5	5
促销制	4	4	3	3	4	4	4

注：1—6 表示程度由低到高，或由弱到强，或由小到大。

处方药营销模式变革的基本原则

易楚斌

处方药营销模式变革的五大基本原则：企业规模、企业产品结构、国家政策、医院变革、医疗科技发展。

一、营销模式与企业规模相适应

企业规模的大小决定了企业应该选择什么样的模式。年销售规模在1亿以下的企业，一般采取代理制模式，并以省代为主，以地区代理为辅。因为企业规模小，毛利少，所以必须控制费用。营销人员过多，企业费用增加，利润低，企业无法生存。

年销售规模在1亿以上，且拳头产品发展潜力较大的企业，宜采用“代理制＋直营制”营销模式。企业在各个省设立办事处。

办事处经理的职责：代理商的管理、商业公司发货回款、市场的深度分销、专家队伍的建设、分销渠道的管理。

办事处的优点包括以下几个方面。

第一，有利于公关事务的管理。这个工作可以由办事处经理做，也可以由代理商做。

第二，可以采取深度分销的方式，分医院招商，这有助于提高市场占有率。

第三，细化代理商的管理。不仅管理代理商的销售目标，而且管理整个销售过程。同时对代理商的情况了如指掌，一旦有突发情况，企业可以及时采取措施。

第四，有利于专家队伍的建设。

二、营销模式与企业产品结构相适应

营销模式的选择一定要与企业产品结构相适应。产品结构必须有与之相配合的产品模式。

如果企业的产品线丰富，普药较多，可采用代理制或经销制，有些产品可以实行全国总代。例如，湖南的FS公司有100多个批文，以西药为主，但大都是普药。于是，他们采取单品种全国总经销或总代制，这些总代品种量占该公司全国销量的三分之一。除此之外，全国有客户2 000多个。

全国总代制的优点包括以下几个方面。

第一，有助于做透市场。如果企业产品线单一，但有拳头产品，那么可实行“代理制+直营制”的深度分销模式。这样可以把某一单品做到极致。

第二，充分发掘公司现有品种的潜能，使每个品种都能为公司销售任务的完成贡献力量。

第三，有助于小客户招商，分地区甚至分医院招商。

三、营销模式与国家政策相适应

企业是社会的细胞，公司营销政策的制定必须与国家政策相适应。一方面，紧跟国家的宏观政策。另一方面，研究国家产业政策的走向。

2009年，国家实行基本药物制度，企业考虑的是让自己的产品进入国家基本药物目录，如果企业没有实力，其产品进不了国家基本药物目录，那么可以进地方增补目录。无论企业实行哪种模式，都必须考虑这一前提，否则就跟不上国家的政策步伐。2009年，国家基本药物目录出台后，处方药营销进入基药时代。很多企业抓住了时机，获得了飞速的发展。有一些企业发展缓慢，甚至步履维艰。

国家实行两票制，那么企业就要考虑底价招商的代理制模式是否可行，会不会出问题。这几年，太多过票公司出问题，大多牵扯到厂家。另外，国家反腐倡廉政策明确指出，给医生费用属于商业贿赂，那么企业营销就要考虑这一因素。

四、营销模式与医院变革相适应

处方药的营销终端是医院，医院的变革会影响企业的营销。《中共中央关于全面深入改革若干重大问题的决定》，公立医院改革全面启动，医疗服务市场进入全面市场化改革阶段，药品改革望有新突破，拨开政策迷雾，投资领域更开阔，各细分领域龙头公司在政策变局中恒强，并分享改革成果。中国医疗改革成果如图 12 所示。

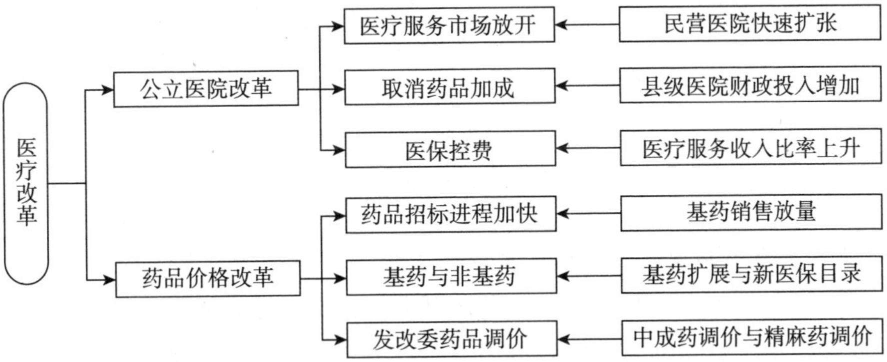

图 12 中国医疗改革成果

五、营销模式与医疗科技发展相适应

（一）与迅猛发展的医疗科技相适应

医疗科技的飞速发展促进了诊断仪器、手术仪器的发展，而仪器的改善提高了诊疗水平，但少了医生对患者的人文关怀。营销的宗旨就是满足客户需求，医药代表如何搭建好这个桥梁，成为企业营销模式选择必须考虑的因素。远程医疗服务体系如图 13 所示。

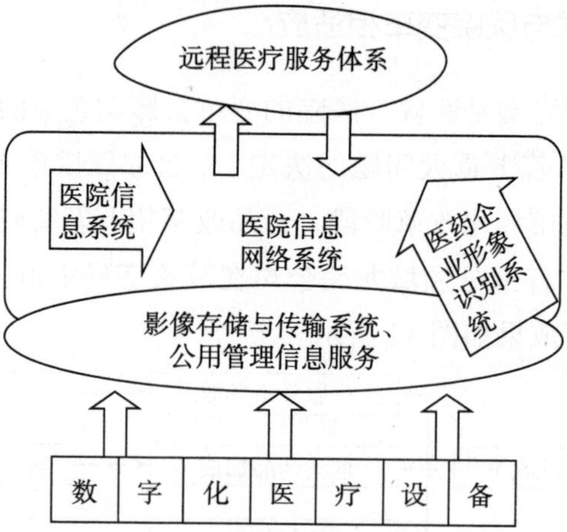

图 13　远程医疗服务体系

（二）与迅猛发展的数字化医疗相适应

杭州良渚数字化健康服务示范区开展了网络远程诊疗服务、多项数字化健康服务、网络健康专家咨询服务；上海市闵行区的数字化平台统一建立了居民电子健康档案，确定了基于物联网的应急救护措施，应用了新型分子诊断技术和现场即时检查法。这些新的数字化医疗模式将改变医疗服务方式和诊疗模式，以医院为终端的营销模式也会相应地调整和变化。

处方药营销模式的发展趋势

易楚斌

处方药营销模式的发展趋势：数字化趋势、个性化趋势、网络化趋势、非价格竞争趋势、合作化趋势、多元化趋势。

一、数字化趋势

在新经济形势下，数字信息将取代模拟信号，信息以数字形式存在，许多不同形式的信息被合成、创造，并以光速压缩的方式传送，这为营销形式的变革创造了空前的物质前提。顺应营销形式的数字化走向，营销管理必然广泛地采用数字化技术，这样才会更加科学、有效。

二、个性化趋势

细分化和个性化是未来市场总的发展趋势。菲利普·科特勒（Philip Kotler）在其《想象未来的市场》中指出："未来市场经营者将把注意力由集中于大的群体转移到寻找特殊的合适的目标。因为这些目标所在之地，必有着财富的存在。"个性化的营销最终是以产品满足消费者需求为归宿的。因此，个性化的营销强化以客户为中心的市场营销管理，营销管理的目标将从降低成本、提高效率转向开拓业务、提高顾客忠诚度。

三、网络化趋势

网络是新经济发展的重要基石。一方面，网络经济将迫使许多企业进行必要的改建和调整；另一方面，产品的研发、设计规划、生产、疏通、售后服务等诸多环节，都将采用数字网络技术。电子商务将彻底改变传统的、实体化的营销体制，在营销管理上，形成一种数字化网络与传统营销体系相结合的新的营销系统，使营销管理变得便捷、有效，且省时、省钱、省力。

四、非价格竞争趋势

在传统条件下，由于产品、服务等方面没有大的差异，企业往往容易陷入价格竞争的境地。在新的经济条件下，产品和服务日趋专业化、个性化、差异化，因此企业将采用为顾客提供更具特色、更适合消费者个性化需求的产品和服务的形式展开竞争。如何以产品的品种、质量、专利、品牌、特色、包装保证服务形象，如何开展多种促销活动，如何吸引消费者，如何在非价格竞争中获胜，将成为未来营销的新课题。

五、合作化趋势

在知识经济时代，知识和信息成为企业的生产要素。知识和信息的共享性、非排他性决定了企业在知识和信息的占有和使用上不仅存在竞争关系，而且存在合作关系。知识共享、信息共用将创造出更多的知识，增强企业竞争力，而网络技术的应用为知识共享提供了可能。在营销管理中，企业可根据自身战略目标和内部资源状况，在广泛的空间寻找能为自己持续发展提供所需资源的企业，并在充分利用信息网络技术的前提下，打破企业边界，构建虚拟组织，与各种企业开展灵活、多样、高效、机动的合作，真正实现资源共享、优势互补，相互学习、相互促进，增强企业的竞争优势。

六、多元化趋势

没有哪一种营销模式是最好的，只能够说某种营销模式是适合自己的。随着转化医学和数字化医疗模式的发展，企业会融合几种营销模式。“直营制 + 代理制”模式就是目前许多企业普遍采用的一种营销模式。随着改革的深入，多元化营销成为营销模式的发展趋势。

医药营销代理制的主要形式和总体评价

易楚斌

代理制作为一种新的销售形式已被越来越多的医药企业采用。许多企业通过代理商在短时间内使自己的产品销售到全国各地，获得了较好的回报。

一、代理制的主要形式

医药营销的代理主要有国内总代理、省级总代理、地市县代理、混合代理等几种形式。其中，地市县代理最多，省级总代理次之，其他几种代理并存。

（一）国内总代理

国内总代理指医药机构或个人负责医药生产商的一个或数个产品在全

国的销售活动。这种代理行为既可以发生在国内企业与企业、企业与自然人之间，也可以发生在国内企业与国外企业之间。

（1）优点：生产商能以较少的投入在短时间内打开市场，便于规范化管理和市场的统筹安排；生产商的市场管理工作相对简单。

（2）缺点：生产商没有主动权，市场完全由代理商控制；一些没有市场基础的代理商难以做透全国市场。

（3）风险：如果代理商不重视所代理的产品，不加强市场网络建设和市场投入，而代理合同中又没有必要的条款加以约束，被代理的生产商往往会丧失市场机会，并由此承担其他可能的风险。

（二）省级总代理

省级总代理指医药生产商或经营企业将一个或数个产品在一个省的经营权授予某个机构或个人。这种代理形式较为普遍，且成功者较多。非处方药产品可考虑这种代理形式。

（1）优点：便于企业的规范化管理和协调；企业能利用代理商的终端网络尽快开拓市场。

（2）缺点：如果短时间内找不到符合企业要求的代理商，这会影响整个产品的市场拓展速度。

（3）风险：如果代理商不合格，如其销售网络较差或其代理的产品太多而无法拓展市场，这会使生产商陷入困境。

（三）地市县代理

地市县代理指医药企业将一个或数个产品的经营权授予地市县的某个经营机构或个人。

（1）优点：能在全国各地迅速找到代理商，市场启动速度快且容易做透。

（2）缺点：对代理商的考察一般不充分，代理商人员较为复杂，市场推广及价格体系较混乱，不利于品牌产品的推广，管理难度大。

（3）风险：市场实际上完全由代理商控制，销售网络随时会被竞争者替换。

（四）混合代理

混合代理指医药企业采用以上三种或其中两种代理形式在全国开展销售活动。这种形式的代理比较符合我国的国情和医药市场的发展趋势。

（1）优点：能充分利用社会上的一切资源开发市场，在较短的时间内使产品占领市场。

（2）缺点：管理难度大，管理成本高。

（3）风险：市场把握程度取决于企业的管理水平。

二、代理制的总体评价

代理制作为一种新的营销模式在医药行业已经发展为符合药品营销特点的模式。它能减少企业对市场开发的投入，迅速启动市场，充分利用代理商的终端销售网络，规避应收账款风险。更重要的是，它将企业经营风险均摊到销售渠道的各个层级，符合“利益均兼，风险共担”原则。对中小企业来说，这不失为一种好模式。

然而，实践表明，代理制暴露了许多问题。一是利用招商进行诈骗的情况时有发生，佣金不能及时返还甚至不还，千方百计扣取代理商的保证金等；二是代理商与生产企业之间的利益冲突，代理商之间窜货，生产企业的各项服务跟不上，代理商的市场拓展速度太慢，代理商的网络、实力与合同中的承诺不符等。因此，医药企业需要思考如何用好代理制。

代理制模式下的营销执行力

易楚斌

近年来，由于企业外部环境的迅速变化和国家政策的影响，制药企业的营销模式发生了变化，但代理制仍然是国内众多中小企业的主流营销模式。因此，代理制模式下的营销执行力显得十分重要。

一、营销执行力的突出问题

委托人授予代理商独立的“销售代理权”，代理商在销售代理权限内代表委托人搜集订单、销售商品、办理其他与销售相关的事务。代理商既可以是独立的法人组织，也可以是自然人。由于厂家投入少，能够充分利用代理商的终端网络资源迅速启动当地市场，代理制营销模式受到中小企业的普遍青睐。这种营销模式也有许多不足，如厂家与代理商之间的利益冲突、代理商之间的“窜货”行为、厂家各项服务跟不上、代理商的市场拓展速度与厂家要求相差较远等。这些问题的存在大大削弱了厂家的营销执行力。

（一）目标不明确

有的企业没有明确的能够贯彻执行的战略规划，没有切实可行的年度营销策略和目标。企业在制定年度营销方案时，没有与代理商进行面对面的有效沟通，凭主观制定销售目标和方案，这使营销方案得不到代理商的认可和有效执行。

（二）指导不到位

有的企业签完产品代理协议后，没有对区域产品代理商进行指导和培训，区域代理商良莠不齐，缺乏与企业“共存共荣”的信心。区域代理商甚至不清楚产品的卖点、特性、药理作用，以及产品的优势和劣势。对于招标、挂网问题，公司没有派人指导和督促，要么落标，要么因低价中标而无法操作。

（三）工作不顺畅

假如把代理商看成是在前线打仗的士兵，企业看成是后方保障力量。如果后勤保障不到位，那么前线打仗的士兵情绪肯定会受到影响。代理商不能及时发货，或者物流方式不好，这导致运输时间过长，货物损坏严重；货款回到公司后不能及时返给代理商；公司不能及时为代理商提供参加投标的文件资料，从而导致投标失利……代理商对公司慢慢失去信心。

（四）奖罚不分明

做得好的代理商得不到公司应有的奖励，做得差的代理商不用担心受到公司的处罚。有的公司认为自己的产品好，做得好是应该的。这样，代理商难免会失去热情。实际上，代理商也需要激励。

（五）考核不合理

考核指标要么定得过高，急于出成绩，把代理商压得喘不过气。要么定得过低，代理商把精力和时间投到了压力大的产品上。有的考核指标过于烦琐，既定量又定性，代理商疲于应付各种报表。这都是因为公司对市场实际情况不了解，没有调动起代理商的积极性。

（六）文化不认同

如果代理商不认同企业文化，就不能融入企业文化。大多数企业把代理商看成是单纯的经济合作伙伴，而不把他看成是企业价值链的重要组成部分。代理商不知道厂家的情况，厂家也不与代理商沟通，对代理商缺乏必要的信任。这样，代理商把厂家看作是简单的合作伙伴，而不把厂家看成是长期的利益共同体，因此不能自觉融入企业价值链之中。

二、营销执行力的提升

要想有效提升营销执行力，必须从以下几个方面努力。

（一）制定明确目标

对代理商来说，制定明确目标就是要落实销售指标。精准的指标是预算和考核的基础。指标的制定要注意两个方面：第一，主管与代理商共同制定目标；第二，目标要具体、可衡量、实际。"具体"指落实到每个品种、每个时段、每个区域、每个代理商；"可衡量"指操作性要强，如某品种某区域全年销量多少；"实际"就是要实事求是，对当地市场要充分了解。对公司职能部门来说，要做到"可衡量、有时效、有记录"。服务工作的衡量指标大多是软性指标，但也要尽量刚性化，如差错率不能超过 1%、客户投诉率不能超过 5% 等；服务工作要讲时效，今日事今日毕，实行限时答复制；客户要求办的事项要有记录，做到有据可查。

（二）加强业务指导和培训

公司与代理商签订完代理合同后，对代理商进行业务指导和培训。这样既可了解代理商的具体情况，又可有针对性地进行指导。厂家要强化公司的品牌形象，宣传公司的整体形象，让代理商了解公司情况，同时把公司情况反馈给客户。

（三）简化业务流程

企业通过活动创造价值，业务流程就是进行这些活动的方式。如何做好售后服务，如何应对客户的抱怨，如何对客户进行技术指导，这些过程既可以是明文规定的标准作业流程，也可以是固定的习惯做法，这些过程形成一套制度后，组织的能力和绩效也就产生了。代理商的管理涉及企业的生产、发货、物流方式、财务、学术等，每个部门的每套程序都要尽量做到简单化、合理化。设计业务流程时，一定坚持以下几项原则：一是简化，二是高效，三是客户第一。

（四）进行有效考核

代理商的考核侧重 3 个方面：一是提货数量或回款金额；二是市场占有率，即开发出的医院或药店的数量与当地医院或药店总数量的比例；三是市场维护，主要考核渠道的把控能力，防止货物外流。除此之外，还要把以下因素列入考核标准：销售增长率、终端开发增长率、终端遗失率、价格和信息反馈的主动性、对公司产品的重视程度等。尽量量化考核厂家支撑体系，用数字说话，避免人为因素干扰。

有效考核要做到以下三点：考核的目的要起到导向作用；考核的过程要起到催化作用；考核的结果要起到激励作用。

（五）建立激励机制

高效的营销激励机制对营销执行力的提高十分重要。那么，怎样建立高效的营销激励机制？第一，激励标准的制定要简洁明了、具体形象、切实可行。第二，激励要有力度，制定标准时一定要做到在市场上有竞争力，对代理商有吸引力。第三，激励要到位，一定要兑现承诺，不能说话不算数。

（六）融入企业文化

企业文化是一种力量，谁拥有文化优势，谁就拥有竞争优势、效益优势和发展优势。要想赋予企业执行力，就必须将其融入企业文化之中。执行力文化将成为 21 世纪企业的主流文化，也是企业持久不衰的力量保证。将执行力融入企业文化之中，使其成为企业文化的组成部分，这样执行力才会充分发挥作用。

代理商是企业价值链的重要一环，因此，必须重视代理商并把他们纳入企业文化之中。代理商融入企业文化中，这将会大大提高他们对企业的忠诚度。

怎样才能融入企业文化之中？一是定期召开营销会议，以会带训，通报公司的情况，让代理商了解公司的各种规章制度；二是与代理商结盟，形成密不可分的利益共同体，让代理商感到自己就是公司的一分子；三是鼓励代理商向公司建言献策，鼓励他们对公司提出各种批评，增强他们参与公司管理的意识，使代理商感受到自己的重要性；四是举办各种学习和培训活动，公司可选送优秀代理商进行各种短期培训，甚至提供升迁机会。

代理制：徘徊在省力与劳心之间
——经营风险减小，管理难度加大

易楚斌

近两年兴起的药品销售代理制已被越来越多的医药企业所采用。医药健康类报纸上的药品招商广告铺天盖地，每年 4 次的全国药品交易会越来越火爆。

20 世纪 90 年代初，国内许多制药企业纷纷借鉴外资企业的营销方式，在全国各地设立办事处，投入较多资金开发市场，组建自己的终端促销队伍。一些企业很快发展壮大，几年内就从一个年销售额千万元的小厂，迅速发展成年回款上亿元甚至几亿元的大厂。然而，由于直营制模式的不足，许多企业投入和产出严重失衡，大量市场开发投入血本无归，应收账款不断增加，烂账风险加大，有些企业现金流量存在严重问题，甚至到了无法正常运转的地步。

当时，医药商业改革相对滞后，国有商业企业机制不灵活，产权不明晰，市场销售网络较差，营销工作跟不上市场的发展。然而，一些生产企业在外资药厂的推动下积极跟踪市场发展，一边抓生产，一边加快营销网络建设。药品销售中人际关系非常重要，这使得很多医药企业的营销人员在局部地区拥有了一定的市场资源。同时，由于大多数企业对市场营销人员的管理较松散，企业的产品结构比较单一，销售人员的工作量相对不足，企业开始代理其他厂家的产品。在这种情况下，药品销售代理制逐渐发展起来。

药品代理制的出现解决了当时制药企业的三大问题。一是市场开发费用问题。由于药品销售的特殊性，其市场开发费用难以控制，企业只好通过代理制将这部分费用转嫁给分销商。二是应收账款问题。在医药商业转型期，许多流通企业破产，这给生产企业造成很大损失，烂账增多，应收款不断增加，企业流动资金严重不足。三是营销人员的管理问题。对于分布在全国各地的市场营销人员，企业的管理成本很高，且很难管好。通过实行产品销售的代理制，这三大问题得到了有效解决，代理制尤其受到中小制药企业的青睐。代理制使生产企业充分利用代理商现成的销售网络，将产品很快投入市场，这减少了生产企业市场开发的投入，并能迅速启动市场；代理制的现款现货使生产厂家规避了应收账款风险；市场开发费用由代理商承担，生产企业可以集中资金和精力于生产和研发。由于代理商为生产企业垫付了大量资金，生产企业的资金周转速度加快。

近几年，许多中小制药企业纷纷从产品销售的直营制走向代理制，并不断创新，甚至与买断制结合起来，创造出药品营销的新模式。

然而，代理制销售模式也存在很多风险，如相关法律尚不完善，在实际操作过程中容易出现三角债；代理商隐瞒产品售价、销售额；随意提高产品售价；代理商不注意品牌形象、市场培育和新市场的开拓；厂家对终端网络的控制能力较弱。

一家国有中药生产企业有 100 多个产品批准文号。1995 年前，每年销售收入 1 000 万元左右。1996 年，该企业因应收账款太多，负债太重，不得不宣布破产。1997 年，该企业被另一家企业收购。被收购后，该企业积极拓宽营销渠道，在全国各地设立办事处，年销售回款稳步增长。2001 年，年销售回款达到 1 亿元。然而，由于市场开发投入过大，应收账款不断增多，企业又一次陷入困境。2002 年 5 月，企业营销模式由直营制改为代理制，原来的办事处经理变为产品代理商，现款提货。3 000 多万元的应收账款全部由代理商买断。同时，对于空白区域，不断招用新的代理商。经过两年的调整，该企业又恢复了生机。

近几年，日渐升温的药品销售代理制克服了传统代理制的不足，吸取了买断制和经销制的优点，发展成一种较好的药品营销模式。然而，药品销售代理制也暴露出许多问题。因此，如何用好代理制是药品生产企业面临的一个课题。

第一，决策要慎重。如果企业的产品比较单一，一般不宜全部采用代理制；如果企业的产品种类较多，企业一定要对自己的产品线进行长远的规划，将产品进行分类，根据产品所对应的目标市场进行规划，并且要考虑哪些产品需要自建销售队伍，哪些产品需要代理，同时考虑处方药和非处方药在销售上的差异。代理制有国内总代理、省级总代理、地市县代理等。一般应以地市县代理为主，以省级总代理为辅。企业要对代理商的市场网络、资信程度有所了解，特别是省级代理商和全国代理商。

第二，管理要规范。尽量现款现货交易，尤其是省级以下的代理商。对于有固定资金担保的省级代理商，可授予一定的资信额度，以后可根据前一年的销售情况，在确保货款安全的条件下给予不同程度的铺货支持。国内总代理也应现款现货交易，如果需要赊销，必须有保证金。价格体系要有一定空间，以便返利或对代理商进行必要的投资，从而加快市场的开发进度，增强市场开发的深度和广度。宣传品及促销品必须由企业进行生产、提供和控制，以确保企业的形象统一。非处方药产品的广告投放最好由企业控制，统筹安排。

第三，指导要到位。招商成功后，企业必须与代理商进行有效的沟通，并对其进行培训和业务指导，保持一定时间内的稳定和双赢。

第四，控制要严格。仔细了解代理商的市场开发情况，清楚货物流向，可要求代理商每月提交必要的报表；代理商必须有详细的市场开发计划；退货一般控制在 3 ～ 6 个月；首次取货时，要考虑代理商的网络状况及市场容量；防止国有资产流失。

一个以生产西药栓剂、胶囊剂、片剂为主的中型企业，共有 5 个剂型、20 个产品。两年前，该企业让某个代理商全国总代理一个产品。由于这个全国总代理商的网络不健全，且对其下的代理商缺乏培训和管理，代理商之间互相窜货，这导致产品的市场份额急剧下滑。两年时间，代理商把一个可年回款 3 000 万元的产品“做死”了，厂家后悔莫及。

代理还是自营？适合的才是最好的

易楚斌

随着“两票制”和国家集采的逐步推进，许多医药企业的营销模式发生变化。有的企业取消原来的代理商，自建团队，实行自营模式；有的企业因某个品种被集采而解散原来的团队；有的企业由公司办事处分渠道招商。

一、代理制正当时

A 企业是一家中小医药企业，老板做房地产生意，不太懂药品销售。该公司有几个独家中成药医保品种，2018 年，两个产品进了基药目录。老板认为，代理制执行力差，不适合企业未来发展。保留部分老品种的代理商，两个基药品种全部自营。2018 年起，该公司在全国范围内组建办事处。第一批组建 15 个省级办事处，人数达 400 多人；第二批组建 10 个省级办事处，人数达200人，全国营销人员600人。2020年底，公司投入人员工资、保险等费用 7 000 多万元，开发费用 8 000 多万元。两年的市场回款不到 2 亿元，亏损严重。2021 年，企业不得不改革，先裁员，后将省级经理改为代理商。

A 企业老板错误地认为，代理模式执行力差，不利于企业发展，而自营团队执行力好。把执行力作为衡量销售模式优劣的重要标准，这显然是错误的。

在“两票制”下，容易解决代理商的执行力问题，钱在厂家手里，代理商必须听厂家的。营销执行力的提升可以从制定年度指标、加强业务指导、有效考核、建立激励机制、融入企业文化等方面努力。

医药代理制是从 2000 年发展起来的并逐渐被大多数中小企业采用，它有以下特点：①代理商既可以是单位法人，也可以是自然人，与厂家有长期稳定的关系；②只拥有销售代理权，不拥有代理商品的所有权；③必须履行代理权利和义务；④法律后果由厂家承担；⑤代理商收入是佣金。从这些特点来看，代理制与当前的市场环境匹配。

代理制模式的优点：第一，厂家充分利用代理商的渠道资源，迅速拓展当地市场；第二，生产企业可以将精力放在生产和新品研发上；第三，节约市场费用。

目前，全国超过 80% 的医药企业采用代理制，厂家利用代理商的客户和渠道资源迅速占领市场，为企业创造市场价值。

二、办事处人力投入大

B 企业是一家中型上市企业，以非处方药和第三终端为主，2005 年，医院才正式开始运作渠道。当时，一个心脑血管品种进了医保目录，但公司不知道如何操作医院渠道。于是，公司聘请职业经理人，代理商模式和办事处自营模式并存。办事处以会议营销为主，几年下来，办事处裁员，企业亏损严重。2013 年，公司产品进了国家基药目录，十多个省实行办事处模式，组建自营团队，各省业务员多则几十人，少则十几人，几年下来，亏损几千万元，公司不得不解散办事处，由代理商开发市场。

处方药主要走医院渠道，市场开发有一定难度。非处方药市场和第三终端开发相对容易，自营团队执行力强，见效快。

20 世纪 90 年代，多数药厂采用办事处模式，企业在各省设立办事处，承担人员工资、保险、房租、市场开发等费用。那时市场竞争不激烈，市场开发费用不高，企业都能有利润。随着市场竞争的日趋激烈，应收账款越来越多，许多企业不堪重负，纷纷采用代理招商制，为数不多的大型企业仍然采用办事处模式。

办事处自营模式的优点：一是团队战斗力强，办事处集中统一，实行“兵团作战”；二是执行力强，所有人员集中管理，公司可以做到令行禁止，公司政策得以迅速执行；三是商务由公司管理，货物、资金安全。

办事处自营模式的缺点：第一，招聘的人员多数是刚毕业的学生，市场开发速度较慢；第二，人力资源投入成本大，一个员工一年的工资、保险、住宿等费用不低于8万元，而新业务员两年内很难为公司创造效益，人员流动频繁；第三，管理难度大，大区与省区、省区与代表之间的矛盾很多，容易产生内讧。

三、两种模式创新发展

没有哪一种营销模式是最好的，适合企业发展的营销模式才是最好的。随着医药环境不断变化，各种营销模式不断创新发展，以适应企业发展需要。

当前，办事处营销模式也进行了创新。办事处职能改变，办事处招商分销，并协助代理商做好政府事务，一个办事处多则6～8人，少则2～3人。他们的工作就是精细化招商，以医院为单位进行招商，这既能节省人力成本，又能加快市场开发速度。一些口服制剂则以地市为单位进行招商，对于地域辽阔的省份，一个地区一个分销商。这种办事处模式已经创新发展为“办事处＋招商”模式。

代理制模式也进行了创新发展。过去，厂家招完省代后就什么也不管了。现在，厂家加强了代理商的管理，服务项目增多了，同时加强了学术支持、后勤保障等。有些企业派驻市场人员，专门为代理商服务。一方面，强化了代理商的管理；另一方面，可以就近为代理商提供“保姆式”服务，随叫随到。厂家提供产品、资金、学术等支持，代理商负责医院开发、回款，分工明确，各自发挥资源优势。厂家把代理商队伍变成自己的队伍，既省心又省力。

医药全渠道营销模式
——药企未来的战略选择

易楚斌

随着集采的逐步深入，化学药、耗材、中成药全覆盖，药企的出路在哪里？药企如何走出困境？这是药企必须面对的一个问题。笔者认为，医药全渠道营销模式是药企未来的战略选择。

一、医药全渠道营销模式的含义

医药全渠道营销模式是指以医院、药店、乡镇卫生院和私人诊所、互联网等为载体，实现院内院外一体化、线上线下一体化。通俗来说，就是充分利用能卖药的渠道，实现企业销售最大化、效率最大化、效益最佳化。

（一）医院

医院称为第一终端。医院是药品、医疗器械销售的主渠道，80% 以上的产品是通过这个渠道销售的。2021 年底，全国共有三级医院 3 275 个，其中三级甲等医院 1 651 个，二级医院 10 848 个，基层医疗卫生机构 977 790 个，专业公共卫生机构 13 276 个。2021 年底，全国医疗卫生机构床位 944.8 万张，其中医院 741.3 万张，占 78.5%；基层医疗卫生机构 171.2 万张，占 18.1%；专业公共卫生机构 30.2 万张，占 3.2%。

2022 年，全国医院药品销售额 12 727 亿元，化药占比 66%，中成药占比 19.7%，生物药占比 14.3%。

（二）药店

药店称为第二终端。2022 年底，全国药店 62.33 万家，比 2021 年增加了 3.37 万家，其中，连锁门店 360 023 家，单体药店 263 276 家。广东、四川、山东药店数量位居全国前三，实体零售药店药品销售额稳步增长，市场规模超 2 749 亿元，同比增长 7.46%。全国药店零售市场畅销药品分别是阿胶、枸橼酸西地那非片、阿托伐他汀钙片、维生素 D 滴剂、感冒灵颗粒、安宫牛黄丸、苯磺酸氨氯地平片、人血清白蛋白、京都念慈安蜜炼川贝枇杷膏、健胃消食片。

（三）乡镇卫生院和私人诊所

乡镇卫生院和私人诊所称为第三终端。2022 年底，全国公立基层医疗机构药品销售额 1 650 亿元，占药品销售总额的 9.2%。据专家估算，民营医院、私人诊所、村卫生室的药品销售额接近药店的药品销售额。这是一个不容忽视的市场，近些年一些企业开始关注这个市场，未来第三终端会以较快的速度发展壮大。

（四）互联网

互联网称为第四终端。国家药品监督管理局放开网络政策后，药品、医疗器械的网络销售迅速发展。人们已经习惯了网络购物，药品、医疗器械的销售额迅猛增长。2022 年，药品、医疗器械的销售额达 2 924 亿元。由此可以看出，互联网销售药品的金额已经超过第二、第三终端。这是一个不容小觑的渠道。然而，很多企业还没有意识到这个渠道的重要性。

二、医药全渠道营销模式的优点

与单一渠道的营销模式相比，医药全渠道营销模式的优势非常明显，具体表现在以下几个方面。

（一）充分整合企业资源

企业资源包括外部资源和内部资源。外部资源指企业能从外部获得的资源，包括政府资源、经济资源、自然资源、人文资源、供应商资源、消费者资源等。内部资源指企业拥有所有权和使用权的经营资源，如批准文号。很多企业的批准文号都处于闲置状态。企业的批准文号多则两三百个，少则几十个，但真正生产和在售的批准文号只占 10%，这就造成了资源的大量浪费。一些以处方药销售为主的企业，几乎没做第三终端；一些以非处方药销售为主的企业，几乎没有医院市场。在目前的环境下，要想靠某一个品种或某个市场做大企业几乎不可能。全渠道营销就是要整合企业内部的人财物资源，充分利用企业内部的有限资源，为企业创收。

（二）弥补企业渠道缺漏

很多企业都以医院渠道为主，而医院渠道受医保目录、国家集采、重点品种监控、分病种收费等的影响，销售举步维艰。在这种大背景下，企业能不能在保持现有渠道的情况下另辟蹊径，增加收入？

例如，某企业以前只开发医院市场，年销售额 3 个亿左右，2018 年，企业开始在第三终端市场发力，通过 5 年的努力，已达 2 个亿的销售额。尽管处方药的销售额没有增长，但是公司销售规模已达 5 个亿，这是一个典型的弥补渠道缺漏、实现全渠道销售的经典案例。在竞争残酷的市场环境下，企业必须有新的思维、新的策略、新的方法，从而立于不败之地。

（三）促进企业快速发展

企业要想快速发展，必须利用多种渠道。例如，某企业于 2010 年上市，当时的规模不大，企业以非处方药销售为主，年销售额在 10 个亿左右，而处方药销售额不到 2 个亿。上市后，企业支持处方药做大做强。2012 年，企业的心脑血管处方药进了基药目录。2022 年，该产品销售额达 15 个亿，第三终端业务快速发展，企业销售规模近 40 个亿。如果没有处方药板块的发力，就不可能有现在的规模，独轮车跑不过两个轮子的自行车，两个轮子的自行车跑不过四个轮子的汽车。企业要想快速发展，必须充分利用所有资源，选好渠道。

三、医院全渠道营销模式的成因

第一，企业发展的必然。这是一个快速发展的时代，带量集采在全国迅速推行，一批接一批，化学药、耗材、中成药迅速覆盖，很多企业始料不及。短短三年，互联网销售规模已达 2 900 亿元。互联网销售一定会超过第三终端，这是不可阻挡的趋势。实体企业必须未雨绸缪，不能因循守旧。变是企业永恒的主题，是企业发展的根本。企业需要在原有的营销模式上做出改变，做出选择。

第二，企业产品结构选择的必然。不同的产品适合不同的销售渠道，有的适合医院渠道，有的适合药店渠道，有的适合乡镇卫生院和私人诊所渠道，有的适合互联网渠道。适合医院渠道的产品一般具备以下几个属性：

医保、基药、国谈、竞价。不具备医保属性的产品只能自费，而自费产品的市场开发必须考虑以下几个问题：针剂还是口服？治疗用还是辅助用？空间够不够？因此，企业必须针对产品的特点和属性，选择适合产品销售的渠道及销售模式。

第三，医药环境变革的必然。医药行业是变化很快的一个行业，也是老百姓很关注的一个行业。医药企业不断地适应变化，在变化中求生存，在生存中求突破。2010年，还没有人提及第三终端，没有人关注私人诊所和民营医院。还有一些医药企业视网络销售为洪水猛兽，但网络销售已经势不可当，环境在变，企业的营销模式必须改变。

四、医院全渠道营销模式的原则

（一）因企制宜

企业的情况各不相同，产品线不同、团队管理不同、规模不同。因此，企业不能照搬照抄，必须根据自己的实际情况制定全渠道营销策略。毛主席把马克思主义的普遍真理与中国具体实际相结合，创造性地提出了农村包围城市的革命道路。这个道理告诉企业必须吃透实际情况，然后制定出适合企业发展的营销策略。

（二）循序渐进

渠道增加，投入势必要增加，企业必须充分调研市场，在调研的基础上制定可行的方案。前期可选择一个省或几个省进行试点，试点成功后，完善方案，并向全国推广。切忌盲目上马，造成资源的大量损失。“两票制”实行后，有些企业盲目转型，取消了全国的代理商，造成不可估量的损失。有些企业想拓展非处方药市场，结果企业资金跟不上，出现大量退货的情况，铺货费全部损失。无论拓展哪一个渠道，必须先试点，后推广。

（三）“一把手”工程

营销模式的变革是大事，老板必须高度重视，亲自抓这项工作，这对试点成功和改革成功至关重要。有些老板怕麻烦，由其他人代劳，结果改革失败，造成了不可估量的损失。

医院（第一终端）营销

统筹规划好“一省一策”

李本航

我国幅员辽阔、人员众多，共有32个省、自治区、直辖市，有的省份人口过亿，地市近20个。每个省的交通、文化、经济、商业环境、政策有所差异，同一省的不同地区还有特殊的政策及要求。各省招标挂网的流程及要求不一样，医保政策、商业配送费用及回款的周期差异很大。

东部省份的商业配送占比4%左右，回款周期为2个月；中西部省份的商业配送占比10%，有的高达20%，回款周期长达6个月，有的超过1年。上海、浙江、北京等省市医保基本是全民医保，在这些地方非医保产品很难做大，非医保的非处方药产品也很难做大。现在，很多厂家都做全渠道营销。厂家必须考虑各省的差异，照搬照抄别省的方法是不可取的。

统筹规划、因地制宜、一省一策、精细化管理是企业未来的发展方向。价格政策、产品定位、学术培训等基本政策需要统一规划。团队架构、招标挂网、终端选择、终端组合、学术组织等需要因地制宜，企业需要制定有针对性的策略。

各省的业务负责人需要有统筹全局、管理团队、指导业务三大方面的能力。统筹全局包括政策信息获取、市场布局、目标与过程管理等。分析政策信息并做出决策，使企业满足政策要求，为营销推广做好铺垫。市场布局是建立在充分了解市场的基础上的，结合企业的产品及优劣势进行分析，制定企业在本省的业务推广策略，制订本省的目标计划并组织实施，最终达成目标。

营销的两大目标：一是占领更多的终端；二是有更多的销量。不断提高市场占有率、提升销售量是企业追求的目标。

省区经理要知道这个省有多少个地市，每个地市有多少个区县，每个地市有多少家城市公立医院、基层医院，每个区域的人口状况、经济状况。只有了解这些情况，省区经理才能知道这个地市的市场容量，然后进行布局。

地区经理要知道这个地区有多少个区县，有多少家三级医院、二级医院，以及每家医院的规模、经营状况、进药流程、进药要求，然后进行人员配备及资源配备。

综合分析、判定这些信息，基本可以确定医院的进药要求及难度系数。从以下几个维度判定难度系数：①是否有品种总数量的限制；②是否全体医护人员都要开会，多久开一次会；③是否有基药、医保、国谈等政策要求；④临床科室是否有报告单数量的限制；⑤近一年开过几次会，进了多少产品。

在充分调研的基础上，对每家医院进行分析、评估，确定每家医院的开发难度、开发时间、开发策略等，明确目标，不断提高覆盖率。

营销就是作战，商场如战场，有的医院限制品种总数量，必须出一个、进一个。企业的省区经理、地区经理是镇守一方的大将，必须清楚所负责区域的基本情况，特别是所负责区域的目标。

合规产品如何进入医院

李本航

药品是一种特殊的商品，不同于一般的消费品，特别是处方药品，它具有在医生指导下完成消费过程的特点，其销量受医院医生的直接影响。医院成为众多医药企业的必争之地，由此引起的激烈竞争给市场运作带来了较大的难度。要想让产品顺利地进入医院，企业的医药销售人员必须对医院进药的形式、进药的程序有明确的了解。

一、产品快速进入医院的形式

产品以代理形式进入医院。医药生产企业委托某家医药经销单位或专业化推广机构及个人，由其作为产品的代理商，使产品进入医院。其中可分为全面委托代理式、分工合作式、企业直营式三种方式。

（一）全面委托代理式

医药代理商完成产品进入医院、学术推广、收款的全部过程。企业在一个省或地区找到合适的代理商，谈好合作条件，并签好合同，以足够的利润空间激发代理商的积极性。

（二）分工合作式

企业与医药代理商合作，利润分成，进院、推广、收款及后续工作分工负责，一般来说进院与收款由代理商完成，产品在医院的学术推广由企业人员完成。这种方式有助于企业直接掌握产品在医院的销售动态，把握各种市场信息，对销量的提升有较大的帮助，与全面委托代理式相比，分工合作式的工作量要大。

现在，各地都有专门的市场推广组织，他们对当地医院的情况比较了解，和这样有实力的组织达成合作，有助于产品快速进入医院。他们有专业化的推广代表，专业度、方便度和熟悉度都是其优势。

（三）企业直营式

医药生产企业不依靠相关的医药经销单位，直接派医药业务代表去医院做开发工作，从而完成产品进院、学术推广的全过程。

二、产品快速进入医院的方法

（一）医院推广会

医院推广会可分为针对整个区域所有医院的推广会和针对具体某一医院的推广会。第一，对于针对整个区域所有医院的推广会，企业一般先派药品销售人员与开发区域的药学会、医学会、卫健委等部门进行沟通，尽量请到这些团体、机关的相关领导，以这些团体、机关的名义举办“新产品临床交流会”。邀请当地比较有名的专家教授、相应临床科室的主任在会上讲话，以示权威。时间、地点确定好以后，邀请该区域大中小型医院的院长、药剂科主任、有关专家进行产品的交流，以达到产品进入医院的目的。第二，对于针对具体某一医院的推广会，企业与医院相关人员沟通，并和医院联合召开产品介绍会，向药剂科人员、临床科室人员、药事管理委员会成员介绍产品，使他们认识产品，从而使产品顺利进入医院。

（二）通过相应的学术会议推介产品

一般来说，地方的药学会、医学会、卫生局等部门，每年都要组织多次学术会议，企业可通过这些团体、机关了解相应活动的时间、地点、内容，主动协助组织活动。企业在会上可请一位或几位专家教授对产品进行介绍，以得到专家的认可，从而进入部分医院。

例如，一家企业的祛痕产品效果好，品质超过同类产品。该企业在某省参加了产科学术年会，在会上详细介绍了产品，100 多名医生前来了解，该企业给 60 多家医院赠送了样品，会后对这 60 多家医院进行回访，指导临床试用。近一半的医院正式进货，产品的效果得到临床的认可。

（三）医院代理单位协助

生产企业和医院的关系不如相应医药代理单位与医院的关系。医药代理单位是某些医院的长期供货单位，业务多，人员熟。生产企业通过他们做医院工作，往往少走很多弯路，且产品能顺利地进入医院。

（四）药事管理委员会或相关成员推荐

药事管理委员会是医院为完善进药制度而成立的班子，一般由主任和多名成员组成。新产品必须经药事管理委员会批准方可进入医院。因此，企业应先了解药事管理委员会成员的情况，然后派销售人员拜访沟通，以“新产品推广研讨会”的名义邀请他们参加新产品座谈会。会前，应多与各成员联络，尤其是一些比较权威的专家教授、主任等，让他们了解产品、认可产品，这样他们才能推荐产品。

（五）临床科室主任推荐

做医院开发工作时，可先找到临床科室主任，通过沟通，让他了解产品、认可产品，从而主动向其他部门推荐产品。一般情况下，对于临床科室主任点名要用的药，药剂科及其他部门是会同意的。此外，医院开发工作应该从临床科室做起，他们先写申购单，然后与其他部门沟通。

（六）知名的专家、教授推荐

在做医院工作的过程中，可先沟通较好接触的专家、教授，让他们了解产品、接受产品，进而向其他部门推荐。

（七）地方的医学会、药学会推荐或相应的成员推荐

地方的医学会、药学会都与当地的医院有着广泛的联系，企业可以与这些团体或其内部的某些成员进行沟通，让他们了解产品、认可产品，从而将企业的产品推荐给医院。

（八）试销

先将产品放到医院下属药店或专家专科门诊试销，从而逐步得到认可，最终得以进入医院。

医药营销人员的专业化培训

李本航

首先，药品是一种特殊商品，药品是治病救人的，必须科学地推广；其次，药品推介对象是医生、护士，他们是专业化很强的人群；其次，医药营销人员是为人类健康服务的。因此，医药营销人员必须以专业化的形象、形式和态度要求自己，以科学的方式进行学术推广。

推广人员最好是医学、药学或相关专业的人员，经过专门的培训考核后投入工作。

一、培训的内容

（一）药品行业法规

1.《中华人民共和国药品管理法》

这是关于药品种植、加工、生产、经营的一部基本法规，医药营销人员必须了解这部法规的基本内容，并遵守这部法规。同时，这是医药营销人员上岗培训的基础内容。

2.《中华人民共和国药典》

《中华人民共和国药典》记载了药材、饮片、提取物、成方制剂和单味制剂、化学药品、抗生素、生化药品、放射性药品、生物制品等在我国上市的药品，并收录了制剂通则、检验方法、指导原则、药用辅料等内容。《中华人民共和国药典》是药品研制、生产、经营、使用和管理都必须严格遵守的法定依据，是国家药品标准体系的核心。药品的生产、检验、储运必须按照《中华人民共和国药典》的要求进行，说明书也应与《中华人民共和国药典》一致。

3.《血液制品管理条例》

血液制品是指各种人血浆蛋白制品，包括人血白蛋白、人胎盘血白蛋白、静脉注射用人免疫球蛋白、肌注人免疫球蛋白、组织胺人免疫球蛋白、特异性免疫球蛋白、免疫球蛋白等诸多产品。血液制品对原料、生产环境、储存条件、运输条件都有特殊的要求，为了保证血液制品的质量，国家对血液制品的管理比一般药品严格。

4.《麻醉药品和精神药品管理条例》

为了防止滥用麻醉药品及精神药品，国家对麻醉药品和精神药品的药用原植物的种植、实验研究、生产、经营、使用、储存、运输等活动都有严格的要求，从事麻醉药品和精神药品营销的人员必须学习、熟悉本条例。

5.《疫苗流通和预防接种管理条列》

疫苗是为了预防、控制传染病的发生、流行，用于人体预防接种的疫苗类预防性生物制品。国家对疫苗的生产、储存、运输有相应的要求，从事疫苗营销的人员必须学习、熟悉本条例。

（二）药品生产流程

不同药品及剂型的生产流程不一样，各有优势。例如，二甲双胍片（普通片）与二甲双胍肠溶片的生产工艺不一样，优势不同。二甲双胍片（普通片）在胃里溶解，对胃有一定的刺激作用，有些患者会感到不适；二甲双胍肠溶片在小肠里溶解，这样可以减少药品对胃的刺激作用。了解药品的生产工艺，从而向医务人员及患者讲清楚药品机制。

（三）医学基础知识

做糖尿病用药工作的医药营销人员，必须对糖尿病诊断、针对糖尿病的各种药品、治疗方式及糖尿病人的饮食控制有一定的了解，这样才能更加顺畅地、专业地与医生、患者沟通。

（四）药品不良反应处理流程

如果患者使用药物后出现了不良反应，医药营销人员必须对其进行确认。收集药物使用情况、症状、发生时间等详细信息。根据药物不良反应的上报要求，填写相应的上报表，并上报相关部门。同时，医药营销人员要及时向生产企业反馈。

（五）药品经营、流通要求

在药品经营、流通过程中，药品生产方和企业需要提供相应的资质材料，审核通过后才能进行药品的采购及销售。医药营销人员不得将药品销售给无资质的企业。药品生产方和企业需要提供的资料一般包括以下部分：①企业营业执照、药品生产许可证、供货单位质量体系调查表、法人授权委托书、营销人员身份证、购销合同、质量保证协议。②药品注册证、质量标准、第三方检验报告书、物价批文等。部分企业的要求略有不同，按照合作企业要求提供即可。

（六）产品知识

医药营销人员必须非常了解自己的产品，特别是功能主治、用法用量、预期的副作用。首先，给医生讲清楚，并重点强调注意事项，确保用药安全。其次，了解清楚同类产品的优势和劣势，这样才能扬长避短。

二、培训的形式

培训有线上培训、线下培训等多种方式。线上培训包括讲师讲解、学员轮流讲解、线上测试、线上每日朗诵打卡、学员案例分享等多种方式。通过多次重复的学习，温故而知新，让学员熟练掌握并应用知识点。线下培训的方式多种多样，由简入深，先易后难，分梯度教学。新知识的接受需要一个过程。针对营销人员，要把复杂的问题简单化，让大家能听懂产品讲解。

高效梯度培训是营销人员专业化培训的关键方式。高效梯度培训需要讲师及企业的支持，企业要有专业的讲师。一般来说，大型培训活动由企业讲师主持，企业要为各省培训 1 ～ 2 名讲师，小型培训活动由各省讲师主持。企业要分层级培训讲师，省级讲师的培训由企业统一进行，培训内容包括演讲技巧、发声技巧、产品培训、营销技能等。培训时间一般需要 4 天，人员容量为 20 ～ 30 人。省级讲师的培训必须严格按照企业内训讲师的标准进行，模拟演练、分组演练、考核等项目通过后才能结业。

企业内训讲师的培训内容及时间安排如表 25 所示，演讲考核评分标准如表 26 所示。

表 25　企业内训讲师的培训内容及时间安排

<table>
<tr><th colspan="2">时间</th><th>内容</th></tr>
<tr><td rowspan="2">第一天</td><td>上午</td><td>报到</td></tr>
<tr><td>下午</td><td>开营仪式</td></tr>
<tr><td rowspan="4">第二天</td><td rowspan="2">上午</td><td>商务礼仪</td></tr>
<tr><td>成人教育原则与方法</td></tr>
<tr><td rowspan="2">下午</td><td>演讲技巧及发声技巧</td></tr>
<tr><td>PPT 的制作技巧</td></tr>
<tr><td rowspan="2">第三天</td><td>上午</td><td>产品培训</td></tr>
<tr><td>下午</td><td>营销技巧</td></tr>
<tr><td rowspan="2">第四天</td><td>上午</td><td>分组模拟、演练</td></tr>
<tr><td>下午</td><td>分组模拟、演练</td></tr>
<tr><td rowspan="2">第五天</td><td>上午</td><td>考试及演讲考核</td></tr>
<tr><td>下午</td><td>结业仪式</td></tr>
</table>

表 26　演讲考核评分标准

形象气质（10 分）	普通话（20 分）	演讲水平（30 分）	重点把握（20 分）	专业水平（20 分）
穿着得体，精神状态好，肢体语言协调	普通话标准，语速适中，无缀音、拖音	吐词清楚，演讲流利，感情投入，授课技巧运用熟练，有互动、有案例	重点地方把握较好，解释清楚，重点强调	专业术语清楚，并重点讲解，条理清楚，多次强调重点

三、培训的实施

控制现场，调节氛围，注重实效性与兴趣性相结合，生动活泼、轻松愉悦，让大家听了还想听，不能过于知识化。

四、培训的效果评估

培训结束后，让参训人员现场填写“培训效果评估调研表”。培训讲师进行总结，对于做得好的方面，继续发挥；对于有待改进的方面，进一步完善。“培训效果评估调研表”如表27所示。

表27　培训效果评估调研表

	内容	5分	4分	3分	2分	1分	具体意见
培训组织	培训教室的安排和布置						
	培训资料的准备程度						
	培训材料的使用难易度						
产品培训	内容新颖，对工作有帮助						
	内容与工作结合紧密						
	易理解并能掌握						
	内容重点突出，案例恰当						
	讲师的沟通能力及表达能力						
	讲师的讲课技巧及课堂气氛						
总体评价	培训课程能否达到既定目标						
	此次培训的整体满意度						
课程收获							
改进意见							

合规化、专业化推广是时代的要求

李本航

改革开放40年来，我国经过了缺医少药到医疗条件改善、药物及治疗所需产品丰富的阶段。从野蛮生长到合规发展，医药行业顺应社会发展趋势，积极转型，制定符合社会要求的运营规则，搭建符合法治要求的专业化推广体系。合规及专业是时代的要求，医药行业要顺应时代的发展，这样才可以走得更远、更稳。

一、医药代表的作用

（一）与临床医生进行沟通

新药研发上市后，医药代表将产品信息传递给临床医生及药师。一般面对面地沟通与介绍，以小范围研讨会的形式将药品的疗效、使用方法等介绍给医疗专业人员，从而说明药品的价值。

（二）收集药品上市后的不良反应信息，并报告给企业

医药代表扮演着双重角色，不仅给医疗专业人士传递药品知识，而且收集药品安全信息。研究表明，生产企业需要通过医药代表收集药品使用情况，因此医药代表是主要的药物不良反应信息获得者。

（三）沟通药物进一步的研究成果

药物上市后，研发者还要进行进一步的研究与观察，完成药物上市后的再评价，包括新的适应证、新的用法、新的剂型、规格、安全性等，以治疗更多的患者，发挥产品的更大作用。医药代表需要不断地与医生和药师保持沟通，传递最新的信息。

医药代表为国家的医疗健康发展做出了很大贡献。医药企业及医药代表可以根据中国外商投资企业协会药品研制和开发工作委员会制定的《药

品推广行为准则》的要求组织推广活动。《药品推广行为准则》是医药行业的自律准则，鼓励药品推广行为透明化，创造公平的竞争环境，鼓励医药代表与医疗专业人员建立恰当的工作关系，确保新药品知识的正确传递和新药品的正确临床使用。培训、市场推广活动受《药品推广行为准则》的约束和指导，医药代表根据该准则的条款合规操作。

二、专业化推广工作的开展

（一）传递的产品信息与批准说明书保持一致

推广活动所传递的信息必须与国家药品主管部门批准的药品标准一致。药品名称、药物成分、功能主治、制药公司或药品代理公司的名称及地址、处方信息（适应证、用法用量、禁忌证提示和副作用的简要说明）等信息必须符合国家标准，不得随意夸大。

（二）与医疗卫生专业人士互动交流

各种座谈会或专业会议的目的是传递药品信息、提供科学或教育方面的资讯。临床评估、药品监测、药品研究等活动是允许的，但不能成为变相的药品推广。对于由某公司赞助的与药品及其使用相关的材料，无论其是否属于推广性质，均应明示该材料由某公司赞助。

（三）推广辅助用品

医药企业可以向医疗卫生专业人士及有关的行政人员推广辅助用品或品牌小物品，如钢笔、圆珠笔、记事簿、手套等。

（四）发放样品

在遵守法律法规的前提下，医药企业可以向医疗卫生专业人士免费提供药品的样品，以保护患者的健康利益。样品上应清楚地标注“样品”或“非卖品”字样，且不应被转卖或滥用。

（五）承担专家讲课费用

如果医疗卫生专业人士按照其与公司就某互动交流活动签订的书面合同，提供了真实的讲演服务，公司可以给其合理的报酬，并承担其旅行费等实际费用。

所有的互动交流活动都应当在有助于实现科学教育目标的地点举办。公司应避免选择名胜古迹或奢侈的地点。

（六）规范化组织、召开科室会

每一种学术活动都有其组织流程与注意事项，下面将介绍科室会的标准流程及准备事项。

1. 预约

医药代表一般提前1周与科室主任预约，科室主任同意后，与副主任进行沟通。预约需要确定的事项：①地点。院内、院外均可，与科室主任商量确定具体的地点。如果地点在院外，要考虑交通、预算等问题。②人数。方便医药代表准备品牌提示物及资料。③时间。④会议主持人及讲师。

2. 会前准备

（1）会议内容准备。根据产品发展周期，确定个性化幻灯片内容。设计个性化会议主题。与有意见的医生进行沟通，邀请他发言。反复确定个性化信息。

（2）会议物品准备。准备笔记本电脑、投影仪、激光指示器、照相机、幕布等设备。准备产品资料、笔和本子。准备横幅、贴画、便携式展架。准备品牌提示物。准备小礼物。准备签到表。

（3）实战准备。实地察看会场，确定好投影位置、座位的数量和摆放方式、光线控制、笔记本的摆放位置、横幅悬挂方式。

（4）客户准备。与关键医生沟通好开会时间，以防措手不及。请到会者了解目标医生要解决的问题。提前与主任、关键医生沟通主题，预想参会人员可能提出的问题。

3. 会议前期

（1）提前1天与科室主任再次确认会议时间，并告知相关医生开会。

（2）会议前1天与会议负责方再次电话确认。

（3）提前2小时到达会场。

（4）调整投影仪和电脑屏幕。

（5）接待目标医生。

（6）医生签到，发放资料，指引参会医生就座。

（7）主持人宣布本次会议开始，讲师开始讲课。

4. 演讲程序

（1）先进行自我介绍，然后感谢科室主任的莅临，并宣讲本次会议主题。

（2）调动气氛，组织参会人员积极提问和讨论。

（3）请权威医生发言，并分享自己的经验。

（4）会议结束，向主持人及每一位到会者表示感谢。

5. 会后总结和跟进

（1）会后总结经验，肯定本次科室会的成功之处，增强自己的自信心和成就感。分析不足，下次完善。

（2）会后3天内回访参会医生，并写一份会议报告。

提高拜访效率 实现销量倍增

李本航

产品进入医院后，如何进行推广，让更多的医生了解产品、正确地使用产品，这是一个至关重要的问题。了解产品的功效、特点、使用方法，是使用产品的基础。产品进入试用阶段，医生会找一些合适的病人进行产品试用，然后进行临床观察，获得反馈，正向反馈会使医生增强产品信念。

图14直观地展示了新产品进入医院后的上量过程，这个过程最好在1～3个月完成。

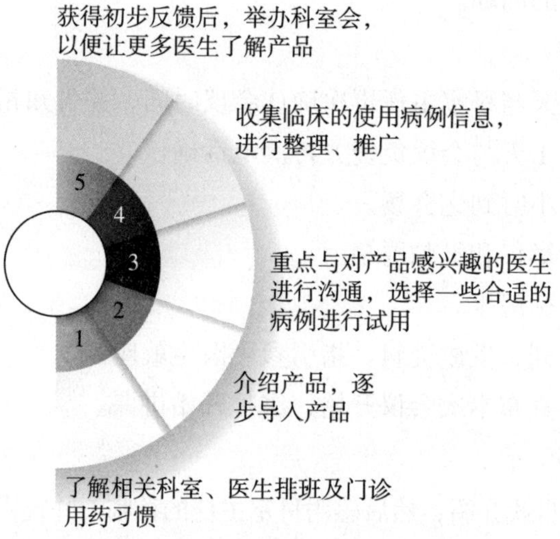

图14　新产品进入医院后的上量过程

多次分阶段向医生传递产品信息，让医生建立产品信念，这是一个持续的过程。医药代表的工作时间都是一样的，如何提升拜访效率成为医药代表必须思考的问题。实践表明，如果安排妥当、合理，有计划、有预约，一天比别人多拜访 2 ～ 5 位医生是很容易的。

因此，医药代表的生产力分析显得很重要。医药代表区域管理的目标就是，在特定的地理区域内，针对具有潜力的客户，运用公司的销售资源，获得较大的投资回报率。

表 28 把医药代表每天所做的事细分成五项，分别是销售工作、行程交通、行政事务、间接销售、私事。先填写每半个小时内所发生的事，然后把每半个小时内所发生的事细分到五项事务上，每一项事务都要精确到分钟，最后累计一天中五项具体事务的时间分配。

表 28　医药代表一天有效工作时间分析量表

时间	活动内容	销售工作	行程交通	行政事务	间接销售	私事
07:00—07:30						
07:30—08:00						
08:00—08:30						
08:30—09:00						
……						
17:00—17:30						
17:30—18:00						
18:00—18:30						
18:30—19:00						
合计						

注：销售工作包括拜访医院、学术推广、讲课，行程交通包括走路、乘车，行政事务包括做报表、协调同事关系，间接销售包括退换货等，私事包括吃饭、逛商场、看手机。

通过分析量表，帮助医药代表找出需要改进的地方，找到提升拜访效率的方法，帮助医药代表养成良好的习惯。

协访的关键点及注意事项

易楚斌

产品经理或市场部经理陪同医药代表拜访科室主任或院长的过程称为协访。协访在医药代表的管理中具有十分重要的作用，它能够帮助企业真正发现问题、解决问题，推动上量策略的实施。

一、协防的关键点

（一）访前充分准备

除了要与拜访对象约定时间、地点外，还要准备以下 3 个方面的事项。第一，掌握充足信息，包括处方信息、竞品信息、科室信息、科室纯销目标，医药代表和协访经理都要掌握这些信息，以免在拜访的过程中出现信息不对称，甚至信息失真的情况，从而使拜访效果大打折扣。第二，分析当前存在的问题，针对临床使用中存在的问题，提出初步应对的策略。第三，准备几个临床使用问题，主动询问协访客户，充分互动交流。在拜访过程中，与客户交流信息，解决问题，如产品的疗效问题、副作用问题等。

（二）访中应对自如

拜访效果取决于协访的产品经理、市场部经理的方案准备情况。主动询问客户对产品推广要点的看法，请其指导临床使用要点，根据客户的回答灵活应对；在沟通或询问中，导入上量策略；对于客户的学术支持诉求，要有预期和应对方案，对于能够拍板的诉求，当场拍板，对于超过预期的诉求，及时向公司汇报，在给定的时间内答复，为下一次协访做好铺垫。

（三）访后及时跟进

访后跟进工作主要从两个方面着手。一是上量策略和行动计划的实施。协访的目的是产品上量，在协访过程中，了解医药代表与客户之间的关系，临床医生对产品是否认可，上量措施是否到位，产品销量是否发生了变化等信息，产品经理或市场部经理必须及时做这项工作。二是临床使用情况的跟进。观察处方量的变化情况。如果处方量有明显变化，说明协访是成功的；如果处方量有变化但不明显，说明医药代表的工作有待改进；如果处方量完全没有变化，产品经理或市场部经理必须了解情况，确认问题出现在哪个方面，如果是代表的问题，必须与医院开发人员沟通，更换医药代表。

二、协访的注意事项

第一，不迟到。与客户约好见面的时间和地点，切忌迟到，迟到会让客户对公司和产品有看法，这样协访的效果就会降低。因此，协访人员必须评估路上可能出现的问题，提前做好准备，在约定时间前赶到。

第二，有主题。在拜访客户前一定要确定一个主题，不能东扯西拉，所有话语都必须围绕主题进行。寒暄过后快速进入主题，这样拜访的目的就很明确，拜访效果会很好。

第三，有节奏。节奏在协访中很重要，先问候，再寒暄，尽快进入主题，进入主题内容时可深入交流，切忌蜻蜓点水。这样才能了解客户对产品的认可度，为上量计划的制订做好铺垫。根据客户的心情做好时间预判，客户有结束谈话的意图时，尽早结束谈话。

门诊统筹给医院带来的机遇

易楚斌

门诊统筹是医疗保险的一种形式，它将参保人员的门诊费用纳入报销范围，基本医疗保险统筹基金和个人共同负担门诊费用。随着医疗改革的不断推进，门诊统筹制度也在发生变化，向着更加合理的方向发展。

一、门诊统筹的改革背景

我国职工基本医疗保险制度于 1998 年建立，实行社会统筹和个人账户相结合的保障制度。具体而言，单位和职工个人共同缴费。单位缴费的部分和职工个人缴费的全部，划入个人账户，主要用于普通门诊和药物购买。单位缴费的其他部分形成统筹基金，主要用于参保职工住院治疗。

2021 年，社会发生巨大变化，个人账户风险自担。自我保障的方式越来越难以满足群众的健康需要，具体表现在以下 3 个方面：一是不适用于慢性病，如高血压、高血糖、高血脂等慢性病；二是不适应医疗技术的飞速进步，医疗新技术日新月异，快速发展；三是不适应我国老龄化发展趋势，据统计，截至 2021 年底，全国 60 岁及以上老年人口达 2.67 亿，占总人口的 18.99%，65 岁及以上老年人口达 2 亿以上，占总人口的 14.2%。

基于以上原因，2021 年 4 月 22 日，《国务院办公厅关于建立健全职工基本医疗保险门诊共济保障机制的指导意见》指出，改革职工医保个人账户，建立健全门诊共济保障机制，提高医保基金使用效率，逐步减轻参保人员医疗费用负担，实现制度更加公平更可持续。

2023 年，《国家医疗保障局办公室关于进一步做好定点零售药店纳入门诊统筹管理的通知》指出，明确门诊统筹基金支付范围。参保人员凭定点医药机构处方在定点零售药店购买医保目录内药品发生的费用可由统筹基金按规定支付。定点零售药店门诊统筹的起付标准、支付比例和最高支付限额等，可执行与本统筹地区定点基层医疗机构相同的医保待遇政策。加强药品价格协同。支持定点零售药店通过省级医药采购平台采购药品，鼓励自愿参与药品集中带量采购。加强处方流转管理。依托全国统一的医保信息平台，加快医保电子处方中心落地应用，实现定点医疗机构电子处方顺畅流转到定点零售药店。这个文件的出台为门诊统筹制度的落实提供了保障。

二、门诊统筹的基本原则和主要措施

（一）基本原则

坚持基本保障，实行统筹共济，切实维护参保人员权益；坚持平衡过渡，保持政策连续性，确保政策前后待遇顺畅衔接；坚持协同联动，实现完善门诊保障机制和改革个人账户制度同步推进，逐步转换；坚持因地制宜，在整体设计基础上，鼓励地方从实际出发，积极探索增强职工医保门诊保障的有效途径。

（二）主要措施

（1）增强门诊共济保障功能。普通门诊统筹覆盖全体参保人员，随着医保基金承受能力的逐步提高，待遇支付可适当向退休人员倾斜。将符合条件的定点零售药店提供的用药保障服务纳入门诊保障范围，支持外配处方在定点零售药店结算和配药，将符合条件的“互联网”医疗服务纳入保障范围。

（2）改进个人账户计入办法。在职职工个人账户计入标准原则上控制在本人参保缴费基础的 2%；退休人员个人账户原则上由统筹基金按定额划入，划入额度逐步调整到统筹地区实施当年基本养老金采购水平的 2% 左右。

（3）规范个人账户使用范围。个人账户主要用于定点医疗机构或定点零售药店政策范围内的自付，配偶、父母、子女间可以共济。

（4）加强监督管理。创新门诊就医服务管理办法，健全医疗机构，规范提供诊疗服务。

三、门诊统筹对医院的影响

虽然医院级别明显不同，但是各级医院将获得增量，基层医院利弊参半。随着门诊统筹的展开，基层医院会获得一定的增量。

（一）促进分级诊疗的发展

按照门诊支付政策，不同级别医疗机构的门诊报销比例不同，这样就会引导分级诊疗，减少三级医院虹吸效应，为一、二级医院提供发展机遇，三级医院医生则可以关注疑难杂症的治疗，提高科研水平，促进学科发展。

（二）门诊手术得到进一步发展

以湖北为例，23 种门诊手术可以报销，下一步还将增加报销品种数量。对大医院来说，门诊手术是提升医疗资源使用效率的重要手段。由于大医院有周转需求，门诊手术可以推动病人快速离院，提高床位使用率，将床位留给疑难杂症患者。

（三）促进非处方药向院内回流

在个人账户较为充裕的情况下，非处方药是药店销售的主力产品，但随着个人账户的减少，用户更愿意使用统筹资金购买非处方药。虽然很多药店已经拿到了门诊统筹的额度，但是统筹资金额度必须用于医保定点医疗机构的处方药，用户要想获得这样的处方，必须前往医院或基层医疗机构，处方的调剂很容易被医疗机构截留，进入医疗机构自身的药房。因此，非处方药的销售将从院外转回院内，这对药店有一定的冲击。

如何保持和提升医院纯销量

易楚斌

在集采背景下，大多数药物品种已经没有临床空间了。因此，医院纯销量的快速提升必须从以下四个方面做起。

一、做到三个确保

确保相关人员掌握产品综合知识，产品综合知识包括产品的用法和用量、产品的医学证据、产品的共识推荐、产品的临床路径、重点文献对产品的介绍等。

（一）确保代理商掌握产品综合知识

代理商除了要掌握产品的基本信息外，还要知晓当前形势下的市场优势，了解产品的历史销售情况，了解市场状况，了解产品的市场优势，给利益相关方说清楚产品带来的好处。如何才能让代理商掌握产品信息呢？采取“培训—考试—验收—比赛”的方式，并且反复讲、反复练。

（二）确保医药代表掌握产品综合知识

医药代表应该掌握产品的基础信息、产品的应用信息，预料可能遇到的问题。基础信息指产品的配方、功能主治、适应证、用法用量、应用科室等。产品的应用信息指产品的作用机理、企业的营销模式、代表的相关利益政策。对代表的技能提出要求，如话术、百问百答等。对医药代表必须进行全方位的培训，短则半个月，长则一个月，让医药代表掌握产品综合知识。员工上岗后，实行一对一的沟通方式，同时进行协访，发现问题。对于具备经验的医药代表，针对产品推广的科室进行重点培训，重在发现临床使用中出现的问题，明确下一步的上量策略和行动计划。

（三）确保临床医生掌握产品综合知识

临床医生对产品的销售至关重要，要让临床医生了解产品以下几个方面的知识。一是聚焦适应证，用法用量、足疗程足量使用的合理阐述。二是临床应用方案的依据，临床医生使用产品时，必须要有依据，包括临床使用指南、临床使用共识、临床使用路径、临床使用研究。三是聚焦临床应用中的问题。对于临床实际应用中可能出现的问题，充分阐述，有一说一。针对可能出现的问题，提出实际解决方案。举办科室会、业务培训和交流会、城市会、沙龙会、典型病例分享会等，反复讲，反复练，直到临床医生接受了产品信息。

二、掌握三类信息

详细了解和掌握产品的应用信息、产品的使用科室信息、竞品信息，这对产品的纯销上量至关重要。

（一）产品的应用信息

产品的应用信息包括以下几个方面。一是推广人员的状态，如职务、能力、可支配资源等。二是科室应用情况，哪些科室能用该产品，哪些科室是重点推广的科室。三是资源投入，投入多少资源，什么时间投入，投入时间多长，投入力度多大。四是客户情况，如客户的分布情况、客户的使用情况。这些信息是十分必要的，是制定上量策略的依据。

（二）产品的使用科室信息

一是了解科室主任的学术地位、人际关系；二是了解科室的门诊量、床位数、患者数量；三是了解主任及医生对产品和竞品的认知程度；四是了解具体科室管理机制，如主任对产品处方的管理程度；五是了解科室的人际关系，科室有没有派别，小组之间有没有矛盾。

（三）竞品信息

知己知彼，百战不殆。为了制定推广策略、匹配合适资源、安排合适的推广人员，必须进行竞品调研。企业必须了解以下信息：对标的竞品有哪些？科室在用的竞品有哪些？竞品的临床推广策略是什么？竞品的推广力度大不大？竞品每月的用量是多少？

三、采用两个策略

（一）深度策略

所谓深度策略就是关注重点科室，提升管理深度，拓展适应证，延长处方时间，提升单次处方使用量。处方的延展必须有指南共识或者高层次论文的支撑。

（二）广度策略

覆盖更多的科室，最大限度地拓展科室使用数量，这是提升产品销量的重要策略。例如，某中成药胶囊的早期适应证推广只关注了心律不齐，但它有着明确的镇静作用、安眠作用和抗焦虑作用，于是企业便从神经内科、老年科进行推广，销量在原有的基础上翻了一番。

四、做好两个规划

（一）科室规划

科室规划对医药代表来说十分重要。第一，选准重点突破的科室，能做抗生素的科室很多，根据竞品的科室占有及资源，选择重点突破的科室。第二，采取有针对性的活动，如科室会、沙龙会、城市会等。第三，保持“一对一”拜访的连续性和活动的持续性，确保产品的销量持续增长。

（二）客户规划

明确重点推广科室的重要客户，区分门诊部和住院部的客户选择。对客户进行分类管理，量化各级别客户。对于不同类型的客户，采取不同的措施。

为了做好以上四点，企业还要做以下几个方面的工作。第一，对于代理制模式，必须取得合作伙伴的认同和配合；第二，消除代理商的疑虑，取得代理商的信任，给代理商介绍成功案例；第三，增强企业与代理商之间的黏性，形成长期、稳定的战略合作关系；第四，抓好临床代表这个关键因素。

代理业务模式下代表管理的必要性及高效方法

易楚斌

目前，80% 以上的医药企业采取的营销模式都是代理制，其中以省级总代理为主。工业对代理商的管理大多是任务管理，过程管理和代表管理少之又少。在代理制业务模式下，对代理商的代表进行管理十分必要。

一、代表管理的必要性

医院销量增长的关键因素是临床代表。因此，临床代表的管理显得至关重要。代表管理的必要性体现在以下几个方面。

（一）任务管理的必然

目前，大多数厂家实行的是任务管理，即厂家给省级代理商制定任务指标，几乎不参与代理商的过程管理。如果代理商没有完成任务，省级厂家就扣钱。例如，某厂家规定，完不成任务时，差额部分每盒扣 2 元。假设全年任务量为 100 万盒，代理商只完成了 70 万盒，差 30 万盒，那么厂家扣 60 万元，从保证金或返款里扣，结果厂家与代理商闹得不愉快，厂家更换代理商。市场上不断上演着这样的故事。其实，从管理的角度上讲，这就是缺少了过程管理，只注重了结果管理。

当然，这里面普遍存在一个误区，大多数企业认为代表管理是代理商的事，不是厂家的事。

（二）融洽工商关系的必然

无论是哪一级代理商，他们经营产品的真正目的是赚钱，要想赚钱，就必须把销量做大。少数产品不需要广泛深入宣传，大多数产品是需要反复宣传的，代表管理就是帮助代表宣传产品，助力代表上量。代表销量上去了，代表就能赚钱，对工业也就有感情了，这样工商之间的关系更融洽。

（三）代理商管理的重要内容

厂家对代理商的管理就是纯销管理。纯销上去了，发货回款自然能上去。厂家如果不协助代理商去做这项重要工作，就很难把握主动权。因此，厂家要想有更好的纯销，更好地完成任务，必须重视代理商的代表管理。

二、代表管理的高效方法

（一）收集信息

（1）终端流向信息。终端流向信息就是医院同类品种的销量信息，如医院每个月的产品销量、医生的处方量等，这些的信息越详细越好。

（2）标杆医院信息。标杆医院是产品销售的重要地带，尽量详细了其相关信息，如院长、学科带头人、药剂科主任等人的信息。

（3）重点医院处方信息。重点医院处方信息指重点医院同类产品和竞品的处方信息，如月均处方 200 盒以上的产品种类。

（4）竞品销售信息。了解竞品业务员的名字、阅历、性别、年龄、月销售量。

（5）代理商合作信息。营销模式是代理制还是自营制，代理商返款是否及时，点数是多少，省级总代理的名字是什么，代理了多长时间。

（二）设定目标

目标设定的原则是准备充分、从容应对、共同制定。首先，基于前期掌握的真实科室信息，包括医生数量、门诊量、床位数，客观地对医院进行评估。其次，考虑医院的客观因素，包括医院限量、科室限定，有的医院规定单品月销售额不得超过 10 万、50 万等。第三，参考销量好的竞品的销售模式。基于以上三点，制定一个合理的销售目标，并且分月制定好，有一个逐月增加的过程。

（三）协调推进

建立一个由代表、学术经理、医院开发经理、产品经理组成的协调推进小组。厂家帮助代理商提升医院纯销量。具体做法如下：①药品进院前，对代理商的代表进行培训，让其完全掌握产品的适应证、卖点及注意事项；②药品进院后，一对一地与客户沟通，一个月后约科室会，由学术经理深度介绍产品，约两个月后，学术经理协同拜访医院相关科室。

（四）代表协访

产品经理或学术经理协同代表拜访科室主任或重点客户，从协访中发现问题、解决问题，从而推动推广策略的实施。代表主动要求协访，实实在在推动业务向前发展。协访分为几个步骤。第一，访前准备。协访前，掌握充足信息，包括处方信息、竞品信息、科室信息、科室纯销目标、临床使用中的问题，主动询问协访客户，互相交流。第二，访中应对。主动询问客户对产品推广要点的看法，在沟通或询问中导入上量策略，主动提出临床使用和推广要点，对学术支持的诉求要有应对方案，为下一次协访做好铺垫。第三，协访成果评估。根据协访的过程，总结协访的收获，和代表一起制定下一步的上量策略。第四，访后跟进。了解上量策略和行动计划的实施情况，跟进临床使用，观察处方量变化情况。

（五）代表评估

代表评估必须有一个相对量化的评估指标，即配合度。

（1）配合度高：①纯销改善明显，在原有基础上提高很多；②产品知识掌握程度高；③推广行动力强。

（2）配合度中等：①纯销提高不明显；②产品知识学习和沟通有一定的积极性；③推广行动力差。

（3）配合度低：①纯销没有改善；②产品知识学习被动，沟通不顺畅；③推广行动迟缓。

（4）配合度极差：①纯销差且没有改善迹象；②拒绝沟通，态度极差；

③拒绝协助上量。

（六）量化指标

（1）对于配合度高的代表，进一步给予其激励，刺激医院纯销量进一步提升。

（2）对于配合度中等的代表，对其进行激励，支持标杆医院上量的经费，鼓励代表成为优秀代表。

（3）对于配合度低的代表，剖析其配合度低的原因，并提供切实有效的解决方案。

（4）对于配合度极差的代表，积极主动与其沟通，建立信任关系。如果效果不明显，建议代理商更换代表。

药店（第二终端）营销

医药营销的四大底层逻辑

孟庆亮

一、患者的情绪和疾病治疗顺序

一个知名儿科专家每天给近300名儿童治病，每天工作12个小时。一般来说，儿童疾病1～2分钟就能搞定。即使这样，患者家属也挂不上号，而专家给每个患者的时间只有短短的2分钟。一对农村夫妻拿着近一年的收入来到医院挂了个号，做了各种检查。然而，不到2分钟，见多识广的医生就给出了治疗方案和处方。这时，这对夫妻蒙了，近一年的期望未得到满足，对着医生破口大骂。

如果在此之前，专家助理告诉他们，这个名医很厉害，几分钟内就可以给出治病方案，要相信专家，不要以为专家在应付，也许就不会发生医患纠纷了。

一位患者到医院检查出癌症，医生告诉他活不了几个月了，让患者戒烟、戒酒，好好保养，度过余生。这位患者抽烟、喝酒几十年了，喝完酒就批判儿子，其实希望儿子更好。患者知道不能对老伴儿发气。儿子每天给父亲电话，听听父亲的唠叨，10年过去了，父亲还健康地活着。

先治疗心病、后治疗身病，安抚好消费者的情绪后，再问诊治病。先平衡众人的情绪，再平衡众人的利益。在物质足够丰富的时代，精神产品呈现出结构式稀缺状态。积极寻找治疗患者心病和平衡患者情绪的良方，这是企业不断创新和提升的突破口，也是优秀企业成功的关键。

二、先有信任，后有订单

现在，很多客户销售的形式就是各种促销、利诱。会议营销不是以帮助消费者解决问题为前提，而是以赚钱为前提，由此形成的对抗和不信任让终端客户销售越来越难。要想解决购买和复购的问题，必须在赢得客户信任的前提下，系统地提出可以解决问题的方案。

客户担心的是花了钱，没有办成事。客户讨厌产品服务提供商虚假宣传。因此，销售一定要以客户需求为导向。在官办媒体时代，广告是解决购买问题的关键。在自媒体和消费者主权时代，好的口碑传播是企业要长期坚持的事。减少广告投入，增强沟通，采用体验式营销方式，这样企业才能有好未来。

三、下单不是结束，而是开始

一位女士给感冒的孩子去药店买药，结果店员给这位女士推荐了 3 种药，每种药配了六七盒，总金额 800 多元。普通感冒需要这么多药品吗？为什么不先开 3 ～ 6 天的药，然后跟进服务呢？

目前，药店客流量不断下降，药店可以适当提升联合用药、疗程用药的单价，但是不能一下子将消费者得罪光。

药房应该少量开药，告诉消费者正确的服用办法，并建立一对一的服务，不断提醒客户按时、按量服用药物，给予消费者关怀和周到的服务。这样，消费者才有可能复购。因此，下单不是交易的结束，而是链接的开始。忘掉广告和推销，记住关爱和沟通。

四、骁勇善战，温柔以待，诚心诚意

（一）骁勇善战

企业在改变营销模式的过程中，一定会遇到很多困难和挑战，如果绕着走，永远解决不了问题。努力就是旺季，不努力就是淡季。因此，企业必须做到骁勇善战，不断学习行业先进知识，建立“易知简从”的流程和标准。难事做于易，大事做于细，企业应不断实战、修改和提升。

（二）温柔以待

调整好自己的状态，微笑面对客户，让客户感受到温暖。温暖可以化解一切不良情绪，从而让客户快速相信自己、喜欢自己。

（三）诚心诚意

业务保持热度的关键是诚心诚意。营销成功的纲领：崇德、向善、诚意、真心、修技、齐团、治企、平天下。培训店员和消费者时，要用俗语版本的PPT。好的广告词都是俗语，如“经常用脑，多喝六个核桃”“好娃娃生病，好娃娃帮”“预防治疗糖尿病，喝参花消渴茶”。

做好药店营销的七步法则

孟庆亮

个人是健康的第一责任人。预防和治疗是未来大健康产品的两大主题，随着人口老龄化速度的加快，国家医保占大健康的比例越来越少。

随着消费者自付费用比重的大幅度增加，以及消费者自我保健意识和综合素质的不断提高，到药店购买药物的人越来越多，药店的药品销售在整个医药市场中所占份额越来越大。专家预测，药店零售比重将超过医院。医药生产企业必须有效地拓展药店渠道，随着大量连锁药店的产生，企业应摆脱单一的医院、诊所的临床营销渠道，学会两条腿走路，不断创造销售奇迹。药店零售与医院的临床营销有许多不同之处，在运作中需要做好以下 7 个方面的工作。

一、开展市场调研，建立翔实的药店档案资料

关于药店调查，可以从以下几个方面展开。

第一，药店的详细地址、邮政编码、电话号码。

第二，药店的性质，如国有、集体、个体、股份合作等。

第三，药店的主要负责人、主要目标营业员等。

第四，药店的进货渠道、付款方式及资信。

第五，药店的经营规模、经营品种、生意状况，以及与本企业有关联的同类品种的经营情况。

第六，店堂内能否开展促销活动，哪一种促销活动适宜。

第七，店堂内有何终端促销用品，何种终端促销用品效果好，药店对终端促销用品有何建议。

对以上 7 个方面的调查数据进行详细的分析、整理、归档，并对药店进行级别评定，可分为 A、B、C 三个等级。A 级为当地有名的大药店和连锁药店；B 级为规模相对较小，但生意较好的药店，一般为超市药品专柜等；C 级为生活区和郊区的便民小药店、小诊所等。

二、建立机构，划分区域，制定方案

第一，建立与药店零售相对应的机构，进行细致的职能划分，有效地实施全方位、全过程的科学管理。

第二，根据调查的市场数据，对市场进行科学的区域划分，定员、定岗、定职责。

第三，制定一套详细的市场营销方案，包括详细的渠道策略、详细的促销策略、详细的人员管理办法、系统的数据库表格等。

第四，企业办事处可以建立以地区管理为主的药店人员管理体系，从而提高办事效率。

三、合理铺货

第一，根据调查资料，制定合理的铺货线路，以节约时间、提高铺货效率。

第二，A、B、C 三类药店同时铺货，但 A、B 类药店要争取较高比例的铺货。

第三，铺货形式一般有商业推广式铺货、自然流通式铺货、人员拜访式铺货等，既可单独使用，也可综合使用。

第四，第一次的铺货量不宜大，待摸清月销售量情况后，制定详细的铺货方案；对于现金拿货，可以适当加大铺货量。

第五，对于铺货的地理位置，可以先从医院附近、人流量大的邻近药店开始，尤其是那些在医院销售较好的药品，会起到医院带动药店零售的作用。

第六，铺货时，可多品种推广，但一定要控制数量。介绍医院和其他药店的销售情况，以增强药店经营者的信心。

第七，铺货时，一定要详细地填写铺货记录，注明药店当日值班人员，并请某人签收。

第八，铺货时，尽量争取现款现货。第一次铺货，可以给一定的奖励；如果赊销，要严格控制数量。对于小诊所、小药店和个体药店，要坚持现金原则铺货。

第九，对于个体药店和承包性质的药店，铺货价格应高于医院的铺货价格，以防降价竞争冲击价格体系。

第十，铺货员工应明白，铺货不是目的，销售才是目的，在铺货中不要急躁。同时，微笑面对药店所有人员，树立为客户赚钱的理念。

第十一，对于新产品上市，尽量让药店有一点垄断销售的时间，即一个街区只跟一家药店合作，一个地区选择一家连锁药店进行突破，然后在县级市场选择一家药店进行补充，这样可以让客户放心，当然企业需要给药店战略性支持，否则无法出量。

第十二，不断扩充药店数量，但是一定要控制、维护价格。

四、加强药店的宣传布置，创造销售机会

铺货和拜访时，应加强产品的理货工作。产品本身就是最好的广告，包装是企业的第一销售媒介，因此要争取最佳的陈列位置。在具体操作中，本企业产品尽量与同类产品集中摆放，扩大产品的陈列面并制造不规则的多个缺口。同时，让产品处于最佳视觉位置，或者使用公司统一的陈列架。知名品牌的药品种类较多时，可设立专柜销售。

根据不同类型的药店，制定不同的宣传方案，但必须遵循以下原则。

第一，争取使消费者进店后第一眼看到广告宣传用品。

第二，广告宣传用品的粘贴、摆放要规范，要产生美感。

第三，宣传布置要独特，有个性。

第四，与商店协商好，争取大力支持。

第五，不要违反当地环保法规，大规模宣传的海报一定要通过产品厂家所在地的广告审批，使用时一定要向当地工商部门报备。

五、建构良好的人际关系

第一，拜访、慰问的对象主要是经理、专柜柜长、营业员、店主、坐堂医生等。

第二，在拜访过程中始终保持自信、友善、热情、微笑的精神面貌。

第三，在拜访过程中主动帮助药店解决一些问题，如换货等有关问题。

第四，合理制定拜访线路和拜访频率，注意维持老客户，开拓新客户，保证销售业绩稳步增长。

第五，在拜访过程中合理地使用公司礼品，有节制地发放礼品，既要让对方感觉到礼品的珍贵及企业对客户的重视，也要有效地节约销售成本。

六、加强信息反馈工作

第一，收集各类信息，如人员变更、地址变更、进货渠道变更、经营状况、竞争对手相关情况等。

第二，有目的、有准备地收集信息，并进行分析、总结、归纳。

第三，加强信息的双向交流，并保持畅通。保证下面的信息及时传上去，上面的政策、方案及时传下来。

第四，坚持做重点药店、重点产品的进销存管理，制定精准的终端策略，实施“一店一策”制度。

七、合理使用终端促销手段

第一，专题片。在人流量大的 A、B 类药店中播放专题片，专题片的制作要精美、科学，切忌浮夸。

第二，纸质广告。目前，报纸广告泛滥，因此企业在实际操作中应慎重。印刷一些具有科学性、可读性、针对性的宣传小册子，如《糖尿病预防治疗指南》等，这容易获得消费者的好感。

第三，广播媒体。根据产品特点，选择广播时间。

第四，车贴广告。通过主要线路的公交车进行宣传，车贴广告的制作一般需要双面胶。

第五，义诊与展示。在人流量大的临街、广场或药店附近，开展义诊与展示活动。邀请相关医生，争取工商、城管、环卫等相关职能部门的配合，印刷相关资料进行宣传，告诉消费者药品功能。当场进行义诊，赠送纪念品。

第六，路牌、灯箱广告。路牌广告可由专业广告公司制作，主要放在人流量大的地方。灯箱广告可由企业统一制作，挂于药店或医院附近。

第七，针对特定目标顾客进行促销。对于慢性病患者，可以赠予其药物；对于疗程长的患者，可以给予一定的折扣。

总之，在药店营销工作中，销售人员要切实加强自身修养，把握规律，灵活、务实地开展工作，从而获得市场的回报。

提升医药大健康品牌影响力的八大原则

孟庆亮

创建一个医药大健康品牌，要让其有吸引力，提升影响力，名字是关键。易则易知，简则易从。易知则有亲，易从则有功。有亲则可久，有功则可大。容易的东西，容易让人知道；简单的东西，大家就愿意尝试。容易知道，大家就会感觉亲切；容易让人尝试的事情，容易获得成功。亲切的事情才会长久，长期有功效的事情才能做大。因此，企业要想将品牌做大、做强，必须尊重规律。以下 8 个取名字的法则是做大品牌的关键，让品牌自己说话。

第一，易认。名字一定要简单、容易识别，好娃娃、康妇特、葵花等都是老百姓易识别的文字。如果品牌文字很复杂，或有大众不能识别的文字，那么这个品牌就有一定难度，品牌宣传估计很难一炮打响。因此，品牌的名字一定要从简。

第二，易记。如果一个名字说一遍就能被人记住，那么广告费将会大幅度减少。据统计，一个广告从看见到被记住的平均概率是 2 ～ 7 次，而“好娃娃”这个品牌只要看到一次或听到一次就会被人记住。很多人以为“好娃娃”打了很多广告，其实并没有。较难的名字就会让广告费倍增，且很难让人记住。

第三，好读。品牌名字读起来朗朗上口，才能很好地被人记住，且便于大家交流。娃娃，一个非常口语化的名字，一个老百姓经常提到的名字，在加上“好”字后，读起来更加朗朗上口。因此，这个品牌及图标通过 5 年多的运作成为中国第一个儿童类别的驰名商标。成功虽然不可以模仿，但是规律成就了更多企业。

第四，好听。名字听起来舒服，才能促进大家记忆。名字听起来不舒服，人们就会拒绝记忆，那么企业的广告宣传就会大打折扣。因此，设计品牌名字时，一定要测试大众的听觉系统，大家记住名字了，才会在终端购买。

第五，相关。一定要让人们感觉到这是一个医药大健康类品牌，是与健康相关的，这样有利于医药品牌的创建。回顾一下这几年成功的医药品牌，如好娃娃、千金、修正、康恩贝等，品牌快速成长的密码就是这些大众不懂但少数人掌握的真理。

第六，暗示。医药品牌名字要有一定的功能性暗示。例如，好娃娃，帮助孩子健康成长；千金，女性健康家园；康妇特，全面呵护女性健康；铍宝，做中国最好的皮肤药。

第七，专业。德善药业独家预防与治疗糖尿病的产品使用德善商标时，产品一直没有做起来，后来这个项目果断选择了“成博士”商标，博士是学位的最高点，在老百姓心中有很高的专业性站位。因此，医药大健康产品要有专业性暗示。

第八，地域。说起手表，你会想到瑞士；说起红酒，你会想到法国；说起阿胶，你会想到中国山东。围绕地域优势突破，准确定位，这样品牌产品才能大卖。

以上便是医药品牌取名字的八大原则，它会降低企业的品牌宣传费用，提升品牌传播效率。好的商标自己会说话，好的商标自己会打广告。

医药大健康营销九要诀

孟庆亮

医药大健康产业将是21世纪持续时间长的产业。因此，医药大健康营销要诀的掌握非常重要。

一、理论包装是前提

所谓理论包装，是指用先进、科学、有吸引力的原理或对原理的解释，对产品给予理论上的定位。理论包装是产品策划的第一要素，是产品差异化及市场价值所在。

产品的理论包装不等同于产品的卖点。产品的卖点单一、明了，而产品的理论包装系统、深入，医药大健康品牌的正确卖点应是其理论包装的厚积薄发，不能游离于此，理论包装包含着产品的卖点，而产品的卖点无法替代理论包装。同时，产品的理论包装不是简单地重复已存在的原理和产品功能，而是追踪世界医药大健康的新潮流和新动向，通过嫁接先进的医学、保健学和生命科学理论，产生符合产品特征的新的理论体系，从而完成医药大健康品牌意义上的理论包装，使产品达到更高的层次或领先地位。这种对专业性、科学性、技巧性要求很高的策划不是一个灵感式卖点所能替代的。

医药大健康品牌理论包装的有效开展需要注意以下几个方面的内容。

第一，医药大健康品牌的理论不仅要考虑消费者的心理因素，而且要考虑政治、经济、文化等多方面的因素。

第二，医药大健康品牌的理论必须具有科学性、真实性、先进性、严谨性，医药产品可以用临床资料验证，保健产品可以用生命科学和真实的消费案例验证。

第三，医药大健康品牌的理论必须造势，否则知晓率偏低，无法产生应有的效应。同时理论产生需要一定的渗透与认知过程。

第四，医药大健康品牌的理论推广不能只靠广告和促销，必须获得研发的支持。

做到以上几点，产品才会给人一种先进、高档次的感觉，才会具备生命力和竞争力，拉开与竞争产品的距离，赢得消费者。

二、市场调研是基础

医药大健康品牌的理论定格、产品开发、市场进入，必须以市场调研为基础。市场调研工作的开展要做好以下几个方面的工作。

（一）建立系统、科学的市场营销信息决策系统

（1）内部报告系统。涵盖公司所有部门，如营销、企划、财务、生产、供应、研发等部门，流程化、科学化。

（2）市场营销情报系统。涵盖公司营销管理部门、市场一线员工、调查公司、广告公司、监播公司等，总部与市场一线快速沟通。

（3）市场调查系统。经常收集与公司、产品、行业相关的一切信息，并加工处理，一般分为 4 个步骤：确定问题和调查目标、制订调查计划、收集信息、分析信息和报告结果。

（4）市场营销决策支持系统。由统计技术和决策模型构成，用来辅助市场营销经理更好地进行决策。

（二）确定市场调研的内容

市场调研内容主要包括消费者研究、市场需求研究、产品研究、竞争策略研究、广告及新媒体研究、价格研究、市场销售研究、促销组合研究等，每一项研究都要尽可能细化，确保调研结果的科学性、精确性，贴近市场。同时调研的内容要有先后，如定价调研一般在定位调研之后。

（三）分阶段开展市场调研

第一阶段：产品研发调研。通过定性、定量的调研方法，确定产品、品名、定位、定价等课题。

第二阶段：市场测试调研。针对消费者开展试用、首次重购、采用和

购买频率 4 个变量的研究测试。测试前，测试管理者要对测试的地点、期限、方式、内容、经费进行细致规划。测试可使企业取得可靠的未来销售预测。测试市场时，如果发现产品销售低于目标水平，及时修改产品。同时，测试不同的营销计划。

第三阶段：营销方案调研。企划方案制定好后，结合企业实际仔细研究每一个细节，研究决策人员一定要是行家，与研究方案无利益关系。可采用经验判断法、专家意见法、分组讨论汇总法等。

三、寻找差异是关键

产品因差异而存在。寻找差异、制造差异在产品同质化环境中已成为营销的关键。同时，差异化在经营活动中遵循了市场细分原则，将目标市场、营销对象设定得更加准确。在实施差异化过程中，要注意以下几个原则。

第一，根据市场和消费者需求，实施产品差异化和经营差异化，并在一定的时间内保持产品一致性。

第二，制造差异实质价值，提高买方所认同的价值。

第三，差异化不能脱离现实需求，如产品质量、价格、服务等。

第四，防止差异化成本过高，差异化战略不能长久实施。

第五，有所为，有所不为。切记：功能越多，销量越小。

第六，概念专有，如“2 型糖尿病”提出，“喝参花消渴茶”请认准“成博士”。

第七，三次定位，寻找最大消费群。第一次，功能定位，即“原来的我”；第二次，找准需要予以特别关注的人群，即“我是谁”；第三次，产品、企业观念向消费者靠拢，越细致、越扎实，产品推广成功率越大。完成抓住产品特色向传播产品独特利益的质的转变，即实现消费者需求与企业传播诉求的和谐统一。

第八，注意差异更新，尤其要注意产品生命周期变化与差异更新的统一。

此外，差异化实施要注意过程和目标的结合。通过分析消费人群，确定产品使用者的需求；通过分析竞争产品，确定同类产品的数量、用途与营销策略；通过分析购买行为，确定消费者购买此类产品的动机；通过分析使用效果，确定消费者使用同类产品的效果及相关建议。通过产品定位，寻找和制造产品差异点。制订与产品差异点一致的营销计划。测算差异营销的成本，寻找有效且成本低的方法。制定实施产品差异化和营销差异化的时间表，以保持战略的持久性。加强产品研发，努力使产品在质量、功效、剂型等方面区别竞争产品，满足消费者需求。做好生产和销售布点工作，以达到节约成本、广揽消费者的目的。加强促销组合，使消费者产生偏好和主观印象，在消费者心目中形成差异地位。

四、人力营销拓市场

人力是真实的销售力。智慧资本已上升为第一位资本，而智慧资本的源泉是人。因此，建立一套以企业员工为核心价值的、有活力、有序的人力资源系统是开展人力营销的关键。

分析对比国有企业、民营企业和欧美外资企业，企业开展人力营销的成功之道包含以下几个方面。

第一，办企业的宗旨不是做生意，而是创造产品和服务，增强企业的专业技能和优势。

第二，坚持在产品、方法、材料、能源、市场、企业重构等方面的持续创新。

第三，坚持研究市场、关注消费者，避免企业决策的盲目性，避免权力决策和经验决策。

第四，企业结构采用民主集中制，决策民主化，尊重员工，允许员工有“野心”，以人才为核心，愿意在员工培训上投资。

第五，在人才选择、使用上，坚持适才适位、适者生存、快速补位、绩效考核、团队合作等原则。

第六，敢用股权团结人才。例如，德善药业由于有股权激励，产品的定价更加合理，消费者持续购买产品。

医药大健康品牌企业应强化人力营销，使员工保持工作激情，与企业共荣辱。企业家要切记：人力的长远力量是素质；人力资源的强弱与领导者的民主和机制的活力成正比。同时，企业家要及时发现危险的人力信号，如守旧、决策盲目、进取心减退、无法接受批评和建议等。总之，尊重人、爱护人、活用人、用好人，这样才能激活人力，真正增强企业的创造力、销售力、开拓力，最终赢得市场。

五、服务营销赢忠诚

没有企业的服务，就没有消费者的忠诚。服务营销是提高产品竞争力、附加价值、差异化地位及效益的重要且有效的手段，它对企业形象、品牌形象具有强力的塑造作用。切实有效的服务营销能给企业和产品带来正效应，真正赢得消费者的忠诚。

树立长期为消费者服务的观念，是企业制定和实施服务营销策略的根本保证。在此基础上，还应注意制定服务营销的绩效考核标准与手册。企业的营销代表必须熟知产品所涉及的适应病症、功效。激励员工开展服务营销。服务营销要创新，注意客观性和长期性的结合，以及售前、售中、售后的全程服务。同时，把握好服务营销的 6 项原则，即顾客方便性原则、交流性原则、礼貌性原则、权威性原则、服务变革原则、全员服务原则。

六、软硬广告搭配好

广告的日益繁多使广告效果越来越差，从而使以大量硬性广告拉动市场的做法越来越难。另外，《中华人民共和国广告法》严格限制了药品广告的发布形式。就硬性广告而言，它启动市场的时间比以往长，整体效果的维持期缩短了，广告投入增大的同时，风险加大。软性广告一般不在广告时段或广告版面上发布，其费用低，且易引起消费者的注意。

除了报道宣传、科普宣传、点播、赞助等外，还要注意寻找与产品相关的新闻话题，以调查报告、市场热点等形式发布，以使产品受到消费者的注意。积极创建使消费者关注、新闻媒体传播的事件或活动。

无论是硬性广告，还是软性广告，都无法独立担负市场重任，二者必须有机结合，使产品功能宣传和品牌宣传相得益彰。配合时，注意时间组合、不同产品生命周期的组合特点，合理投放广告，使有限的广告资源产生良好的传播效果。

七、终端促销出实效

广告抓消费者的心，终端抓消费者的钱。医药大健康品牌的终端促销，犹如足球比赛时的临门一脚，终端促销工作切实做好，渠道才能真正畅通。否则，投入的资源将大打折扣。

研究表明，30% 的消费者在到达终端前就计划好购买产品，而 70% 的消费者到达终端后才决定购买产品。此外，在有购买计划的消费者中，13.4% 的消费者会因某种因素更改原来的购买计划。终端分为硬终端和软终端两种形式，硬终端包括横幅、海报等，软终端包括医疗服务队、义诊队、直销队、促销小姐等。开展终端宣传时，一定要制定制度、程序，并加强培训、督导、检核、奖罚，积极有序地进行。

医药大健康品牌的终端分为出货终端和推荐终端。出货终端主要指销售产品的商场、超市、药店等地方；推荐终端主要指对医药大健康品牌起推荐作用的医生、店员等。出货终端的促销项目有理货、补货、终端包装等，推荐终端的促销项目有拜访、推荐等。无论哪种终端促销，都必须遵循以下原则。

第一，树立专业、诚信、热情、助人的形象，使消费者认可营销人员的同时，认可产品和企业。

第二，与促销对象形成情感和利益的共同体。

第三，在拜访过程中，要有程序、讲效率，珍惜双方时间。

第四，处处留心，有的放矢。

第五，渐进、坚持、有信心。

第六，设计规划每一个细小的活动，制定流程，控制关键点。

第七，建立一个计划、执行、检查、评估的系统，坚持实行。

第八，终端工作要有度，积极主动地与终端管理相关的工商、城管、环卫等部门建立良好的关系。

第九，终端铺货、理货要到位。

八、技术创新促发展

技术创新是市场发展最具价值的推动力。所谓技术创新，从狭义的范围看，指产品创新、工艺创新；从广义的范围看，指组织创新、管理创新、市场营销创新等。创新应是产品创新和企业创新的有机结合，建立具备竞争优势的产品体系。在产品研发过程中，充分调动研发部门、销售部门、技术生产部门的力量。制定成本低的竞争策略，并加强产品服务。促使企业资本在流动增值中快速积累，以增强企业竞争优势。

技术创新可分为进攻型创新、防御型创新和引进型创新 3 种形式。

所谓进攻型创新，就是通过开发或引入新产品，追求企业产品技术水平的先进性，抢先占领市场，保持技术与市场强有力的领先地位。此策略一旦成功，企业将赢得市场，获得规模利润，但存在风险大、代价高等特点。

所谓防御型创新，就是企业不抢先研发新产品，当市场上出现某种成功的新产品时，企业立即跟踪，并迅速投入研发，占领市场。这种策略要求企业有高效的情报系统和吸收创新能力，规避了前期的投资风险和新产品最初形态的缺陷，使企业能够后来居上。

所谓引进型创新，就是利用其他企业的科研力量，开发新产品。这种策略收效快、成本低、风险小。另外，企业可以设立“科技进步奖”，调动社会资源。

无论采用哪种策略，企业在研发过程中一定要结合企业实际和市场实际，积极、务实地进行技术创新。

九、市场保健要及时

如果不及时解决市场运转中出现的各种问题，必将酿成大祸。通过及时的市场保健，防止企业过早衰败。

所谓市场保健战略，就是根据特定市场的特定发展阶段，对市场施以针对性的养护，以使其健康、顺利发展。在医药大健康品牌市场拓展的不同时期，市场保健各有特点。

（一）投入期的市场保健

（1）足够的财力支持是投入期市场保健的关键，必须储备预计销售额40%～60%的资金支持。在打造和复制样板的情况下，采用密集的推广攻势，缩短导入期，争取尽快进入成长期。

（2）以系统的创意、优秀的广告，树立企业形象和产品形象。

（3）利用终端促销、软性广告等有效形式，给市场升温。

（4）与医生、店员建立利益和情感的共同体。

（5）与消费者进行强有力的沟通。

（二）成长期的市场保健

（1）建立良好的分销系统。

（2）促销重点从产品转向品牌，控制货流，与媒体、经销商建立战略伙伴关系，从企业长远利益出发，建立优秀而独特的企业形象和产品形象，赢得消费者的忠诚。

（三）成熟期的市场保健

（1）努力提高服务水准，通过服务提升企业形象和产品形象。

（2）努力寻找新的定位和适应人群，扩大适应范围，延长产品的生命周期。

（3）在产品包装、渠道和地区的改良和选择中，扩大产品用量。

（4）打击假冒产品。

（四）衰退期的市场保健

（1）维护产品形象和企业形象。

（2）保持与经销商、媒体的合作伙伴关系，为未来投资。

（3）进一步加强员工培训。

（4）处理好遗留问题，保证老产品退出和新产品进入的顺利衔接。

执行市场保健战略的重要法则之一，就是适时地根据市场的发展变化，并结合市场推进的不平衡性，提出各种对应的保护措施。市场犹如森林，在砍伐中养护，在养护中砍伐，使企业效益源远流长。

产品包装的五大设计策略

孟庆亮

产品包装是做好零售市场的关键，企业的产品包装设计要从以下6个方面出发。

一、包装要从同类产品中区别出来

某企业治疗失眠的药品的包装设计受个人影响，坚持用灰白黄主体。这导致消费者看不出来它是独家产品，也看不出来它是治疗失眠的产品。如果这个产品包装换成深蓝色的夜空下，人或卡通动物深度睡眠的样子，那么消费者看到后就知道这是什么类型的产品了。

肝与绿色有关，肾与黑色有关，心与红色有关，脾与黄色有关，肺与白色有关。在设计产品的时候，设计师要懂医学文化。另外，设计师一定要逛终端，收集所有包装信息，从内到外研究。没有第一眼看到并记住的包装，就没有火爆的营销。违背常识的产品设计一定是“死路一条”。

二、包装要媒体化

一谈起媒体，人们很容易想到电视媒体、短视频媒体等，但是这些媒体需要资金投入，而且效果不一定怎么样。有一种媒体就是产品本身，产品的包装应该成为企业的第一媒体。

产品是最好的广告，包装是企业的第一媒体。很多企业的高管、业务员都没有这样的观念。包装设计虽然成本高，但是销售价格提升幅度非常大，并且销售速度非常快。设计好产品包装后，一定要进行专利和商标报备，以防侵权。产品包装不仅可以宣传自己，而且可以保护自己。包装设计的关键是让人记住，并感觉有价值。优秀的包装不仅是第一媒体，而且是特色的受法律保护的媒体。

三、包装要有推销性

在没有任何广告、推销活动的情况下，消费者看到包装关键信息后就购买产品，这样的包装就很好。

产品的包装文案和广告文案最好是同步的，突出产品关键信息和重点推广项目。提升包装的档次，提高包装的溢价能力。设计产品包装时，可以加入英文元素。产品一导入市场，终端愿意接受，店员愿意推销，顾客愿意购买。

企业没有钱打广告，更要在包装设计上下功夫。例如，对于外销的中药，可以选择简体中文和繁体中文两面设计，占领华人市场。包装是企业的第一推销员。即使没有业务员的推销，消费者也能在看到产品包装信息后进行购买。

四、包装要有延续性

产品的包装不仅要有系统性，而且要有延续性。也就是说，包装要有灵魂，即企业的标记。

上海某公司提出，超级符号就是超级创意。包装上要有品牌符号，如果要修改，只能稍微改动，不可以与原来的品牌符号有太大的出入。不同的产品，可以有不同的色系，如治疗肝病的产品包装用绿色，治疗失眠的产品包装用黑色或者深蓝色。

五、包装要有宣传性

大部分企业包装产品时，采用简单的瓦楞纸和黑色字体，这不仅没有美感，而且没有宣传性。

优秀的产品包装设计一定要考虑适用人群。产品包装是否让消费者眼前一亮？产品包装在终端是否可以作为陈列广告？产品包装能否被路过的顾客看一眼后就可以记住？产品包装能否让顾客产生购买的愿望。设计产品包装时，将有效信息放到重要的位置。包装宣传是销售的加分项。

如何写好医药大健康品牌的合法广告

孟庆亮

很多医药企业在终端乱写广告，广告不经过审批就大量发布，其实这是非常危险的。没有审批，侵犯《中华人民共和国药品管理法》和《中华人民共和国广告法》，被查到后要受处罚。没有有效表现产品与竞争产品的差异化，打动不了消费者。产品广告合法是企业营销的核心竞争力。

广告是针对消费者心智进行宣传的一门结构性科学。因此，企业应与竞争对手差异化，让消费者选择自己的产品。同时，药品和其他消费品是有区别的，除了要遵守《中华人民共和国广告法》的各种规章外，还要符合《中华人民共和国药品管理法》的要求。尽量在说明书中体现产品差异，尤其是功能性差异。

优秀的广告语尽量满足以下 6 个方面的要求。

第一，文字简洁。能够一句话说完的，就不要两句话；能够控制在 10 个字以内的，就别用太多字。例如，困了、累了，喝红牛；嗓子不舒服，快用金嗓子。对于字数多的广告语，很多销售人员都背不下来，更别说消费者了。

第二，品牌暴露。“困了、累了，喝红牛”这句广告语让红牛成为功能性饮料行业第一名，但是当红牛放弃这句话，启用“你的能量超乎你的想象”时，一家企业马上捡漏，推出“困了、累了，喝东鹏特饮”。目前，东鹏已经超越红牛，成为功能性饮料行业第一名。

第三，多用俗语。俗语是人类语言的本源，好的广告语都是通俗易懂、易传播的。因此，不变的俗语最有传播性。

第四，先说痛点，再给方案。例如，嗓子不舒服，快用金嗓子；要想嗓子好，复方冬凌草。

第五，戏剧性表达。例如，“滴滴答答尿不尽，快用前列康普乐安片”。

第六，语言暗示。很多时候，企业不能说自己的产品是第一，这是因为《中华人民共和国广告法》不允许。因此，企业在设计广告语时，需要用暗示性的文字表明自己的产品很优秀。

掌握了上述要点，就能设计出好的广告语。设计医药大健康品牌的广告语时，一定要熟悉品牌和产品，同时要研究《中华人民共和国药品管理法》和《中华人民共和国广告法》，打动消费者，促使其购买。

如何在药品三大销售周期通过媒体组合增强动销

孟庆亮

媒体组合的目的是增强产品动销，抢占市场，促进消费者购买，同时加强行业人士的认可，加快深度分销，提升医生和店员的推荐率。

药品和其他消费品存在较大的区别，它的针对性强、理性的成分多。做药品的媒体组合时，一定要注意产品功能的诉求，考虑医生和消费者的不同特点。同时，由于药品行业有处方和非处方的区别，药品类型的市场目标确定对媒体组合的达成起着非常关键的作用。例如，处方药以功效为主，主要针对医务人员及理性消费者；非处方药以品牌和功效为主，主要针对感性消费者。由于药品的通路结构及终端销售网络都有其特点，产品的商业化过程及终端组合宣传各有其特点。

一、药品的导入期

在药品的导入期，重点宣传药品功效。由于每一类药品都有不同的竞品，在宣传产品功效上，一定要有其独特的地方。药品是针对性较强的产品，其特性无法脱离对应的病症，产品的品质及企业服务以消费者的理念为主。由于非处方药与处方药的通路形态不同，在市场的组合中，品牌确立比例要加大。

在药品的导入期，处方药的品牌告知时间不宜过长，应注重产品终端的配合及相应的知识教育。品牌得到初步认知后，结合药品特点，抓住消费者对药品功能的需求心理，做详细的说明，同时通过专业刊物宣传品牌。非处方药的品牌要求较高，因此其品牌告知时间长。品牌得到初步认知后，应逐步提升产品功效的解读，引起消费者的注意。因此，推广药品品牌时，强调品牌在先，产品功效在后，做好终端宣传工作。

导入期的产品教育非常重要，如果缺少这个环节，消费者就不会产生购买意愿。如果忽略了品牌的教育与培育，产品被认知后，消费者只购买这类产品而不注重品牌，这就会造成多个厂家分割市场，对企业的发展很不利。因此，在媒体组合中要注意产品与品牌的组合比例。

二、药品的成长期

药品进入成长期，其已逐步被消费者认知，这时品牌因素显得越来越重要。消费者认知并认可产品，产品的市场份额不断扩大，许多品牌加入竞争行列。这时，消费者购买产品时不仅考虑产品因素，而且考虑品牌因素，品牌的好坏决定了产品品质的好坏。因此，在药品的成长期，利用媒体的不同功能，强化品牌作用。当然，随着品牌的确立，利用市场手段，加强、维护品牌形象。在药品的成长期，媒体组合要注意品牌带动产品，交叉实现企业目标。具体地说，区域性组合的重点应是加大产品说明、消费者教育、体验式营销等的比例，同时进行电视媒体、互联网媒体等方面的配合。

另外，加大行业渠道的投放。每年聚焦一家机构进行合作，且定期替换，这样有助于加快渠道深度分销。同时，探索公共关系的建立，如对于老年性产品，可以与老龄工作委员会合作等。

三、药品的成熟期

药品进入成熟期以后，其品牌的重要性表现得越来越明显。在成熟期，产品的功效及特点已经确立，其市场份额完全取决于品牌认知程度、品牌推广程度及品牌整体形象，而品牌整体形象的建立需要考虑很多因素，品牌的长期创造是延续品牌生命的最好手段。具体来说，视听媒体以品牌为主，以产品为辅。阅读性媒体以产品为主，以品牌为辅。因此，在成熟期，重点建立品牌，在媒体组合中要保持品牌形象，各企业应根据自身状况，重点强调某一方面，以促进市场的稳固和发展。视听媒体要配合产品的使用期及目标消费群体，根据产品特点进行集中的媒体宣传，加大终端及医院的宣传力度。

媒体组合的重点是维护品牌形象及产品形象，不同的媒体组合可随时提醒消费者企业品牌的存在，并与消费者保持沟通。另外，由于药品广告管制的加强，企业必须积极适应目前的市场发展状况。

最后，总结媒体传播的16字方针：高空点缀、终端突破、行业配合、公共关系。导入期以终端突破为主，让大家看到媒体投放计划，这有助于产品上柜、提升终端的交易率，企业有一定积累后，可以考虑适当投放高空视听媒体。成长期要继续突破终端，高空媒体继续点缀，提升深度分销，探索公共关系。成熟期保持好现金流和毛利，让项目持续发展。

线上无挂网、线下无窜货的销售管理

孟庆亮

线上是否挂网、线下是否窜货是销售管理的关键，如果管理不好，大量优秀客户就会放弃推广，最终无人销售，再好的产品也没有用。

要想做到线上无挂网、线下无窜货的销售管理，必须执行三大销售管理理念。

一、事前要预防

（一）营销管理设计

（1）产品规格设计。大部分情况下，一个代理商统领所有产品规格，企业建立直营队伍，该队伍由营销经理统一管理。虽然医院、第三终端、电商部独立运营，但是其产品计划必须由营销经理审批，确保总体规格间不“自相残杀”。目前，医药行业“自相残杀”的现象非常严重。

（2）价格管理设计。遵循《中华人民共和国反垄断法》的规章制度，不可以写最低供货价和零售价，必须进行每个级别的价格管理，建立最低价格管理体系。

（3）渠道管理设计。企业在某个阶段可以只开发一个渠道，确保企业可以掌控渠道发展。刚开始，渠道开发要求严格的审批制度。例如，新产品“参花消渴茶”的代理商只允许开发连锁药店，并且第一个月只许开发一家连锁药店，必须提交报表和样板打造计划书，电商部同意连锁药店不挂网，这样才允许给药店发货。

（4）促销管理设计。很多时候，终端或者代理商团队随意打折促销，这导致终端纷纷降价销售。对于这样的情况，要进行严格的控制，设计预警系统和断货管理系统。

（5）互联网管理设计。互联网是辅助销售的工具，不要让网络乱了线下的价格体系。例如，某产品的零售价格为 48 元，连锁药店的进药价格为 24 元，那么市场价格为 45 元，网络价格为 55 元，这样就可以保护连锁药店的利益。网络高价有利于线下销售，产品价值越大，线下销售越顺畅。线上销售只起宣传的作用，没有促销活动，销量多少无所谓。另外，网络宣传导流到线下的工作需要长期进行，适当的私域直播有助于线下门店销售。

（二）法律文本设计

随时准备打官司，永远具备主动权。一定要设计公司对公司的《代理商协议》，这样的药品协议是受《中华人民共和国民法典》保护的。与自然人签订的《代理商协议》是无效的，不受法律保护。

与个人签订《承包推广协议书》时，一定要求个人交纳保证金，适当发放佣金。《承包推广协议书》中要有“窜货属于职务侵占行为”的法律条款，可以随时冻结个人全部资产。这样，《承包推广协议书》就非常有震慑力，企业保持永远的主动权。

（三）道德管理模式设计

对于在行业中没有做出知名产品的客户，需要进行道德辅助管理，以防其铤而走险。

一定要让推广人的父母或配偶进行担保，不仅要进行文字担保，而且要进行视频朗读。一定要知道推广人父母或配偶的工作单位、身份证号码、手机号码。如果推广人不愿意提供此类信息，那就得交非常高的保证金。

对于年度没有窜货的推广人，厂家会给予其父母或配偶一定的奖金。每个推广人都必须录制不挂网、不窜货的保证视频，如有违反行为，愿意接受处罚，为企业打官司和赔偿做好准备。

（四）防窜货流程设计

设计生产防窜码系统；设计防窜发货登记系统；设计窜货查处系统，没有窜货查处系统，很难保证及时处理窜货行为；设计防串基金和收货系统，很多企业因为不及时处理窜货行为，造成大面积效仿、客户流失；设计防窜货奖罚系统。

二、事中要管理

（一）找对客户

（1）找客户的关键标准：有成功的单品打造经验；有终端开发维护团队；有工资和提成。

（2）考察客户的关键点：拜访销售产品的公司和处理费用的公司；推广人带领走访终端，观察推广人和店员、店长的关系；查看推广人的微信朋友圈，是否有推广成功的产品图片、团队培训的视频和图片。

（二）与客户签订协议

（1）要求客户交保证金，控制年度返利。

（2）拜访客户父母，落实道德管理，告知客户父母，年底无窜货的话有一定的奖励。

（3）新产品上市后，不直接签订年度协议，先签订 3 家样板连锁或者 1 ～ 2 个样板县打造的协议。成功后，才可以签订区域代理协议。

（4）有多少直营团队，签订多少区域代理协议，减少层层发包。

（5）与医药公司签订《代理商协议》。

（三）落实样板打造

（1）按公司模板写样板打造计划书。

（2）经过培训后才可以进行市场开发。

（3）与连锁药店签订协议后才可以发货。

（4）参与样板打造启动会。

（四）长期管理

（1）设置网络警察，随时查处窜货和挂网行为，并及时处理。

（2）所有开发要进行总部报备，实施客户进销存的管理。

（3）严格遵循防窜货流程。

三、及时发现，快速打击

发现违规行为后，及时与代理商或者业务员对证，暂时停止发货，沟通处理办法，快速解决问题。无论是线上还是线下，48 小时内没有解决问题，公司马上动用防窜货基金购买货物，差价由代理商和业务员承担。如果代理商和业务员不愿意承担损失，直接告知其父母，给予其一次机会，补齐损失。否则一切按协议和制度办事。对于情节恶劣的窜货者资料公示，进行行业打击。

总之，长期坚持制度管理和流程管理，同时企业不要过度压货销售，应坚持纯销管理，合理存货，保护所有人的差价稳定。对于不合格的客户，保留其做得好的终端和小区域的销售权，取消区域代理权。

新产品上市后如何与大型连锁药店合作

孟庆亮

某企业在策划“参花消渴茶”和“佛手苦瓜茶”双茶疗法的重新上市。因为“参花消渴茶”的网络价格非常低，所以线下大量连锁药店开始要求退货。于是，企业想到了换道超车，即创新药物疗法，通过双茶疗法解决消费者的两大痛点，降糖和控制并发症，双效合一。大量经销商纷纷试饮，效果反应很好。

双茶疗法的营销策划方案建议所有经销商按 60 扣（开票价为中标价的

60%）与终端、连锁药店进行谈判，但是很多代理商担心这个产品没有办法做到60扣供货，在这种情况下，企业准备派研发代表亲自去大型连锁药店进行开发。

研发代表做事非常有规划，在健康产业（国际）生态大会上主动与连锁药店高管沟通，并有幸遇到一位1 000多家门店的大型连锁药店经理，互相加了微信，研发代表给药店经理发了一封有力的销售信。

研发代表到达经销商处，与经销商进行了沟通和拜访事项交代，并提前与这位连锁药店经理进行预约。研发代表到达这位经理的办公室后，将提前准备好的一提白茶送上去，以示重视和尊敬，经理接受了这个礼物。

于是，研发代表和这位经理开始沟通产品重新上市的问题，并快速介绍了双茶疗法的模式。对比双茶疗法与单茶疗法，同时拿出准备好的300毫升杯子和500毫升杯子，用开水冲泡。主张用500毫升开水进行冲泡，这样防治2型糖尿病的效果会更好。然而，为什么还要泡300毫升的双茶呢？这是为了引起连锁药店高管的好奇。有人觉得500毫升的双茶水闻起来有点药物味道，但是喝起来没有普通茶水那么苦。

保证控制线上销售与线下销售的价格体系，适度投放赠品及推广物料，打造样板，同时让客户看到产品可以持续复购。经理听完后非常兴奋，马上打电话让品类总监和采购总监到办公室，一起体验双茶口感。

体验完产品后，大家一致认为产品没有问题。于是，研发代表开始谈论如何分利，经理希望企业做体验式销售，主动讨论争取回头客和套票销售的办法。大家愉快地讨论如何销售时，研发代表又主动提出不挂网销售，同时企业按年度销售占比进行利润分成，连锁药店的高管听到后非常兴奋。

其实，最大的连锁药店完全可以覆盖90%以上的消费者，上市初期保持小垄断是非常好的谈判策略。另外，在整个解说过程中，研发代表非常专业、激情地解说了产品模式，经理非常欣赏，同时两位高管进行了附和。

产品一定要与众不同；推广产品时，要专业、有激情。靠口碑做起来的产品生命力更强，适当的广告点缀有助于提升产品铺货率。不同的产品有不同的折扣率，连锁药店要利润。如果没有消费者的支持，连锁药店一般接受50扣的新产品。因此，行业人士要了解不同产品在连锁药店的合作折扣率。

如何开发医药大健康产品的农村市场

孟庆亮

随着人们生活水平的提高及城市建设步伐的加快，县、乡、村三级市场的药品消费不断提高，农村市场必然给企业带来丰厚的回报，提升产品和企业的品牌形象。同时，在农村及城市两个市场上都丰收的企业更有竞争力，生存得更久、更好。

一、农村市场的概念

所谓农村市场，就是指县级以下的广大市场。开发农村市场应作为企业的一种市场战略，农村市场应是企业市场的组成部分。农村市场潜力大，竞争压力比城市市场小。大多数企业开发市场时，往往先开发城市市场，后开发农村市场，或根本不开发农村市场，这使农村的竞争程度不如城市市场。

二、农村市场的占领步骤

（一）员工队伍的建设及培训

开发市场时的员工配备：省级市场人员由总部培训后委派；地市级市场人员由当地招聘或总部委派；县级以下市场人员由当地招聘。开发农村市场时，一般遵循以下原则。

（1）农村市场一般以县城为营销中心，分片设立分支营销机构，根据具体规模及分支机构，确定县级营销中心的负责人及相应的工作人员的数量。

（2）每个营销片区的分支机构保证有 2 名以上的员工。

（3）业务人员常驻当地，但不能集中在某一片区招聘。

（4）根据企业宣传工作的具体要求，招聘若干名专职、兼职宣传员。

（5）为了保证员工队伍的稳定性，招聘员工时不能片面强调学历，一般以高中为宜。入职后应签订相应的劳动合同，同时应有相应的制约措施。

（6）招聘工作完成后，对员工进行培训。员工来自不同的地方，差异较大，要按照企业的要求对新聘员工进行岗前培训，同时员工上岗以后，对其进行定期的阶段培训，确保员工队伍有文化思想，统一企业员工形象。

（二）市场调查

（1）市场调查的内容：①村的数量及相应的人口数；②主要经济来源；③多发病、常见病；④医院、卫生院、村卫生室的分布情况及数量；⑤医药公司、药材公司及批发部的分布情况及数量；⑥集市、庙会的日期及习俗；⑦主要行政部门及人员、当地有影响力的人士；⑧交通状况。

（2）市场调查的方法：①查找并浏览政府部门的相关数据文件；②执行经理、业务主管实地调查。

（3）市场调查的要求：翔实、准确。

（4）市场调查的分类：宣传情况调查、销售情况调查、员工状况调查。

（三）工作安排

（1）根据前期市场调查的情况，制订市场工作计划。首先，开发人口多、经济发展好的乡镇，迅速抓出成效、总结经验、逐步推广；其次，乡镇级市场真正启动后，向乡镇级以下的行政村、自然村推进。

（2）工作计划的具体内容：①当月计划开发哪几个乡镇；②要开发的乡镇人员的分配情况；③采取的相应宣传方式；④销售渠道及经费；⑤相应的考核标准。

（四）组织实施

农村市场切忌城市化操作，任何时候都要讲投入产出比，严格控制费用，开展活动前有周密的计划。组织实施主要有以下几种形式。

（1）固定终端（医院、药店、诊所）促销。医院、药店、诊所是产品重要的销售场所，应有专门的人员负责进行定期的高频次拜访和促销。工作内容是宣传、维护客情关系和产品促销。向医生讲解与本产品有关的知识，让医生全面认识本产品的优点、作用及注意事项，使医生能正确用药。同时，配合医院、诊所、药店进行橱窗、专栏、板报的宣传，普及医疗保健知识。给客户送上节日祝福，赠送小礼品，召开学术讲座等。产品促销以售前、售中、售后服务为主、切忌左右医生用药，以免造成医生和病人的反感。

（2）活动促销。密切关注村镇的庙会、集会，根据需要可以组织类似的大型集会，进行活动促销。提前半月准备，明确分工，事先联系好场地，办好相关手续。产品宣传和活动操作细节要简单明了，宣传语要易记、易懂、易传播。活动要有场面、热闹。

（3）下乡促销。根据产品适用点，并结合地方实际，由 2 名工作人员带队，并邀请 1 ～ 2 名专家到自然村开展义诊活动，普及医疗保健知识。这项活动有很强的公益性，应取得当地政府和有关干部的支持与配合，并提前一周做好通知和宣传，使更多的人参与进来。同时，简化中间环节，薄利销售产品，不能欺骗农村消费者。下乡的目的要明确，以敬老、普及医疗保健知识为主题，时机选在农闲、体检等时期。除此之外，可结合国家推行的初级保健工程开展活动，或者在农村设立小药箱等。

（4）重点医院的开发。医药产品的权威是医生，因此在市场开发中一定要开发医院，医生的推荐会给部分乡村医生、药店、诊所带来影响，这有利于企业产品的长期生存。

（5）合理的媒介投放。发现市场的特别媒介，一般来说，车贴、广播及硬终端的合理组合在农村市场上是非常好的传播媒介。

（五）监督检查及总结

监督检查是保证工作落实到位的基本方法，这项工作必须由专人负责。阶段性的工作完成后，根据工作情况、监督检查的结果，进行及时的工作总结和经验交流。

三、农村市场的网络建设

（一）关系网络

无论地区大小、贫富，都不可忽视当地有关部门对企业合法宣传工作的支持。开展工作前，拜访有关部门，办理好各种手续，取得工作上的支持。有影响力的人士的支持对整个市场工作的开展会起到很好的作用。

（二）宣传网络

（1）入户宣传网。画好居民住户分布图，按图有计划地做好宣传工作。

（2）学生宣传网。与各村小学教师建立良好的关系、由老师出面，让学生将企业的宣传海报拿回家，同时提供相应的报酬。

（3）口碑宣传网。在乡镇、行政村、自然村选择有影响力的人士（如医生、店员），由他们出面做口碑宣传。

（4）媒体网。利用乡镇广播室、当地电视台，以“通知”的形式进行宣传。

（5）邮政宣传网。乡村邮政业务员相对较少，他们对当地的情况很了解，以合理的方式与之达成协议，协助企业做好宣传工作。

（6）户外宣传网。在村出入口处张贴户外海报，刷墙标、房标。

（7）终端宣传网。建立农村医院及药店网，由于不受环卫、城管、工商等方面的限制，可在这些销售终端做宣传，尽量公益性宣传。

（三）销售网络

（1）批发网。充分利用县医药公司、药材公司及其下设于各镇的批发部的网络优势，把产品充分渗透各药店、卫生院、村卫生室。

（2）直销网。企业员工直接将产品送到镇卫生室、药店、村卫生室。

（3）宣销网。市场正式启动后，可组织宣销义诊服务队，在各镇、村做轮回的宣传义诊服务，同时附带销售产品。

（四）管理网络

农村市场面积大且分散，没有完善的管理网络，工作落实受到严重影响。实行层级管理，同时建立农村市场工作的监督检查系统，以保证工作正常进行。

综合权衡产品适用面与营销成本，对销售网络进行优化和巩固，发挥最大作用。考虑承接1~2个与本公司产品没有冲突、在农村适用面广、用量大的品种、以降低营销成本。

另外，精耕细作农村市场的同时，考虑用适合的产品，低成本开发市场。如果企业的产品较少，市场潜力较小，不宜大规模建设队伍，可以采用另外一种模式进行低成本的市场推广，如对覆盖周边的商业进行长期促销或开推广会，包装及推广会的多样性、长期性和广泛性是打开农村市场的关键。

乡镇卫生院和私人诊所（第三终端）营销

第三终端乃必争之地

李本航

第三终端数量多、门槛低、起效快、上量快。第三终端造就了很多黄金爆品，一年销售几个亿。第三终端成就了一批企业，让双非产品（非基药、非医保）获得成功。某企业的补血类口服液产品只做第三终端，一年销售几个亿。现在，越来越多的企业开始重视第三终端。

第三终端一般包括诊所、卫生室、社区服务站等不受国家招标、基药影响的基层卫生服务机构，这些机构的市场主体特点是决策快、有强烈的学术需求，主体基层医疗机构，通常也叫体制外的基层医疗机构。

体制外的基层医疗机构数量有 37 万多家，伴随国家鼓励社会资本办医政策的落实，如中医诊所备案、诊所设置不受规划限制、多点执业等，诊所数量未来还会高速增长。

2016 年开始，医药行业剧烈动荡。营改增、两票制、药占比、零差价、集采、医保控费、规范流通领域、公立医院深化改革等系列政策落地，药品生产商、流通商和代理商一致发现，等级医院市场不好做了。同时，政策助推基层医疗市场快速发展，“健康中国 2030”规划、“十三五”医药卫生体制规划、多点执业、中医诊所备案、鼓励社会资本办医、慢病管理、分级诊疗等系列利好政策出台，业内人士纷纷转向基层医疗市场，专家一致认为，市场增量在基层，机会在第三终端。于是，千军万马“杀人”第三终端，第三终端市场从未这么热闹过。

第三终端市场的特点是点多面广，私营诊所非常分散，不受国家政策影响，门槛低。诊所营销见效快，只要产品好、有特点、利润高，就容易在诊所推广，上货快，起量快。

诊所营销门槛低，诊所营销模式复制快，只要样板打好了，在其他地方可以很快复制，当然也容易被竞争对手复制。第三终端不缺产品，很多诊所有500种以上的产品，有些都过期了，诊所老板自己都不知道。产品太多，病患少，根本用不了。如果没有动销方法，铺了货也没用，到头来都是过期。

近几年，由于很多厂家、医药商业进入诊所市场，诊所医生见多识广，参加各种企业培训活动、促销活动，诊所医生也麻木了，水涨船高，诊所医生需求越来越多，诊所竞争越来越激烈。

帮助诊所发展，实现共赢

李本航

帮助别人就是帮助自己。帮助诊所发展，实现诊所与企业的共赢。总体来说，诊所分为以下几种。

新型诊所大多是连锁诊所，崛起在省会城市及部分地区城市。这些新型诊所面积为200～500平方米，布局合理，装修风格简约，管理有序，服务到位，诊疗规范，有统一的标识和形象，统一配送和管理，可信度高。

特色诊所经营良好，基本是在2014年左右崛起的，以技术转型的形式获得成功。经过几年的发展，名列前茅，思想先进，寻求更高层次的发展。制约特色诊所发展的因素很多，如地域、资源、个人能力、人才招聘等。

传统诊所风格陈旧，面积为几十平方米，一医一护或一医两护，环境一般，布局杂乱，服务意识较弱，店面脏乱，医生不穿工作服，思想观念陈旧。

基层医疗机构的发展受以下 9 个方面的影响。一是国家控制发热门诊，控制传染病的治疗，门诊量下降。二是国家控制抗生素的临床使用。三是技术硬件设备数量少。四是抗风险能力小，容易造成医疗事故。五是私立医院和养生保健机构发展壮大。六是人口老龄化，慢性病数量上升。七是人们健康意识增强。八是疾病康复保健需求不断增加。九是服务对象整体素质提高。

战斗在一线的医疗卫生工作者只顾低头拉车，从不抬头看路，辛辛苦苦几十年，风里来雨里去，服务人民健康，造福社会发展，但是不懂经营管理，事必躬亲，付出多，价值少，利益低。

基层诊所存在如下问题。第一，技术特色不突出。基层诊所医生都是全科医师，技术全面但无特色，同行都在同一水平线，缺乏突出的竞争优势，处于你有、我有、大家有的困境。第二，患者数量少。患者来源于乡邻，基层医生虽然在本地有名气，但是还没有名震四方，周围同行众多，患者没理由舍近求远。由于基层缺少保健知识的宣传，患者在疾病早期无法得到治疗，等到无法正常生活或者工作的时候，诊所往往应对不了这种状况。第三，医疗设备数量不足。基层医生经济能力有限，不敢贸然将所有积蓄投入医疗设备。即使购置了应有的医疗设备，也未必能吸引患者的到来。

了解第三终端的分类、特点与需求，通过服务帮助诊所提升和发展，从而形成战略合作关系。帮助诊所拓展客户，拓展客户的方法有很多种，如利用微信群、小视频等现代手段，开展体验、筛查、健康讲座等活动。帮助诊所引进一些实用、科学的技术。帮助诊所引进一些操作简单的设备，如雾化器、诊断试纸等。帮助诊所提升经营管理水平，改变经营管理能力，使其更具竞争力。

赋能基层医疗 打造一方名医 实现共同发展

李本航

我国地大物博，有将近 14 亿人口，80% 的人口生活在非一、二线城市。我国有 100 万个医疗机构，但集中好的医生、设备、药品的二级以上医院仅 1 万多家，占比 2%。基层医疗卫生机构服务水平亟待提升。公立医院人满为患，看病流程烦琐，排队时间长，一号难求。基层医院留不住患者，主要是因为环境、药品、设备、服务、医疗水平等不完善。人民群众对健康服务的需求越来越多，诊所有很多发展的机会，有些诊所抓住机会转型升级，获得较好的发展。

不断学习新技术，走特色医疗路线。学会高精尖现代中医疗法，推广绿色疗法，缓解病患痛苦；学会辨证论治，夯实基本功。

做好特色建设，特色化的诊所应该是诊疗功能差异化、具有优势技术品牌、具有个性化服务的诊所。它应该具备距离患者近、花费低、投入少、门槛低等特点。

升级经营模式，走医养结合路线。国家鼓励社会力量参与医养事业，将治疗、调理、保健三大板块紧密结合，走医养结合的经营模式。医养结合的养生路线可以真正地实现综合治疗，提高疗效，增加收益。

做好健康管理工作，建立健康档案，做好康复保健计划。向多元健康方向迈进，追求服务与治疗相结合。做好专科建设，针对慢性病开展康复保健工作，建立疼痛科、妇科、三高科。抓住机遇，整合资本，看准连锁诊所。将来，遍布大街小巷的个体诊所与统一品牌、统一标准的连锁诊所争相发展。

连锁诊所大致有两种运营模式：一是医生作为开办者先开办一家诊所，然后以此为母体，向外扩张；二是资本先成立一家运营公司，然后运营公司依法开办诊所，从而形成连锁诊所。

诊所服务大众健康，缓解人民病痛，随着社会的发展、人们生活水平的提升，以及人们对美好生活的向往，人们对环境、健康、服务的需求越来越高，诊所作为服务大众健康的基层医疗机构要与时俱进，不断发展与提升。要以病人为中心考虑发展与提升的方向。诊所的医疗条件与资源有限，分析自己的优势与资源，找到自己的发展方向。分析周边诊所的经营情况，要有差异化、有创新性、有前瞻性。诊所应从以下 6 个方面改善、提升。诊所的发展与提升路径如图 15 所示。

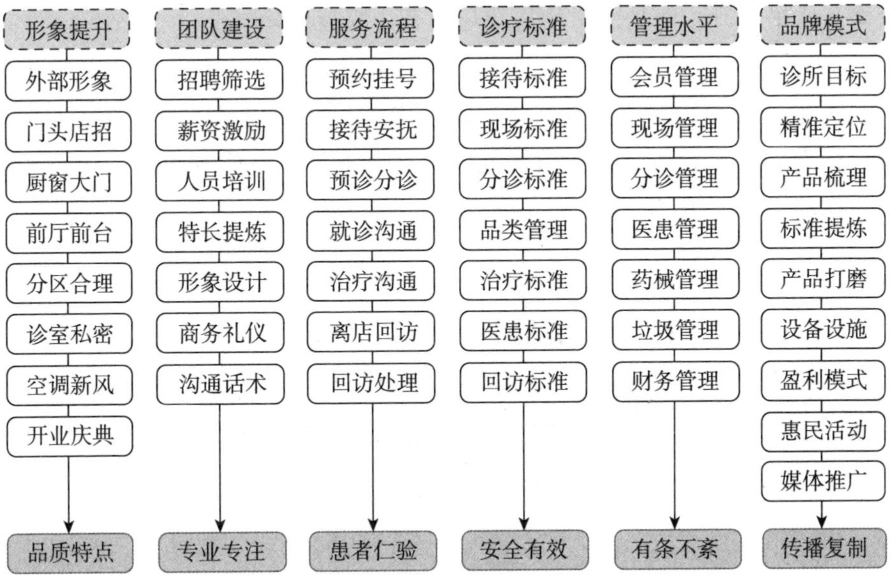

图 15　诊所的发展与提升路径

第三终端点多面广，覆盖每个村。近年来随着国家政策的变化，城市医院竞争越来越激烈，许多药品在竞争中落标。这些医药企业为了寻找出路，大多数都开发第三终端，第三终端营销竞争越来越激烈。

现在，基层品种多，人员多，动销方式多种多样。第三终端人员很彷徨，不知道下一步该怎么办，因此退出医药行业。

目前，第三终端营销人员的角色主要分为以下 3 种类型。第一，配送角色。这类营销人员有几十种甚至上百种产品，没有什么专业知识，拿着产品清单，让客户选择，终端拜访时间短。第二，客情角色。这类营销人员情商比较高，会为人处世，赢得客户的信任。第三，顾问角色。这类营销人员通过专业化的学术拜访，探询客户需求，解答客户疑问，解释产品学术知识，解决诊所在运营管理方面的问题，帮助客户提升，提供增值服务。

患者有3个方面的基本需求：一是希望得到医生亲切、明白的答复；二是治疗方法安全、副作用小；三是经济实惠。医生有4个方面的基本需求：一是口碑好、门诊量大；二是诊断治疗水平提升；三是诊所运营管理及服务水平提升；四是医患沟通技巧提升，医疗风险降低。

第三终端营销人员要想在激烈的市场竞争中领先于他人，必须根据患者、医生、诊所的需求，重新进行职业定位，转变成顾问型营销人员——诊所运营顾问。诊所依赖运营顾问，通过服务好患者实现价值。运营顾问的工作流程如图16所示。

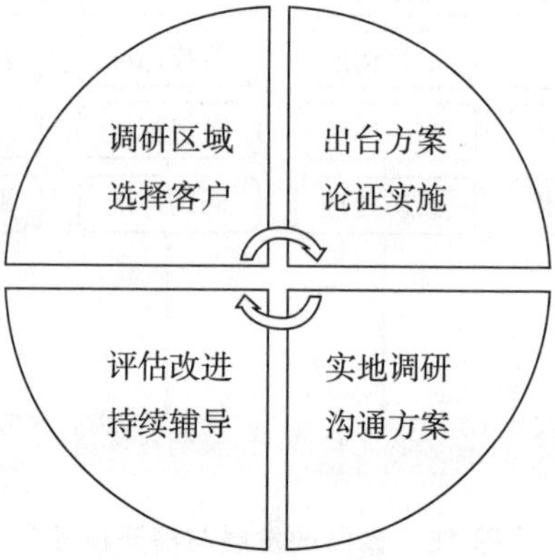

图16　运营顾问的工作流程

第三终端药品销售的趋势是线上交易与线下服务相结合，既合规，又有专业化服务。诊所运营顾问应从以下3个方面进行辅导。

第一，规范、标准、创新。国家管控越来越严格，规范化、标准化是医药行业的发展趋势。药品的流通管控越来越规范，诊疗行为越来越规范。作为第三终端营销人员、必须不断学习和提升。很多企业已经意识到危机，积极寻求创新。

第二，帮助诊所经营和管理。诊所老板大多是医生，经营和管理的能力较弱，甚至不具备管理与服务的相关专业知识，很少与患者交流，只是简单地问诊、开药方、治疗。大多诊所需要改变观念，提升服务水平与能力。

第三，服务人民健康，赋能基层医疗，帮助诊所提升学术水平。不忘初心，牢记使命。医药人的使命是为人民健康服务。医药公司、营销人员做好学术体系，系统地帮助诊所提升诊断和治疗的水平，服务好患者，这才是根本。

从医疗的本质入手，了解老百姓和诊所医生的需求，系统策划基层学术体系。结合企业的情况，真正赋能基层医生。帮助基层做好事，尽一份社会责任。

第三终端创新营销体系的建立

李本航

没有共营，就没有共赢。研究诊所的目的是帮助企业建立有特色、有领先地位的第三终端营销体系，帮助诊所、药店提升运营管理水平，形成紧密的合作关系。

过去 10 年，药店做活动，客户买单；近 5 年，客户对技术会销、绿色疗法感兴趣。现在，一切手段都不新鲜了，客户有了会议恐惧症，审美疲劳，对药品推销产生抗拒感。

第三终端创新营销体系的三大基础、八大发力点如图 17 所示。

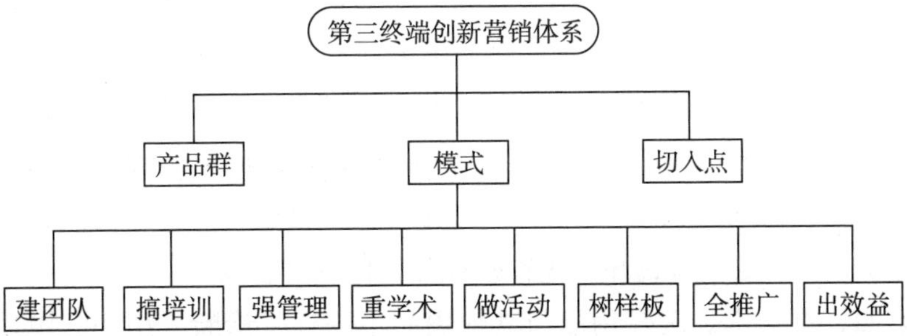

图 17　第三终端创新营销体系

三大基础是营销的前提。第一，产品群。第三终端点多面广，要想使第三终端队伍有较合理的收入，并具备一定的竞争力，必须配备某一科或治疗某一疾病的产品群。这样便于营销人员掌握相关疾病及产品的知识，从而进行专业化推广。第二，模式。考虑清楚以哪个产品为中心，如何定价格，如何设计盈利点。充分进行市场调研，制定的政策既要具备积极性，又要具备可持续性。第三，切入点。切入方式要符合三方面的利益关系。调动营销人员和诊所的积极性，真正帮助患者解决问题，患者体验感要好。

三大基础确立后，从八大发力点推进，形成特有的体系。

第一，建团队。人是重要的因素，所有的计划都要有人执行，因此必须有团队。目前，团队的形式有两种。一种是公司直营团队。这种团队有执行力和团结力，容易出成果，但管理和督导比较费劲。二是代理团队。如果有好的产品群、模式及学术支持，招商是一种好办法，但代理商的工作时间有限、学术能力弱，如果产品需要大量的推广，代理商很难完成。现在，市场竞争越来越激烈，专业化要求越来越高，具备高专业度团队的公司才有竞争力。

第二，搞培训。不管什么样的团队，要想让新组建的队伍具备战斗力，必须加强培训。一般来说，培训包含 3 个方面的内容：一是营销技巧，二是诊所运营管理，三是相关疾病及产品知识。这些知识不是参加一两次培训就能掌握到的，把重要的内容放在线上平台，让营销人员不断地看、听，同时公司要进行考核。目前，很多企业及机构做得很好。

第三，强管理。团队是重要的，必须加强团队管理。团队就像军队一样，必须有强的执行力，讲规则，有考核，有督导。省级区域代理是基层经营核算单位，省级总代理负责整个省区的经营，包括学术经理的招聘、任用、考核、管理等。省办的管理工作主要包括以下几个方面：一是设立办公地点；二是配置终端学术经理，每个县（区）一名；三是拓展客户；四是开展地区宣讲活动，每地区至少 1 场；五是开展学术辅导，每个客户每月 1 次；六是每个月组织召开一次会议，主题是“分析市场问题，探讨解决办法”；七是每周召开一次省办日常工作管理会议。

第四，重学术。医疗用品与其他用品不一样，诊断、用法、用量等都有严格的要求，必须先让医生明白新技术、新产品、新诊疗方式的特点、优势及注意事项。学术是基础，请真正的专家科学地向医生传授相关知识，不要夸大疗效。

第五，做活动。在学术的基础上，搞一些活动，加深医生印象，帮助医生推广。例如，找一些目标患者，登记好试用患者的信息，收集反馈信息，将反馈信息递交给医生。这样，医生可以快速认可产品。活动的形式可多样化，吸引医生前来参加，给医生留下较深印象。

第六，树样板。根据队伍及市场情况，选择三个地方做样板，集中人力、物力，在短时间内进行突破，形成较好的效果，拍照片、写文章，大力宣传。

第七，全推广。有了样板后，组织其他地区的人员到样板市场参观学习，系统地进行介绍，提高大家的积极性，全面推广。请优秀的医生或者营销人员到别的地区传授经验，帮助推广。

第八，出效益。做好上述推广工作后，患者、医生的认可度会很高，社会效益会很好，团队经济效益自然也会很好。

第三终端学术体系的建立

李本航

第三终端的学术体系建设是重中之重，是为市场提供方法、思路及支持的重要体系，有了学术支持，营销人员心里有底。

公司要有市场学术部，有市场总监、产品总监、讲师、主持人等，市场总监专门研究市场活动的策划与支持，产品总监主要研究产品的优势，讲师及主持人配合进行培训活动。

各省是主力作战单元，要有学术、市场、产品人员，负责本省营销计划的制订、市场活动的组织与执行。

一、省办组织的建设与管理

省学术总监一名，医学、药学专业毕业，有3年以上学术操作经验，负责本省的学术工作，组建学术团队。具体职责：一是负责本省学术方面的工作；二是搭建学术团队，省办3～6人，地市3～5人，县1～3人；三是开展学术会议；四是开展动销巡诊工作；五是建立名医交流群，加强企业和医生之间的交流、互动；六是统一各项学术标准。

省销售总监一名，熟知本省基层医疗终端情况，有基层医疗终端人脉资源，有一定的管理、组织、协调能力，有3年以上基层医疗终端经验，负责本省的市场销售工作。具体职责：一是负责本省市场销售方面的工作；二是根据事业部的营销指导方案，制定适合本省妇科、儿科诊疗项目和普药品种的销售方案；三是制订本省的销售计划，将本省的各项销售指标合理分配到各地区，并制定各项销售指标完成的保障措施；四是组织开展各种销售活动，督促、落实、检查、考核各地区销售指标落实情况；五是对市场人员日常销售工作进行管理、监督、检查；六是对各地区的工作过程、效率及业绩进行全方位支持、服务、监控、评估、激励。

二、地办组织的建设与管理

区域经理若干名，熟知当地基层医疗终端情况，有一定的基层医疗终端客情资源，每个地级市配一名区域经理。具体职责：一是开展专家巡诊活动；二是对终端业务人员的工作过程、效率和业绩进行跟踪、检查、考核。

三、终端业务人员的要求与管理

终端业务人员若干名，有基层医疗终端经验，有较好的沟通能力，每个县（区）配一名终端学术经理，负责县（区）市场销售业务。具体职责：一是开发、维护终端客户；二是通过省区学术大会给终端客户压单；三是开展专家巡诊活动；四是在省办微信平台汇报每日压单情况和巡诊活动开展情况。

学术活动的形式多样化，可持续，月月有活动，年年有创新，如图18所示。

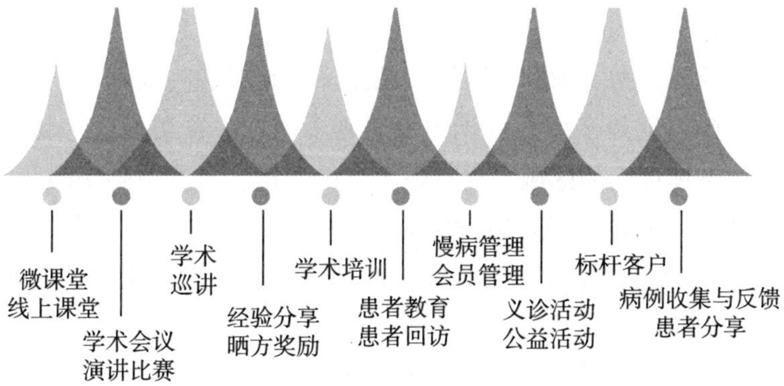

图 18　多种学术活动

市场激烈竞争下第三终端行销及谈判技巧

李本航

第三终端市场，也称基层医疗市场，大多为民营，不受医保、招标挂网、集采、基药等政策的限制。

随着两票制、营改增、降价潮、二次议价、限量、零差价、集采等政策的实施，成本不断上涨，利润不断下降，市场竞争越来越激烈。部分企业在局部市场上由于落标、议价、集采出现业绩大幅度下滑的现象。

在这种背景下，第三终端成为众多商家的必争之地，第三终端营销人员面临前所未有的挑战，竞争越来越激烈。动销方式多种多样，送家电、送汽车等活动五花八门，让基层医生应接不暇。

一、行销“四勤”

诊所市场的特点是点多面广，因此诊所市场的营销叫行销。对诊所及医生进行必要的前期调查，在知己知彼的情况下进行谈判与沟通，这样效果会更好，更有针对性。

了解医生的学历背景、从业经历、兴趣爱好、家庭情况，发现医生感兴趣的话题，切入沟通，从而产生共鸣。有了沟通的机会，就容易成功。

行销要做到腿勤、嘴勤、眼勤、脑勤，这是成功的基础。

所谓腿勤，就是多跑。认识的诊所越多越好，覆盖面越广越好，用脚步、车轮丈量你负责的区域。没有做不好的营销，只有不勤快的业务员。

所谓嘴勤，就是多说。对营销人员来说，话语是第一生产力，每一单业务都是通过沟通产生的。没有天生的社交达人，没有天生的演说家，通过后天的训练养成会说话的良好习惯。

所谓眼勤，就是多观察。眼观六路，耳听八方。每到一家诊所，观察其环境、摆设、医生、护士、患者等，发现一些特点，便于与诊所医生沟通、交流。

所谓脑勤，就是多想。发现问题后要进行思考，思考解决的办法。很多诊所没有挂号，看病流程很乱。针对这种情况，业务员可以帮助诊所医生制作卡片，并写上编号，每个病人取一张卡片，到旁边等待医生叫号。这样，大家就不用挤在医生周围，医生方便的同时，病人可以坐着休息。

二、谈判法则

谈判方法对了，就没想象得那么复杂，每位成功者都有自己的方法。下面介绍一些诊所谈判法则，如图 19 所示。

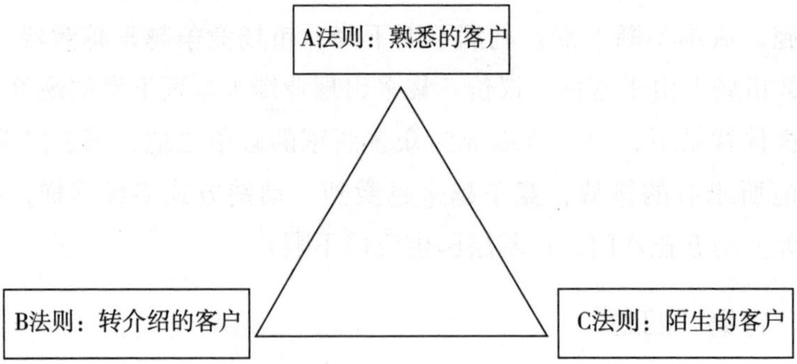

图 19　诊所谈判法则

A 法则：针对熟悉的客户，开门见山，直接介绍产品的优势、临床应用特点及优惠政策。

B 法则：针对转介绍的客户，先寒暄，拉近距离，待机会合适时，转入正题，较系统地介绍产品的优势、使用情况、服务等，不着急介绍政策，不着急要求进货。

C 法则：针对陌生客户，先观察他的情况，以请教的态度与他进行沟通，待时机合适时介绍项目与产品，不着急介绍政策，不着急要求进货。

三、价格困扰

诊所老板大部分不知道产品价格中包含的成本、利润等要素，“太贵了”已经成为门诊老板的口头语，销售人员不要被这种习惯性语言吓倒。销售人员要清楚产品价格所对应的价值，明白产品的卖点、优势，对产品价格有信心。营销是从拒绝开始的，成功是从失败开始的，销售人员要坚信一定会成功。销售人员可以采取以下措施：一是提高拜访频率，人熟好办事；二是不断阐述产品优势，强化产品信念；三是调查、收集竞品信息和客户需求，改变营销策略。

四、物有所值

在《我不是药神》这部电影中，一盒抗癌药上万元。为什么这么贵的药有市场？因为患者吃了有效果。因此，疗效是第一位的，产品必须有疗效。销售人员在推广产品的时候，必须做到以下几个方面。

第一，让推广方案看上去“值”。收集目标区域内同类竞品的信息，找出产品的优势、特点，推广方案要系统、专业、高品质。

第二，让自己看上去“值”。销售人员的精神面貌要好、专业化程度要高。对于专业化，形式比内容重要，门诊医生会通过外表评判销售人员是否专业。

第三，让道具看上去“值”。销售人员要学会使用道具营销，即使用相应的道具衬托和证明产品的价值。道具包括产品手册、消费者的留言等。

第四，让话术听上去“值”。话术营销非常重要，销售人员应从特点、优势、特性利益、证据、专业度等方面进行营销。

销售的产品有什么特性？它能给客户带来什么利益？真正打动客户的

是产品带来的好处。根据探询到的特定的客户需求，进行特征利益的转化，特征要确凿、有说服力，利益转化要充分、生动、有逻辑。

浅谈第三终端的动销与上量

李本航

诊所的产品动销已成为销售人员关注的工作，很多人把货铺下去后，没有跟进，货物积压在客户的库房里，最后导致货物报废。现在，越来越多的企业开始重视基层，很多销售人员深入基层，与基层医生沟通。诊所动销的发展很快，方法层出不穷。

药品是特殊商品，诊所医生是特殊商人，销售人员必须通过专业化手段推动产品销售，避开低水平竞争。诊所营销的关键是学术推广。

基层销售人员是执行者，大多专业度低，话术设计是关键，标准话术是基础。话术培训是保障销售团队执行力的基本，马步不稳，再好的招式也没用，而话术是自己提炼、总结出来的。

学术会议是内功。练武不练功，到老一场空。圆桌会、观摩带教会、专家学术会都是培训医生的有效途径。

压货是第三终端永恒不变的主题。通过压货，占有客户库存，占有客户资金，占有客户心智，打击竞品信心。

动销是保障第三终端产品销售的利器。通过活动实现动销，缓解压货压力，消除压货带来的弊端，培养标杆客户。

第三终端市场需要标杆效应，第三终端医生大部分都有从众心理，医生自己难以鉴别项目、技术和产品的好坏，判断的标准是本区域标杆医生是否认可。因此，标杆客户的建立非常重要。

维护客情。维护客情的关键是走心，让客户动心，与客户建立朋友式的合作关系。

与第三终端形成紧密的合作关系

李本航

要想与诊所形成紧密的合作关系，必须了解诊所的状况与需求。大部分诊所面临以下困惑：一是门诊量少，收入少；二是没有特色技术，没有优势；三是不知如何推广引流；四是盈利模式单一；五是医护人员流动性大。

在充分分析诊所状况及需求的基础上，帮助诊所解决问题，帮助诊所发展，这样肯定能与诊所形成长期紧密的合作关系。

企业及销售人员要站在一定的高度规划诊所市场，根据诊所市场的发展规律、发展需求，制定诊所市场营销的新方案。诊所服务法则如图 20 所示。

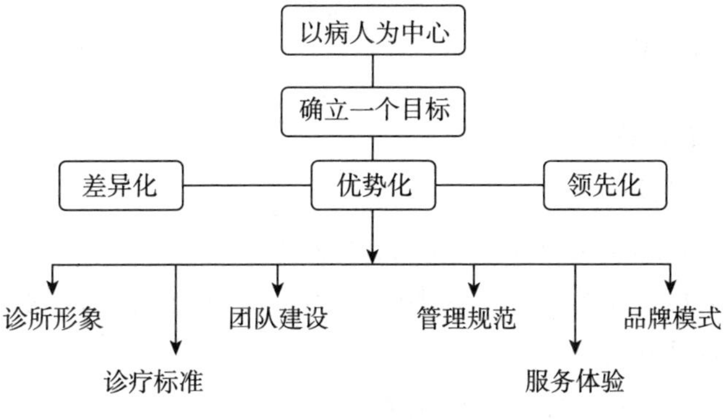

图 20　诊所服务法则

根据诊所服务法则，对诊所、周边环境和同行进行分析，找出自己的优势，从而改造提升。

一、诊所背景

某诊所位于城市新区域，该区域常住人口3万多人。该诊所以儿科、内科为主,1名医生、1名护士、1名药剂师，共3人；每日病人20～40人，客单价60～150元，月收入6～10万元，年收入80万元左右，不收挂号费。该诊所临街，柜台隔开，前厅小，无前台，内部不够明亮，有电脑，基本不手写处方，无病历资料。患者主动上门问诊，诊所接待流程不规范。店门头只有诊所名，红字绿底。诊所的主要诉求：一是提升收益，可持续化发展；二是医护人员想有一些空闲时间。

二、诊所分析

经过2天的坐店观察和分析，该诊所存在以下几个方面的问题。一是定位不准确，通过观察、询问、查处方等多种方法，发现80%的患者是儿童；二是门店形象不佳，与新型诊所差别大；三是门店布局不合理，接待前厅小，诊室大；四是人员分工不明确，接待、诊疗流程不合理；五是缺乏标准的话术，病历管理不规范；六是药品种类过多，没有品类管理意识；七是不主动营销。

三、诊所提升

（一）形象布局

（1）重新设计门头。

（2）加大、加宽窗户和门，增强通透性。

（3）增大接待厅的面积，减小诊室的面积，把硬座换成软座。

（4）设置独立的药房。

（5）增加血常规、尿常规检测项目。

（6）设置挂号设备。

（7）放置饮水机、纸杯、纸巾。

（二）定位包装

（1）打造特色儿科。

（2）以上呼吸道感染、消化道疾病、皮肤科、营养科四大类为主导。

（3）增加一些儿童玩具。

（4）请知名专家、儿科专业委员会委员前来指导，定期去医院学习。

（三）服务流程

（1）医生负责诊疗、开药方，每位病人的诊疗时间不少于6分钟。

（2）一位护士担任店长，负责现场管理，接待病人。

（3）一位护士负责挂号、收款、发放药物。

（4）分工进行患者回访，医生回访疑难患者，护士回访一般患者，每天晚上做详细的记录。

（四）文化情怀

（1）打造一家有温度的诊所，服务儿童健康，关心儿童成长，减轻家长负担。

（2）以儿童为中心，让儿童在快快乐乐中就医。

（3）把真实的事例提炼一下，方便家长口口相传。

（4）团队人员把每一位患者当成自己的孩子，让他们带着欢笑回家。

（5）每周休息1天。

（6）定制印有卡通图案的工作服，改变小朋友心目中的医生形象，从内心深处关注小朋友。

四、诊所评估

经过半个月的改造，诊所环境得到了有效改善，诊所形象提升了很多。诊所亮堂多了，家长认可度高了，建造用材都是环保材料，这说明诊所很注重儿童健康。店长负责门店管理，患者体验感大大提升。

诊所每周都有活动，客流量增加，每日病人50～80人，客单价80～300元，挂号费10元，月收入15～20万元。诊治时间变长了，医生与病人的沟通更充分。

第三终端营销人员必备的素养

李本航

营销代表的首要任务是销售，没有销售，产品就没有希望，企业就没有希望。营销代表只有不断拓展市场，才能够建立起长期的市场地位，赢得长期的市场份额，为企业的销售渠道建立重要的无形资产，为自己积攒稳定的业绩。

作为一个优秀的营销代表，应当具备以下素养。

一、真诚

诚信为魂，做生意就是做人。态度决定一个人做事能否成功。作为销售人员，必须以一颗真诚的心，诚恳地对待客户和同事，这样别人才会认可你，把你当作朋友。营销代表是企业的形象，是企业素质的体现，是企业与客户、经销商的纽带。

二、自信

自信是一种力量。销售人员要有信心，工作的时候要鼓励自己，相信自己是最优秀的、最棒的，相信自己一定会成功。看到公司和产品的优势，并把这些优势熟记于心，以必胜的信念面对客户。

营销代表不仅销售商品，而且“销售”自己。客户只有接受了你，才会接受你的产品。因为相信，所以自信；因为自信，所以行动；因为行动，所以成功。

三、留心

处处留心皆学问。养成勤思考的习惯，善于总结销售经验。每周进行反省：哪些地方做得好？哪些地方做得不好？发现工作中的不足，促使自己不断改进工作方法，提升工作能力，这样才能抓住机会。

对每个人来说，机会是平等的。只要你是有心人，就能成为行业的佼佼者。企业家王永庆刚开始经营自己的米店时，记录客户每次买米的时间、家里的人口口数，这样他能算出客户买的米能吃几天，等快吃完时，就给客户送米。王永庆的细心使自己的事业发展壮大。

作为一个营销代表，必须了解客户的每一点变化，努力把握每一个细节，做个有心人，不断地提升自己，开创精彩的人生。

四、坚韧不拨

实际上，销售工作是很辛苦的，这就要求营销代表具有吃苦耐劳、坚持不懈的精神。吃得苦中苦，方为人上人。业绩是脚跑出来的，营销代表要不断地拜访客户、协调客户，为消费者提供售后服务。销售工作不是一帆风顺的，营销代表会遇到很多困难，但要有克服困难的信心，有百折不挠的精神。

营销代表受到打击时要保持平静的心态，多分析客户的背景、性格和处世方式，不断调整自己的心态，改进工作方法。同时，不能因一时的顺利而得意忘形。切记，胜不骄，败不馁。

五、阳光

具有阳光心态的营销代表能够带动周围的人关注某些事情，当你有感染力地与客户交流时，你的客户会“投之以桃，报之以李”。碰到客户时，热情地寒暄，也许一笔生意就开始了。

六、博学多才

营销代表要与形形色色的人打交道，不同的人关注的话题是不一样的，只有具备广博的知识，才能与对方有共同话题，谈得投机。因此，营销代表要涉猎天文地理、文学艺术、新闻、体育等方面的书籍，养成不断学习的习惯。

七、责任感

营销代表的言行举止代表着公司，没有责任感，客户就不会重视。这不仅影响产品销量，而且影响公司形象。责任是不能推卸的，作为营销代表，责任感就是信誉，责任感决定着业绩。

八、沟通意识

其实，营销代表无时无刻不在行销，沟通的过程就是说服的过程，就是寻找双方最佳利益结合点的过程。沟通前，先搞清楚对方的情况，了解得越多，对自己越有利，掌握主动权的机会越多。沟通力的表现不是能言善辩，而是抓住要点，满足客户的需求。交谈的目的是实现双赢。营销代表要养成勤于思考、勤于总结的习惯，面对不同的客户，采用不同的沟通方式。

营销代表的工作周而复始，每天重复着同样的工作内容。张瑞敏曾说过："简单的事情重复做，就能做成不简单的事。要让自己的每一天过得平凡，但不能平庸。"对营销代表来说，按照计划完成一天的销售工作，并让自己的客户满意。然而，对成功的营销代表来说，为客户提供全方位的服务，是成功销售的基础。

当然，营销代表的工作充满着变化。营销代表要灵活地掌握时间，灵活地面对客户，灵活地运用销售技巧。同时，分清主次，用规范的行为准则要求自己。

现在的市场是一种开放化、同质化的市场。产品的类型、功能大体相似，但卖点各有异同。通过优质、完善的服务系统，为客户提供更多的益处，使他们满意。

以前，企业的一线销售人员凭借三寸不烂之舌建立了稳固的客户关系，只要客户关系拉得近，就有一定的销量。那时是商品短缺的时代，只要源源不断地把产品送到客户那里，就能销售出去。经过二十几年的市场洗礼，现在的市场情况和那时已有天壤之别，丰富的商品满足了商家和消费者的需求。虽然商家和消费者选择的空间大，但是同质化让商家和消费者无所适从。在这种情况下，感情联络是远远不够的，必须配备规范的服务系统，最终达到厂家、经销商、消费者三方共赢的局面。

全面服务客户，提升产品的竞争力；为客户出谋划策，促使其销售产品，增加公司销售额；有规律地拜访客户，及时掌握市场动态，为公司决策提供可靠的依据。没有服务，就没有销售。全面的客户服务是一个系统工程，是一个长期过程，优秀的营销代表要有心理准备，把服务贯穿于整个销售过程。

互联网（第四终端）营销

网络售药的历史与发展

易楚斌

由于处方药的特殊管理，网络售药经历了漫长的时间，直至今天，仍然在不断地探索与规范。

一、网络售药的历史

2013年，国家食品药品监督管理总局（现为“国家市场监督管理总局”）分别批准河北省、上海市和广东省食品药品监督管理部门进行第三方平台药品网上零售试点工作，期限为一年。然而，因第三方平台与实体药店主体责任不明，处方药网上销售难以保证药品的质量安全、监管等问题，2016年8月，第三方平台药品网上零售试点工作被叫停。2014年5月，国家食品药品监督管理总局发布《互联网食品药品经营监督管理办法（征求意见稿）》，规定可以凭处方进行处方药的网上销售。2017年11月，国家食品药品监督管理总局发布《网络药品经营监督管理办法（征求意见稿）》。2018年2月，国家食品药品监督管理总局发布《药品网络销售监督管理办法（征求意见稿）》。前后两份文件均明确指出，不得通过网络销售处方药。2018年4月，国务院办公厅发布的《国务院办公厅关于促进“互联网+医药健康”发展的意见》提出，医师掌握患者病例资料后，可以在线开具部分常见病、慢性病的处方。在全国医药经济信息发布会上，有关人员透露，有条件地放开处方药的网络销售，网络销售点应当拥有处方药销售信息与医疗机构电子处方信息，确保信息来源真实、可靠，并按照有关规定进行处方调剂和审核，对已经销售的处方药的处方进行登记。

药品的网络销售存在以下问题：无证经营、假冒伪劣产品、违法违规销售、虚假宣传、非药品冒充药品、药品服务跟不上、药品配送环节存在隐患。网络销售监管面临的现实问题：法规滞后；互联网的虚拟性、隐蔽性、跨地域性导致取证难，处罚难；传统的监管思路和监管手段难以实现理想的效果。

二、网络售药的规范

一是将移动互联网上的药品销售纳入监管。

二是药品质量符合药品生产质量管理规范（good manufacturing practice, GMP）标准，药品的销售行为符合药品经营质量管理规范（good supplying practice, GSP）标准，严格把控生产和经营过程。

三是药品的网络销售主体必须是具备资质的药品生产经营企业，品种范围不得超出药品生产经营许可范围。

四是对第三方平台实施备案管理，严格监管，强化第三方平台经营者义务，包括入驻主体审查、药品信息审核、交易安全保障、产品追溯、应急事件处理等。允许第三方平台参与“企业对顾客电子商务”（business to customer, B2C）的结算。

五是鼓励线上线下商务（online to offline, O2O）模式发展，推广“网订店取”“网订店送”，探索新的互联网售药模式。

六是药品生产批发企业不得通过网络向个人销售药品，零售企业可以通过网络向公众销售药品。

七是建立统一的监测系统，以网管网，用信息化手段提高监管效率。

三、网络售药的法律地位

2019 年 8 月 26 日，第十三届全国人民代表大会常务委员会第十二次会议正式表决通过了新修订的《中华人民共和国药品管理法》，该法自 2019 年 12 月 1 日起施行。该法规定药品上市许可持有人、药品经营企业通过网络销售药品，应当遵守本法有关药品经营的规定。疫苗、血液制品、麻醉药品、精神药品、医疗用毒性药品、放射性药品等国家实行特殊管理的药品不得在网络上销售。这意味着处方药可以通过网络销售，网络销售处方药的法律地位由此确立。网络销售主体必须是取得许可证的实体企业，即线下要有许可证。

2022 年 8 月 3 日，国家市场监督管理总局令第 58 号公布了《药品网络销售监督管理办法》，自 2022 年 12 月 1 日起施行，网络销售处方药的法律地位进一步确立。

《药品网络销售监督管理办法》对药品网络销售管理平台责任履行监督检查措施及法律责任做出了规定。

一是落实药品经营主体责任。明确从事药品网络销售的药品经营企业主体资格和要求，并依法明确疫苗、血液制品、麻醉药品、精神药品、医疗用毒性药品、放射性药品、药品类易制毒化学品等国家实行特殊管理的药品不得在网络上销售。同时，严格药品经营全过程管理，对药品网络销售企业的质量安全管理制度、药学服务、药品储存配送、药品追溯、风险控制、信息公开等全过程管理提出明确要求。

二是压实药品网络销售平台责任。第三方平台应当建立药品质量安全管理机构，配备药学技术人员，建立并实施药品质量安全、药品信息展示、处方审核、处方药实名购买、药品配送、交易记录保存、不良反应报告、投诉举报处理等管理制度。第三方平台应当与药品网络销售企业签订协议，明确双方药品质量安全责任。第三方平台应当履行审核、检查、监控，以及发现严重违法行为的停止服务和报告等义务，强化第三方平台在药品召回、突发事件应急处置及监督检查中的配合义务。

三是明确处方药网络销售管理。考虑用药安全风险和线上线下一致性管理要求，处方药网络销售实行实名制，并按规定进行处方审核调配。药品网络零售企业应当将处方药与非处方药区分展示，在处方药销售主页面、首页面不得直接公开展示处方药包装、标签等信息。通过处方审核前，不得展示说明书等信息，不得提供处方药购买的相关服务。处方药销售前，应当向消费者充分告知相关风险警示信息，并经消费者确认知情。

四是落实“四个最严”要求，强化各级监管部门的监管措施。明确各级药品监督管理部门在药品网络销售监管中的职责划分和违法行为查处的管辖权，强化药品网络销售监测工作。药品监督管理部门对监测发现的违法行为，应当依法按照职责进行调查处置。对有证据证明可能存在安全隐患的，药品监督管理部门应当根据监督检查情况，对药品网络销售企业或者第三方平台等采取告诫、约谈、限制整改以及暂停生产、销售、使用、进口等措施。

互联网新经济模式的发展趋势

易楚斌

近年来，移动互联网、云计算、大数据等新兴信息技术在金融、工业、农业、文创、医疗、教育、旅游、餐饮等行业催生出许多新业态。新业态是指基于不同产业的组合，企业内部价值链和外部产业链的分化、融合，以及嫁接信息和互联网技术形成的新型企业、商业、产业组合形态。2021 年，由技术创新催生的新业态市场规模不断扩大。2021 年，全国“三新”经济增加值为 197 270 亿元，占 国内生产总值（gross domestic product, GDP）的 17.224%。

一、智能化体验

智能化体验是新业态的发展方向。随着传感器的普及和现实世界的数字化，人工智能开始广泛应用于安防、新零售、家居等领域。人工智能技术将用户行为轨迹上传至互联网，线上和线下打通，新零售、交通、仓储、物流、教育、医疗、农业、能源、娱乐等传统行业实现提升。

以新零售为例，消费体验中的智能化交互触点包括商品的条形码、APP 上的付款码、APP 的通知、APP 的订单、叫号大屏、广告活动二维码、礼品卡等。找到这些把“人—商品—数字工具—金钱”串联起来的触点，让数字产品担任线下购物助手，甚至担任智能导购的角色。2018 年，永辉超市开启智慧零售、无人机配送模式，提升用户消费体验。配送所用的无人机飞行速度可达40千米/小时，配送半径为4.5千米，载重500克。据悉，这是国内第一批正式获批的无人机物流配送常态化运行飞行航线。使用无人机进行配送服务，用户从下单到取货的整个流程从30分钟缩短为10～20分钟，节省了40%～60%的配送时间，配送成本降低了50%。

以共享单车为例，智能锁将自行车从传统的自行车桩解放到云端，用户只需要扫描二维码，就能借车和还车，这使人们的出行效率得到提升。便捷、智能的体验成为共享单车在短时间内被用户接受的关键。未来，共享单车在智能体验上还有很大的发展空间，如建立共享单车智能存取库；设置电子围栏；追踪"僵尸单车"等。解决共享单车乱停、乱放的问题，利用大数据推测消费者的使用规律，从而提升共享单车的线上配置效率。

二、跨界融合

移动互联网与传统零售、金融、服务等行业的纵深融合，衍生出众多创新性的业态。其中，娱乐生活、商务生活的互联网应用服务多种多样，如移动支付、位置服务、移动医疗、穿戴设备、智能家居、智能交通等。另外，跨界融合模式把线上和线下流量人口进行整合，实现高效的数字化运营，通过线下服务的体验引导与线上消费的前置拦截，提升融合新业态的综合绩效。

盒马鲜生将餐饮体验引入超市，通过增加餐饮服务、店内代加工服务，提供丰富的生鲜类购物体验，这有助于提高消费者的来店频率，扩大人群范围。在母婴店中，商品陈列只占一定的面积，大部分面积用来构建亲子活动区域，以提升用户体验。北京乐语通信门店打破传统手机店模式，引进娱乐、互动体验、前沿科技、家庭生活等元素，提供多种功能性、增值性的服务。传统书店从运营模式、业态融合、主题营造、增值功能等方面进行多元化创新，打破原有的商业模式，构建高颜值、体验化、情怀式的新书店。

三、数字化供应链

数字化供应链是基于互联网、大数据、人工智能等关键技术，构建以客户为中心，以需求为驱动的动态协同、智能、可视、可预测、可持续发展的网状供应链。人工智能是数字化供应链的核心，帮助企业构建高效的数字化供应链。很多企业引入数字化供应链，这给企业带来了不错的经济效益。

在新经济时代，消费者需求呈现出个性化、场景化、渠道化等特征，数字化供应链为用户不确定性需求的满足提供了可能性。以盒马鲜生为例，智能算法已经渗透选品、采购、销售的全过程。盒马鲜生的全链路数字化由多个智能化系统支撑，智能店仓作业系统不仅熟知货位、任务，而且能调动不同工种。智能履约集单算法基于线路、时序、客户需求、温层、区块，实现最优的订单履约成本。在算法指导下，系统把订单串联起来，并保证串联出最优的配送批次，实现多单配送。智能配送调度系统依据配送员的位置、技能，以及对商品订单和配送区域的熟悉度做最优匹配，实现配送效率的最大化。智能订货库存分配系统依据盒马门店的历史销量，以及页面点开次数、页面跳转成交的比例，达成智能的库存分配。另外，广泛地将电子标签应用于商品，将线上和线下的数据同步，线上下单、线下有货，后台统一商品价格，实现供应链可视化。

从客户需求的多态性变化看药企的互联网销售

易楚斌

互联网经济下供给和需求的多样性特征表现得更加明显，如果把均衡理解为供给和需求的一种相互满足状态，那么互联网经济下供给和需求的多样性决定了二者的均衡状态的多态化。多态化的均衡在互联网经济下表现得更加突出。

一、客户需求的多态性变化

（一）自主性

“我的消费我做主。”尊重他人的意见和商家的推荐，但不盲从。信息技术的发展让消费者有充足的信息了解渠道和专业化的消费知识，对商品的适用性有自己的见解，消费呈现出自主性。

（二）个性

拒绝同质化。在网络时代，人们借助电子商务平台的媒体属性，对时尚的理解和表达更加专业。在选择商品和服务的过程中，更加在意商品和服务能否满足自己的个性化需求。标准化、格式化的商品和服务可能被当作“老套”“呆板”的代名词，经典的风格也要表达个性化的特征。

（三）多样化

这是一个博爱的时代。互联网技术的发展使消费者可选择的途径增多，“货比三家”更加容易，激发了消费者追求多样化的潜在需求，消费者对品牌的忠诚度可能降低，求新的体验式消费可能更受消费者的欢迎。

（四）现实性

人人都可成为专家。互联网时代的消费者对高科技产品没有畏惧感，快速获取科普知识的便利渠道和选择的多样性，使消费者可以充分地分析商品的性价比。选择产品时，更加注重产品提供的价值及利益，人们的消费更加理性化。

（五）互动性

互联网时代特有的信息技术和服务平台，使得信息沟通相对充分，互动式的消费比较流行。消费者善于主动选择信息并乐于双向沟通。消费者希望通过网络展现自己的想法，他们会把自己对产品的外形、颜色、尺寸、材料、性能等多方面的要求直接传递给生产者，在消费中充分体现互动性的消费特征。

二、医药互联网销售的模式

（一）线上线下商务（online to offline, O2O）

O2O 是一种线上和线下一体化的主体商业模式，O2O 在线上支付商品和服务的费用，在线下接收商品、享受服务，从而把线上消费者带到实体店。通过打折、提供信息、服务等方式，把线下商店的消息推送给互联网用户，从而将他们转化为线下客户。这样，线下门店就可以通过网络揽客，从而达成在线交易和结算。

O2O 的优点是结合线下优质的分享体验和线上庞大的营销体系，构成一个坚实、庞大的生态团队。目前，天猫大药房、京东大药房都是 O2O 模式的典型代表，他们利用平台的流量，以及线下完善的服务体验和技术创新，创造了 O2O 电商业务亮眼的战绩。

（二）企业对顾客电子商务（business to customer, B2C）

B2C 是直接面向消费者销售产品和服务的商业零售模式，通俗来说就是网购。B2C 在发展过程中遇到了严重的瓶颈。一是购物体验缺失。传统 B2C 的所有服务和购物体验取决于商家，先有企业生产，后有购物需求，整个交易的主导权和服务权掌握在商家手中，在整个流程中用户享受不到足够优质的购物体验。二是无法满足用户需求。企业生产商品，产品的生产制造、设计流程由企业完成，企业为了追求利润，一心跟风市场动向，忽视了用户内心真正的需求。三是定价偏离产品本身。产品定价随着市场的杠杆作用进行调节，而不是从产品本身出发衡量产品的价值，因此 B2C 中产品的价格并不是由产品本身价值决定的，产品定价大多数情况下是偏离产品本身的。

方舟健客是广东首家 B2C 互联网药品合法经营企业，同时拥有 ABC 三证的企业。作为国内知名的“互联网 + 医药健康”服务平台，方舟健客提供便捷、安全、低价的在线购药服务。

（三）企业对企业电子商务（business to business, B2B）

B2B 是指企业与企业之间通过互联网进行数据信息的交换、传递，并开展交易活动的商业模式，它将企业的产品及服务通过 B2B 网站或移动客户端与客户紧密结合，通过网络的快速反应，为客户提供更好的服务，从而促进企业的业务发展。

药师帮是医药电商平台的代表，以“电商平台 +SaaS 服务”为切入点，重构药品市场的供应链。药师帮的“药采购”功能对接药品供应商和药品终端，实现了零散报货和采购的有效聚合。药师帮的“找药易”功能让药品终端之间形成供求互助的关系。药师帮的“药学习”和“药赚钱”功能实现了再教育、分销和动销。

根据用户类型和流通渠道，医药电商划分为O2O、B2C、B2B三种类型。这三种类型各不相同，帮助整个医药流通行业降本增效。在大环境的作用下，医药流通行业的传统线下模式面临供应不足、信息迟缓、交通受限等重重考验。B2B平台连接上游供应链和下游终端。B2C模式凭借药品种类丰富、药品平价、下沉地区药品可及性等优势，能够更好地满足社会需求。O2O送药上门模式的渗透率提升，解决了购药难题，受到广大消费者的欢迎，近年来销售额迅速上升。

医药企业如何实现O2O

易楚斌

目前，运用O2O模式的企业寥寥无几，大多数企业都采用线下模式，甚至有的企业排斥线上模式。

一、O2O的原理

（一）线下夯实“经济基础”

O2O以实体经济为基础，通过线下扎实的实体场景布置、店面定位宣传、人员培训和管理、活动策划执行等，打造实实在在的、用户可感知的线下商场，从而突显出线下实体经济的优势，用户可以亲身选择自己所需的商品，近距离接触和感知商品。购买和服务流程一目了然，更加开放化和透明化。

线下实体经济以商场和产品为载体，以优质服务为依托，给用户带来了良好的体验，夯实了商业经济的基础。

（二）线上搭建“上层建筑”

实体经济是商业经济的基础，虚拟经济是实体经济的拓展和延伸。实体经济要想腾飞，必须借助虚拟经济的力量。线上经济的优势显而易见，它能节省实体资源，缩减时间、空间，结合线下充实的“经济基础”，推动实体经济的蓬勃发展。跨时空的信息传递和商业科技给传统企业带来了革命性的飞跃，强大的轻量级商业运作模式依靠互联网的虚拟空间，解决了实体经济的各种成本问题，解决了实体经济庞大的管理问题和运作问题，实体经济借助互联网的力量快速搭建起一座富丽堂皇的“上层建筑”。

二、O2O 的现状

目前，大多数医药企业只有线下模式，没有线上模式。线下模式主要有以下几种。

（一）医院渠道销售模式

通过医院终端渠道销售产品。根据药融云数据库，2022 年，全国医院的药品销售额（院内）达到 8 886 亿元，占全年药品总销售额的 49.54%。其中，两个品种的销售额超百亿元，分别为人血清白蛋白（149.02 亿元）、氯化钠注射液（134.97 亿元）。排名前十的企业分别为阿斯利康、辉瑞、恒瑞医药、罗氏、齐鲁制药、扬子江药业、诺华制药、拜耳、正大天晴、诺和诺德。阿斯利康以 264.56 亿元位居榜首，诺和诺德以 108.19 亿元位居第十。排名前十的生产企业销售额如图 21 所示。

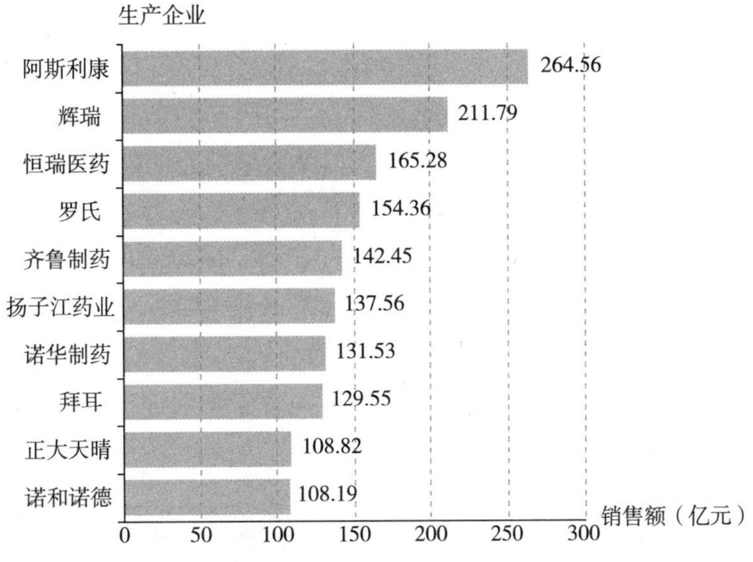

图 21　排名前十的生产企业销售额

（二）药店渠道销售模式

近几年，实体零售药店的市场规模呈稳步增长态势，2022 年，中国零售药店实体市场销售额 2 744.53 亿元，同比增长 7.67%，为全年药品总销售额的 15.3%。全国药店零售趋势如图 22 所示。

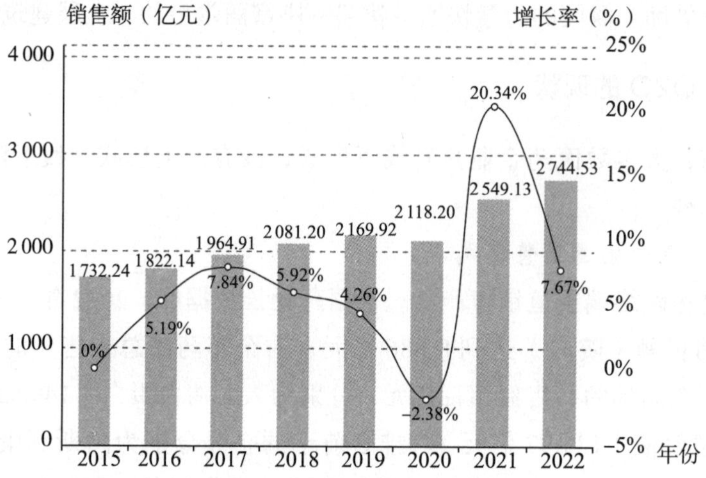

图 22　全国药店零售趋势

2022 年，阿胶以 461.17 亿元的销售额稳居榜首，枸橼酸西地那非片以 194.35 亿元排名第二，而健胃消食片以 112.20 亿元位居第十。全国药店零售药品排行榜如图 23 所示。

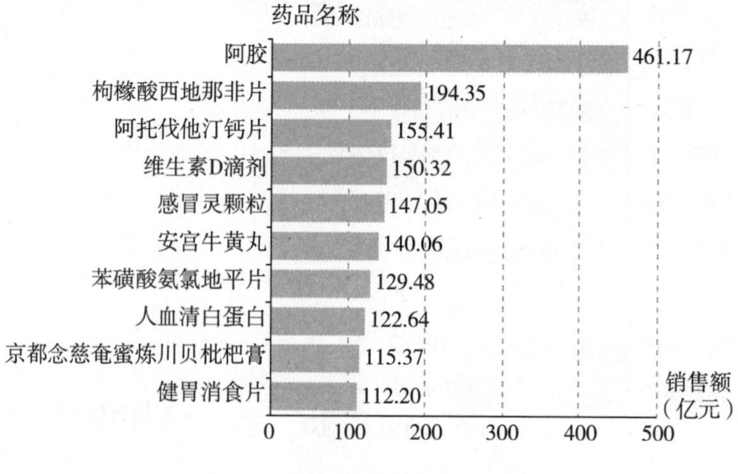

图 23　全国药店零售药品排行榜

（三）乡镇卫生院和私人诊所渠道销售模式

2022 年，公立基层医疗终端市场销售额 1 650 亿元，占药品销售总额的 9.2%，这个数据没有包括民营医院、私人诊所、村卫生室的销售额。近年来，第三终端已成为药企的重要线下交易市场，同时成为各大企业角逐的市场。

三、O2O 的意义

近年来，我国医药电商发展突飞猛进。据统计，截止到 2022 年底，我国医药电商销售规模已达 2 164 亿元。O2O 对药企的意义包括以下几个方面。

第一，销售模式增加，销售多元化。目前，大部分企业都采用线下模式，而线下模式的重点在医院，医院渠道受政策的影响大，市场准入门槛高，企业投入大，市场培育时间长，企业耗不起、等不起。线上模式使企业的销售实现多元化。在医药企业竞争激烈的情况下，销售渠道的增加对企业来说是十分重要的。

第二，市场推广迅速。2022 年，网上药店销售规模突破 2 600 亿元，增长迅猛，很多企业从中获益。线上模式最大的特点就是快，这是线下模式无法相比的。中成药的处方药准入条件全部具备后，从市场启动到市场成熟也得有五年左右的时间，时间太长，而线上模式可以弥补线下模式的不足。

第三，充分挖掘企业资源。目前，大多数企业的批文生产率不到 40%，有的企业批文生产率甚至不到 10%，大量批文闲置，没有生产。这主要是因为批文都是大路货，同质化严重，线下渠道竞争激烈。线上渠道可以不受这些条件的限制。

四、线上和线下的融合发展

O2O 是当今社会发展的新趋势，也是药企转型升级的主要出路。医药线上和线下融合的特性，能为线下药店注入新的市场活力。无论是抢占夜间市场，还是提升核心竞争力、做差异化服务等，皆可采用 O2O 模式。

（一）医药行业O2O模式

（1）连锁药店的O2O模式。连锁药店门店数量多、品牌多，O2O模式有很大优势，目前做得好的有海王星辰、药房网、金象网等，优势主要体现在以下几个方面：①货源质量稳定。在进货渠道方面，采购部门会严格把关，确保药品质量的可靠性、稳定性，为用户提供质量可靠的产品。②物流配送及时。消费者线上下单，连锁药店直接通过附近的连锁店及仓储中心进行货品配送，药品能很快送到消费者手中。③医保结算。目前，很多大型连锁药店都能医保结算。

（2）中小药店的O2O模式。中小药店数量多，要想实行O2O模式，需要做以下几个方面的工作：①设立专门的组织机构，该机构负责电商业务。②开发网上商城，开发网店，绑定小程序商城。③取得网上销售资格，要想在网上经营药品，必须申请网上销售药品的资格。

（3）全产业链O2O模式。叮当送药是国内第一个把药企、药店和消费者打通的平台，优势主要体现在以下几个方面：①叮当送药通过产业链上游与传统药企达成合作，大大降低了药品的成本，消费者通过叮当平台购买的药品价格很便宜。②叮当送药与200家知名药企共同打造了“FSC药企联盟健康服务工程”，在药品领域有一定的权威性，获得了消费者的认可。③叮当送药速度快。

（二）产品分类与营销策略

每个企业都会有很多类型的产品，市场部要梳理、筛选企业产品，分门别类，将那些适合线上交易的产品整理出来，重新进行包装设计、价格制定、市场规划。

产品分类完成后，制定完整的线上营销策略。坚持差异化，形成产品的核心竞争力，切忌同质化。制定合适的价格策略，对于市场上同类品种多的药物，价格要适中；对于独家药物，价格可以适当高一些。

（三）价格体系维护

实体企业最担心的是网上药品价格，有的企业设有网管，发现低价后立即要求其下架产品，甚至制定了许多处罚办法，但效果不是很好。导致这种现象出现的原因包括以下方面。

一是线上药房数量急剧增加。大药房旗舰店以天猫、京东平台为主，线上购药趋势明显增强，网上药店为了抢占市场流量，不惜低价竞争。

二是与厂家的流通模式有关。传统的医药流通模式容易引起供货渠道混乱。

三是供货渠道间恶意低价。不清晰的线上供货渠道导致线上流向难以掌握，企业无法对其进行有效的管控。

产品的价格体系是企业的生命线，必须维护好。企业可以从以下几个方面努力：一是与合作平台签订维价协议，任何门店不能低价销售，并有处罚措施；二是控制线下渠道，防止线下渠道价格混乱；三是严禁线上多渠道供货，选定一家平台进行合作，不要多个平台同时进行。

线上模式已经成为医药销售的重要模式，企业必须正视它、学习它、利用它，只有这样，企业才能得到良好发展。

参考文献

[1] 安彬，吕庆华 . 药品集中招标采购制度分析 [J]. 理论探索，2007（1）：87–89.

[2] 袁小波 . 药品集中招标采购亟待进一步规范 [J]. 中国药业，2004（8）：4.

[3] 黄坚航 . 药品集中招标采购中存在的问题及对策 [J]. 海峡药学，2004（3）：148–149.

[4] 耿鸿武 . 对我国现阶段药品招标模式的解析 [J]. 中国招标，2008（44）：22–24，20.

[5] 李宪法 . 政策与模式：药品集中招标采购政策述评 [M]. 北京：中国经济出版社，2005.

[6] 国家发展改革委经济研究所课题组，王蕴，刘树杰，等 . 英国药品流通体制考察报告 [J]. 中国物价，2013（7）：47–51.

[7] 丁赛尔 . 英国医药费用支付制度的发展现状 [J]. 中国医疗保险，2012（6）：68–70.

[8] 王炜翔，钦嫣，程青曼，等 . 欧洲四国法定医疗保险竞争现状的比较 [J]. 国外医学（卫生经济分册），2014，31（1）：1–8.

[9] DOERING O，王卉，张斌 . 德国卫生保健体系改革及相关伦理问题简析 [J]. 医学与哲学（人文社会医学版），2007（10）：9–13.

[10] 卫生部，国务院纠正行业不正之风办公室，发展和改革委员会，等 . 医疗机构药品集中采购工作规范 [J]. 中国药房，2010，21（32）：2984–2989.

[11] 卫生部，国务院纠正行业不正之风办公室，发展和改革委员会，等.进一步规范医疗机构药品集中采购工作的意见 [J]. 中国药房，2010，21（4）：351–353.

[12] 朱悦佳，仲健心 . 药品集中招标采购中回扣现象博弈分析 [J]. 当代经济科学，2004（6）：29–32，107.

[13] 唐春爱 . 医院门诊次均费用住院次均费用控制相关因素分析 [J]. 中国医院统计，2012（5）：323–325 .

[14] 王建国，吴莉，王红宇 . 门诊及住院医保患者治疗相关费用的研究 [J]. 中国医药，2012（1）：109.

[15] 濮瑜，车世平，马凌 . 门诊和住院患者在医院就医需求及特点分析 [J]. 甘肃医药 2011，30（1）：52–53.

[16] 陈子敏，熊昌娥，何国忠 . 城市医院医疗费用上涨影响因素结构方程模型分析 [J]. 河南职工医学院学报，2012，24（2）：178–183.

[17] 王德平 . 国家基本药物制度的实施对我院医保患者费用的影响研究 [J]. 中国药房，2014，25（40）：3745–3747.

[18] 杜念宇，徐程，舒艳，等 . 基本药物制度实施对药品价格和医疗费用的影响：基于医保报销数据的实证研究 [J]. 中国经济问题，2015（1）：88–99.

[19] 刘佳，冯泽永 . 基本药物制度对首诊制的影响及对策研究 [J]. 医学与哲学，2012，33（2）：51–52.

[20] 宋燕，卞鹰 . 基本药物制度实施后基层医疗卫生机构药品价格变动分析：基于中国四省（自治区）的实证研究 [J]. 卫生经济研究，2013（4）：48–51.

[21] 程慧敏 . 基于药物政策对利益相关者的影响分析：基于四川省政策执行的实证 [D]. 成都：西南财经大学，2014.

[22] 梁学平 . 我国医疗卫生政府支出现状及国际比较 [J]. 价格理论与实

践，2013（7）：74–75.

[23] 黎东生，王婕 . 药品集中招标采购制度对医药企业的影响分析 [J]. 中国卫生事业管理，2014，31（7）：504–506.

[24] 王婕 . 药品集中招标采购对制药行业市场集中度的影响研究 [D]. 广州：广州中医药大学，2015.

[25] 余德松，胡国仕 . 药品集中招标采购对医院药事管理的影响及建议 [J]. 中国现代医生，2013，51（35）：121–123.

[26] 张涛志，王利杰，刘华，等 . 基本药物集中招标采购制度对批发企业的影响及政策建议 [J]. 中国药房，2011，22（48）：4543–4546.

[27] 王微，王列军 . 关于进一步改革和完善药品集中采购的政策建议 [J]. 中国卫生政策研究，2009，2（4）：22–27，31.

[28] 何溪滢 . 谈药品集中招标采购制度对药品价格的影响 [J]. 中国政府采购，2011（10）：77–80.

[29] 沈洪涛 . 中国药品价格管制问题研究 [D]. 哈尔滨：哈尔滨工业大学，2014.

[30] 刘夏 . 我国药品政府定价机制及相关对策的研究 [D]. 上海：复旦大学，2010.

[31] 徐丽丹 . 医药流通体制改革中第三方医药电子商务的应用 [D]. 哈尔滨：黑龙江中医药大学，2011.